변호사 김양홍의 행복충전소

더불어 사는 세상이
더불어 행복한 세상입니다

모리슨

추천사 1

인생에서 가장 아름다웠던 것은 무엇인가?

    인생에서 가장 아름다운 장면을 떠올린다면 그것은 무엇일까요? 젊은 나이에 선교에 헌신해서 30년이 지난 지금까지 세계 여러 곳을 다녔습니다. 대만의 후덥지근한 더위와 입맛에 맞지 않는 음식으로 고생했지만 마음 따뜻한 성도들로 인해 기쁨이 충만했던 적도 있습니다. 필리핀에서는 낙후된 섬에 들어가 청년들과 뜨거운 찬양과 열정으로 여러 곳을 돌며 말씀을 나누었던 기억들, 인도에서는 머리가 아플 정도로 뜨거운 태양빛 아래 그 빛보다 더 뜨거운 전도 집회를 했습니다. 둘로스 선교선을 타고 30여 개 나라를 돌면서 서로 다른 문화와 관습 속에 복음이라는 유일한 공통점이 하나님의 사람들을 만들어가는 과정을 보고 배웠습니다.

    이제는 캄보디아에서 13년째 사역을 감당하면서 '인생에서 가장 아름다웠던 것은 무엇인가?'라는 질문을 스스로 해봅니다. 이유는 이 수성결교회를 만나고, 단기선교팀이 1주일간의 짧지만 결코 시간으로는 가늠할 수 없는 멋진 삶을 베푸시는 모습을 경험했기 때문입니다. 박정수 목사님을 비롯한 열아홉 분이 저희 뜨람껑 조이풀교회를 향한 말투 하나, 행동 하나하나 속에 '행복'이 느껴졌기 때문입니다. 내 인생의 하이라이트를 만들어가고자 하는 단기팀이 너무도 소중하고 귀했습니다.

    이번에 《변호사 김양홍의 행복충전소》를 대하면서 그 행복이 더욱 승화되어 나가는 것을 바라봅니다. 하루의 일과 속에, 한 번의 만남과 사건 속에, 공동체의 활동 속에 주님이 주시는 참된 행복을 추구하는 김장로님의 행복 충전소 속에 그려진 아름다운 인생을 발견할 수 있습니다. 대부분은 경험한 일상을 아주 쉽게 잊어버리고 그 장면을 쉽게 떠올리기 쉽지 않습니다. 그러나 김장로님은 일과 속에 겪은 소소한 이야기를 통해 가장 아름다운 인생을 추구하려는, 또한 그것을 이 세상과 더불어 나누어 행복한 삶을 어떻게 살아야 할 것인가를 생각하게 해주는 묘한 매력을 가지고 있습니다.

제 인생에서 가장 아름다운 장면은 바로 이것입니다. 아무리 어려운 환경과 상황에 둘러싸인다 하더라도 긍정적인 마인드로 웃을 수 있고, 환경에 굴하지 않고 가진 역할과 능력을 기쁨으로 펼쳐 볼 수 있는, 그런 것이야 말로 제가 추구하는 사역의 모델이라 말할 수 있습니다.

그런 점에서 이 책은 독자들로 하여금 따뜻한 마음과 행복을 추구하는 인생을 살수 있도록 도전받을 수 있게 될 것입니다. 김장로님의 행복 충전소로 인해 좀 더 너그러워지고, 인정과 감사의 마음을 전할 수 있고, 주님 안에서 참된 행복을 누리는 공동체로 나아갈 수 있도록 해준 것 같이, 이 책을 대하는 모든 분들의 삶에 큰 영향력을 미칠 것임을 믿어 의심치 않습니다.

참으로 아름다운 글, 행복한 글로 더불어 사는 세상을 추구하는 김양홍 장로님의 책을 통하여 내가, 우리가, 공동체가 인생의 가장 아름다운 모습을 나날이 발견하며 성장해 나갈 수 있기를 기도합니다.

2023년 2월 27일

캄보디아 뜨람껑 조이풀교회
선교사 정용희

추천사 2

이곳에 들러 행복을 충전해 보세요

 행복전도사, 이수성결교회 장로이신 김양홍 변호사님으로부터, 이미 출간되어 많은 공감을 받고 있는 수필집 '변호사 김양홍의 행복한 동행 1~3', '변호사 김양홍의 행복 나누기', '변호사 김양홍의 행복 더하기', '변호사 김양홍의 행복 곱하기' 행복 시리즈에 이어 이번에 《변호사 김양홍의 행복충전소》 초고를 받아 보고 또 한 번 행복하고 감사했습니다.

 단조롭고 건조한 삶에 지쳐 감동과 감사가 줄어든 이에게, 누군가가 그래도 "세상에는 아직 감사할 일이 훨씬 많고, 당신도 하나님께서 주신 축복을 듬뿍 받은 행복한 사람이다."라고 알려준다면, 내 일상생활 가운데서 별반 소중한 마음이나 감동 없이 당연한 것으로 여겨왔던 것들도 큰 축복이었음을 알게 되고 기쁨과 감사함이 넘칠 것입니다.

 물질만능주의 사조(思潮) 속에 바쁘고 감동 없이 하루하루를 살아가느라, 이미 내가 받고 누려온 소중한 것들이 축복이라는 걸 아직 발견하지 못하셨다면 새로 문을 열게 된 이곳 '행복충전소'를 찾아와 둘러보시기를 바랍니다. 식탁 위, 혹은 거실의 차 탁자 위에 놓아두고, 행복 에너지가 부족함이 느껴질 때 이 충전소에 들러보시면 하나님께서 내 이웃과 내게 넘치도록 채워주신 소중한 축복과 선물들이 새롭게 보이고, 감사함과 행복이 충전되어 새 힘을 얻게 되실 것입니다.

2023년 2월 27일

한국철도기술연구원 수석연구원

공학박사 목진용

작가의 말

삶을 정리해가는 즐거움

감사하는 마음으로 이 글을 씁니다. 지난해 봄 제가 존경하는 김홍신 선생님과 점심식사를 할 때 선생님은 '글 잘 쓰는 방법'에 대해 다음과 같이 말씀해 주셨습니다.

① 무조건 써라. 매일 한 줄이라도 써라.
② 글을 평가하는 감독관을 없애라.
③ 뭐든지 자주 써라.
④ 메모를 해라.
⑤ 관찰력을 길러라.
⑥ 모방을 잘해라.
⑦ 창조를 해라.
⑧ 즐겨라.

김홍신 선생님이 지난 2014년 가을 선거연수원에서 주관하는 민주시민정치아카데미 4기 특강에서 "죽기 전에 전공서적, 수필집, 자서전, 이 세 가지는 꼭 쓰라."고 하신 말씀을 듣고 저의 마음에 울림이 있었습니다. 그래서 저는 전공서적은 이미 썼고, 자서전 쓰기에는 아직 내세울 글감이 없고, 만만한 수필집은 쓸 수 있을 것 같아서 그 다음날 수필집 서문의 초안을 썼습니다. 그렇게 해서 2016년 3월 처음으로 출간한 수필집이 모리슨 출판사에서 출간된 《변호사 김양홍의 행복한 동행》(5쇄)이고, 이후 《변호사 김양홍의 행복한 동행 2》(2017년, 3쇄), 《변호사 김양홍의 행복한 동행 3》(2018년, 2쇄)입니다. 이후 저의 매제 하린 시인이 설립한 더푸른 출판사에서 자비로 2,000부씩 《변호사 김양홍의 행복 나누기》(2020년), 《변호사 김양홍의 행복 더하기》(2021년), 《변호사 김양홍의 행복 곱하기》(2022년)를 출간하게 되었는데, 이번에 다시 모리슨 출판사에서 《변호사 김양홍의 행복충전소》를 출간하게 되었습니다. 저는 김홍신 선생님 말씀대로 그냥 쓰다보니 감사하게도 어느새 7권의 수필집을 출간하게 되었습니다.

그런데, 《변호사 김양홍의 행복충전소》 책을 출간하게 된 진짜 이유는 따로 있습니다. 제가 2022년 《변호사 김양홍의 행복 곱하기》 책을 출간한 이후 저의 아내와 첫째 여동생, 둘째 여동생 부부가 저에게 "책을 매년 출간하지 말고, 2~3년에 한 번씩 좋은 글을 모아서 책을 내는 것이 좋을 것 같다."는 충고를 해줬습니다. 그래서 저는 하는 수 없이 "그렇게 하겠다."고 선언했으나, 실제 저는 2022년 책 출간을 끝으로 더 이상 책을 출간하지 않겠다고 다짐했었습니다. 그래서 그동안의 책들은 출간되는 해의 전 연도 이야기를 담았는데, 2022년에 출간된 책에는 저의 마지막 책이 될지 모른다는 생각에 2022년 1월 11일 이수성결교회 밤기도회 시간에 박정수 담임목사님이 설교 중에 "미리 유언장을 써보라."고 하셔서 미리 써 본 저의 유언장을 《변호사 김양홍의 행복 곱하기》 책에 담았었습니다.

그렇게 저의 삶을 정리해 나가는 책을 더 이상 책을 출간하지 않겠다고 생각하니까 너무 슬펐습니다. 저의 남은 인생의 절반이 떨어져 나가는 기분이었습니다. 제가 책을 출간하지 않겠다고 생각한 이후에는 글이 잘 써지지 않았고, 글을 써도 글 쓰는 즐거움이 사라졌습니다. 만약 김홍신 선생님이 말씀하신 글 잘 쓰는 여덟 가지 방법 중의 두 번째 저의 글을 평가하는 감독관의 의견을 따랐다면, 저는 결국 더 이상 글을 쓰지 못했을 것입니다.

그런데 다행히도 저의 사연을 들으신 정성희 권사님께서 "평생 저의 책 출판비용의 절반을 후원하겠다."고 하셔서, 그 날 저녁 곧바로 저의 아내에게 "매년 책을 출간하겠다."고 선언했습니다. 그래서 내년에는 《변호사 김양홍의 행복 발전소》라는 이름의 책이 출간될 것입니다. 제가 미리 지어 놓은 40여 개의 책 이름에는 모두 '행복'이라는 단어가 들어가 있기 때문에 자칭 행복 시리즈의 일곱 번째 책이 이 책입니다. 행복 시리즈는 저의 생각과 삶을 정리하는 것들입니다. 저는 삶을 정리하는 즐거움은 그 어떤 즐거움과도 바꾸고 싶지 않습니다. 결국 앞으로 출간될 저의 수필집의 합본이 저의 자서전이 될 것입니다.

  특히 올해 1월 이수성결교회 박정수 담임목사님, 저의 아내와 딸·아들 등 19명이 캄보디아 뜨람껑 마을에 있는 조이풀교회로 단기선교를 다녀온 이야기를 이 책에 담을 수 있어서 더 감사하고, 더 행복합니다. 무엇보다도 이 책을 출간하도록 도와주신 정성희 권사님, 감동적인 추천사를 써주신 조이풀교회 정용희 선교사님과 한국철도기술연구원 목진용 박사님에게 감사한 마음을 전합니다. 최초로 日中韓 대조성경책을 출간한 모리슨 출판사의 박영선 이사장님과 최순환 목사님 내외분, 교정을 도와준 미소가 아름다운 아내와 사랑스러운 딸과 아들 그리고 저를 알고 있는 모든 분들께 사랑과 감사의 인사를 전합니다. 제가 행복한 동행 강의할 때마다 마지막으로 언급하고 있는 Emerson의 '무엇이 성공인가'라는 시에 이런 구절이 있습니다.

  내가 한 때 이곳에 살았음으로 해서
  단 한 사람의 인생이라도 행복해지는 것,
  이것이 진정한 성공이다.

저와 독자 여러분 그리고 지구별에 살고 있는 우리 모두가 행복하기를 간절히 소망합니다. 끝으로 지금의 저를 있게 해주신 하나님께 모든 영광을 올립니다. 모든 것이 하나님의 은혜였고, 모든 것이 하나님의 은혜입니다. 당신을 사랑하고 축복합니다.

2023년 2월 마지막 날 새벽

사랑하는 나의 조국 대한민국 하늘 아래에서
변호사 김양홍 올림

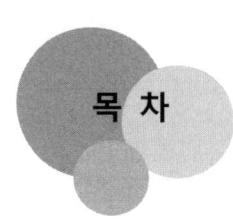

목 차

추천사 1_인생에서 가장 아름다웠던 것은 무엇인가? · 3
추천사 2_이곳에 들러 행복을 충전해 보세요 · 5
작가의 말 _삶을 정리해가는 즐거움 · 6

제1편 행복학개론

겪어보면 안다 · 18
듣기는 속히 하고 말하기는 더디 하며 성내기도 더디 하라 · 21
꽃을 보고 좋아하면 누가 기분이 좋습니까? · 22
자식을 대하는 태도 · 24
사람을 대할 때는 불을 대하듯 하라 · 27
악한 자를 대적하지 말라 · 29
잔소리는 곡선으로, 애정 표현은 직선으로 · 30
행복을 저축하지 마라 · 31
행복도 불행도 모두 전염된다 · 34
스트레스 덜 받는 마법의 말투 · 35
지금이 가장 좋은 때입니다 · 36
원래 방법은 뻔해 · 37
좋은 친구는 좋은 형제이다 · 38
진짜 친구 · 39
적게 그리고 많이 · 41
같은 말 · 42
복숭아와 밤은 3년, 감은 8년 · 43
나미브 사막 딱정벌레 거저리 생존기 · 44
인생은 B와 D 사이의 C이다 · 46
오늘 하루는 하나님이 주신 선물이다 · 47

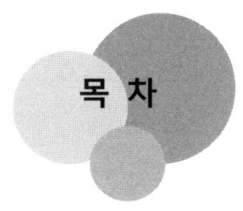

제2편 사도행전 29장

하나님 아버지, 이런 부모가 되게 하소서 · 50
너희는 나를 본받는 자가 되라 · 52
사명이 이끄는 삶에는 실패가 없다 · 54
세상에서 방황할 때 · 56
이곳에 앉아 주세요 · 58
소금처럼 · 59
외우는 성경 구절과 외워야 할 성경 구절 · 61
우리는 모두 다 꽃입니다 · 64
구복(九福) · 66
감사와 행복은 같은 말이다 · 68
감사의 힘 · 69
남자 남(男)과 남편 부(夫)의 의미 · 72
꽃보다 아름다운 하나님의 사람들 · 75
주님여 이 손을 꼭 잡고 가소서 · 76
다비다야 일어나라 · 77
복 있는 사람 · 79
하나님의 자녀가 되는 권세 · 81
장한평 기독신우회 창립 31주년 기념예배 · 84
하루 종일 예~수(사랑빛교회 설립감사예배) · 86
2023년 이수교회 캄보디아 단기선교. · 89
1월은 소망의 달 · 144
새해에는 너희는 먼저 그의 나라와 그의 의를 구하라 · 145

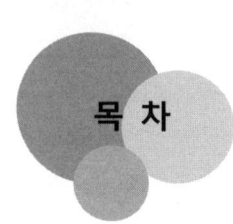

제3편 가족오락관

가장 행복한 순간 · 148
오늘은 어제 죽은 이가 간절히 바라던 내일이다 · 149
작은 일은 세상살이에서 정말 중요한 일이다 · 154
내일 일은 난 몰라요 · 153
꿈속에서도 변호하는 변호사가 되고 싶습니다 · 154
당신은 파를 써시요~ 나는 글을 읽겠오~ · 155
1대3을 4대3으로 · 156
배우자 선택 기준 · 158
또 졌잖아~ · 159
숙제가 주는 기쁨 · 161
까다로운 우리 집 중전마마의 식성 · 163
천안행 06시 45분 KTX · 164
제자들이 찾아오는 스승의 삶을 살자 · 166
가족오락관 2 · 169
가족사진 2 · 172
아버지 덕분에 · 174
아버지도 늘 건강하세요 · 177
55세 생일 선물 · 178
위드 코로나(with COVID-19) · 180
콘푸레이크가 뭔 죄냐? · 189
딸 셰프의 첫 냉이된장국 · 190

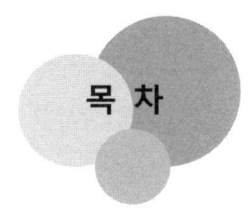

은혜의 밥상 · 191
은혜의 스물네 번째 생일 축하 편지 · 192
마땅히 해야 할 일 · 194
딸 이삿짐 옮긴 날 · 194
딸이 닮고 싶은 사람 · 198
사랑하는 딸 · 199
사랑하는 아들 · 200
아빠와 아들의 꿈 · 201
힘을 얻습니다 · 202
내리 갈굼도 사랑입니다 · 204
8년 전과 8년 후의 모습 · 205
아빠보다 생존능력이 좋은 아들 · 207
이노무새끼로 개명하라 · 209
1,000만원 이상의 가치가 있는 투표권 · 211
역사적인 날에 맛동산이 만들어지는 과정 · 212
최후의 조찬(朝餐) · 213
당신 아프면 내가 다 해줄게 · 216
광주미산초등학교 6학년 1반 공개수업 · 218
見利思義 見危授命(견리사의 견위수명) · 220
2022년 추석 이야기 : 목포해전(木浦海戰) · 222
2022년 크리스마스 칸타타 · 225

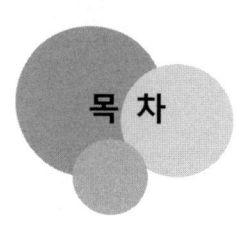

목차

제4편 이런 저런 이야기

부부는 서로 사랑하고 존경해야 합니다 · 228
무주상보시(無住相布施) · 231
국가에 대한 4대 의무는 철저히 잘 지켜주기 바란다 · 233
두 어른 · 235
나는 내 부하를 믿는다 · 237
아버지 행장(行狀) · 239
아주 특별한 친구 · 241
갑오징어 꽃 · 243
만남은 설레임이다 · 245
송별사 : 떠나는 이재철 사무국장님에게 · 250
군용 가디건 · 252
다솜, 사랑받고 살아라 · 253
생각의 쓰레기통 2 · 254
기차길 옆 초밥집에서의 결의 · 255
좋아하는 걸 좋아해 · 256
야옹아 멍멍해봐 · 257
남자가 여자를 좋아할 때 하는 행동 · 259
한강에서 살다가 요단강을 건너온 쏘가리 · 261
커피 2잔이 주는 기쁨 · 262
장미의 집 · 263
은혜가 은혜 아빠에게 준 최고의 선물 · 265
완벽한 하루 · 266

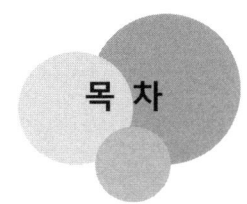

쏘가리이론 · 270
ASMR. · 272
묵은지 한 접시 · 273
미안하다, 절대 용서하지 마라! · 274
28년의 여백(餘白) · 276
감사꽃이 피었다 · 278
We Serve! · 281
어린이는 지금 당장 놀아야 한다 · 282
드라마 '이상한 변호사 우영우' · 285
드라마 '수리남' · 287
영화 '공조 2 : 인터내셔날' · 289
영화 '헌트' · 290
영화 '한산 : 용의 출현' · 292
영화 '탑건 : 매버릭' · 295
영화 '영웅' · 297
대한민국은 아무도 흔들 수 없는 나라가 될 것입니다 · 299
I STAND WITH UKRAINE · 302
전국노래자랑 MC에서 천국 MC로 · 304
사단법인 한국미혼모지원네트워크 · 305
덕분에(강경성결교회와 낙화암 탐방기) · 307
2022년 서울강남지방장로회 임원수련회 · 316
2022년 추석선물 인사말 · 320

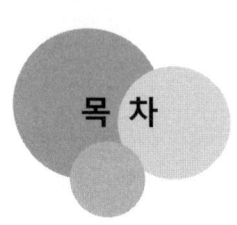

제5편 행복한 골프

김홍신 선생님과 행복한 골프(베뉴지CC와 클럽모우GC) · 324
양진 이사장님과 행복한 골프(아름다운CC와 안성베네스트CC) · 331
박흥근 사단장님과 행복한 골프(처인체력단련장). · 335
감사와 축하의 라운딩(빅토리아GC) · 340
한 타의 미학(美學)(빅토리아GC) · 342
으름넝쿨과 함께 하는 가을골프(소피아그린CC) · 345
골프는 상대방을 배려하는 운동이다(블랙스톤이천GC) · 347
비장한 결심(아시아나CC) · 350
두 형을 이겼다(남수원체력단련장) · 351
2인의 해병(평택체력단련장) · 352
사람이 너무 좋네(만포대체력단련장) · 354
오성회(五星會) 행복한 골프(해피니스CC) · 355
한창용 부부와 행복한 골프(푸른솔GC 장성과 서산수CC) · 358
결혼 24주년 기념 제주도 골프 여행(해비치CC와 오라CC) · 364

제1편 행복학개론

01
겪어보면 안다

굶어보면 안다
밥이 하늘인 걸

목마름에 지쳐보면 안다
물이 생명인 걸

일이 없어 놀아보면 안다
일터가 낙원인 걸

아파보면 안다
건강이 엄청 큰 재산인 걸

잃은 뒤에 안다
그것이 참 소중한 걸

이별하면 안다
그이가 천사인 걸

지나보면 안다
고통이 추억인 걸

불행해지면 안다
아주 작은 게 행복인 걸

죽음이 닥치면 안다
내가 세상에 주인인 걸

위 글은 MBN 명강연 켈렉션 2020년 4월 4일 김홍신 선생님의 '나이 들고 보니 이것 또한 지나가더라' 강의 내용의 일부입니다. 김홍신 선생님이 말씀하신 겪어보면 알게 되는 것들을 겪어보지 않고도 아는 것이 삶의 지혜 아닐까요? 선생님은 "고통과 근심, 걱정은 반드시 유통기한이 있다. 걱정은 인생살이에서 양념과 같다."고 하셨는데, 성경에서도 '하나님은 우리에게 감당하지 못할 시험 당함을 허락하지 아니하신다'고 하셨습니다. 그 또한 지나갈 것입니다.

사람이 감당할 시험 밖에는 너희가 당한 것이 없나니 오직 하나님은 미쁘사 너희가 감당하지 못할 시험 당함을 허락하지 아니하시고 시험 당할 즈음에 또한 피할 길을 내사 너희로 능히 감당하게 하시느니라 (고린도전서 10장 13절)

성경(개역개정)에서는 '행복'이라는 단어를 총 11군데에서 언급하고 있습니다. 성경은 '사랑'이라는 단어를 총 557군데에서 언급하고 있고, '감사'라는 단어를 총 188군데에서 언급하고 있는 것에 비하면 성경은 생각보다 행복을 적게 언급하고 있습니다. 사랑하고, 감사하는 삶을 살면 저절로 행복해지기 때문에 그런 것 아닐까요?

사람이 비록 백 명의 자녀를 낳고 또 장수하여 사는 날이 많을지라도 그의 영혼은 그러한 행복으로 만족하지 못하고 또 그가 안장되지 못하면 나는 이르기를 낙태된 자가 그보다는 낫다 하나니
(전도서 6장 3절)

위와 같이 전도서 기자(記者)는 "많은 자녀를 낳고 장수하여도 그러한 행복으로 만족하지 못하면 낙태된 자가 그보다는 낫다"고 합니다. 사람에게 아무리 많은 부(富)와 명예가 주어진다 하더라도 만족하지 못하면 그는 불행한 사람입니다. 만족은 '감사한 마음'으로부터

나옵니다. 그래서 감사한 마음만 있으면 행복할 수 있습니다. 하나님은 우리 모두가 행복하게 살기를 바라시기 때문에 "범사에 감사하라"(데살로니가전서 5장 18절)는 하나님의 뜻이 분명합니다.

행복(幸福)과 불행(不幸)의 공통점은 모두 다행 '행(幸)'가 들어 있다는 점입니다. 행(幸)은 다행(多幸)의 줄임말입니다. 다행은 뜻밖에 일이 잘되어 좋은 것을 뜻합니다. '불행 중 다행'이라는 말도 있습니다. 불행 가운데서 그나마 그만하면 다행이라는 뜻이지요. 우리는 불행 중에서도 다행거리를 찾아야 합니다. 모든 사람이 날마다 행복할 수는 없을 것입니다. 그렇지만, 각자가 날마다 다행거리와 감사거리를 찾을 수만 있다면, 우리는 날마다 행복할 수 있습니다. 수많은 아무 일 없음과 별일 없음으로 인해 간신히 행복하든 수많은 좋은 일로 인해 충만히 행복하든 행복하면 되지 않나요? 만화영화 《빨간머리 앤》의 명대사처럼, 정말로 행복한 나날이란 멋지고 놀라운 일이 일어나는 것이 아니라 소박하고 자잘한 기쁨들이 조용히 이어지는 날들입니다. 그 아주 작은 것들이 행복덩어리입니다.

또한 한자(漢字)로는 행(幸)자와 신(辛)자가 매우 비슷합니다. 신(辛)자는 맵다, 괴롭다는 뜻입니다. 신(辛)자 머리 부분에 일(一)자만 추가하면 행(幸)이 됩니다. 괴로운 일이 있을 때(辛) 감사하는 마음(一)만 추가하면 우리는 행복할 수 있습니다. 범사(凡事)에 감사하는 마음이 우리를 진정한 행복의 나라로 이끌어 줄 것입니다. 김홍신 선생님의 위 강의 결론처럼, 저와 여러분이 세상의 주인이니까 주인처럼 세상을 끌고 갈 수 있기를 소망합니다. 행복은 하나님으로부터 받는 것이 아니라 이미 하나님이 주신 행복을 찾는 것입니다.

02
듣기는 속히 하고 말하기는 더디 하며 성내기도 더디 하라

내 사랑하는 형제들아 너희가 알지니 사람마다 듣기는 속히 하고 말하기는 더디 하며 성내기도 더디 하라(야고보서 1장 19절)

참으로 귀한 말씀입니다. 하나님은 왜 사람의 귀는 닫을 수 없게 창조하시고, 눈과 입은 닫을 수 있게 창조하셨을까요? 언제 어디서나 잘 듣고, 나쁜 것은 보지 말고, 말을 하지 않아야 할 때는 말문을 닫으라고 그렇게 창조하셨다고 생각합니다.

너희 말을 항상 은혜 가운데서 소금으로 맛을 냄과 같이 하라 그리하면 각 사람에게 마땅히 대답할 것을 알리라(골로새서 4장 6절)

우리 삶 속에서 듣는 것과 보는 것 때문에 문제되는 경우는 거의 없습니다. 언제나 말이 문제입니다. 위 성경말씀대로 말을 항상 은혜 가운데서 소금으로 맛을 냄과 같이 하려면 어떻게 해야 할까요? 말이 쉽지 그렇게 말하기는 너무나도 어렵습니다. 항상 '혀 밑에 도끼가 있다'는 것을 명심하고, 사랑의 말이 아니면 말문을 닫아야 합니다. 또한 '가는 말이 고와야 오는 말이 곱다'는 속담도 꼭 명심해야 합니다. 사랑도 서로 주고받는 것이지만, 말도 서로 주고받는 것입니다. 말은 아껴야 합니다.

내가 사람의 방언과 천사의 말을 할지라도 사랑이 없으면 소리 나는 구리와 울리는 꽹과리가 되고(고린도전서 13장 1절)

03
꽃을 보고 좋아하면
누가 기분이 좋습니까?

꽃을 보고 좋아하면 꽃이 기분이 좋습니까?
내가 기분이 좋습니까?
내가 기분이 좋습니다.
상대를 좋아하면 내가 좋습니다.
행복도 내가 만들고,
불행도 내가 만드는 것입니다.

우연히 SNS에서 본 법륜스님의 명언입니다. 법륜스님께서 '모든 것은 오로지 마음이 지어내는 것이다'라는 일체유심조(一切唯心造)의 사상을 잘 비유하신 글입니다. 불교용어이지만, 우리들 삶의 나침반과 같은 말씀입니다. 성경에서도 마음에 관한 말씀이 많이 있습니다.

너는 마음을 다하여 여호와를 신뢰하고 네 명철을 의지하지 말라
(잠언 3장 5절)

사람이 마음으로 자기의 길을 계획할지라도 그의 걸음을 인조하시는 이는 여호와시니라(잠언 16장 9절)

평안을 너희에게 끼치노니 곧 나의 평안을 너희에게 주노라 내가 너희에게 주는 것은 세상이 주는 것과 같지 아니하니라 너희는 마음에 근심하지도 말고 두려워하지도 말라(요한복음 14장 27절)

무슨 일을 하든지 마음을 다하여 주께 하듯 하고 사람에게 하듯 하지 말라(골로새서 3장 23절)

내가 진실로 너희에게 이르노니 누구든지 이 산더러 들리어 바다에 던져지라 하며 그 말하는 것이 이루어질 줄 믿고 마음에 의심하지 아니하면 그대로 되리라(마가복음 11장 23절)

성경은 우리에게 마음을 다하여 하나님을 믿고, 무슨 일을 하든지 주께 하듯 하면 하나님께서 나의 길을 인도해 주시고, 평안을 주신다고 하십니다. 하나님을 믿으면 누가 좋습니까? 성경은 '주 예수를 믿으라 그리하면 너와 네 집이 구원을 받으리라(사도행전 16장 31절)'고 하십니다. 하나님을 믿으면 내가 좋고, 나의 가족이 좋습니다. 오늘 하루도 하나님과 행복한 동행을 하는 저와 여러분이 되길 소망합니다.

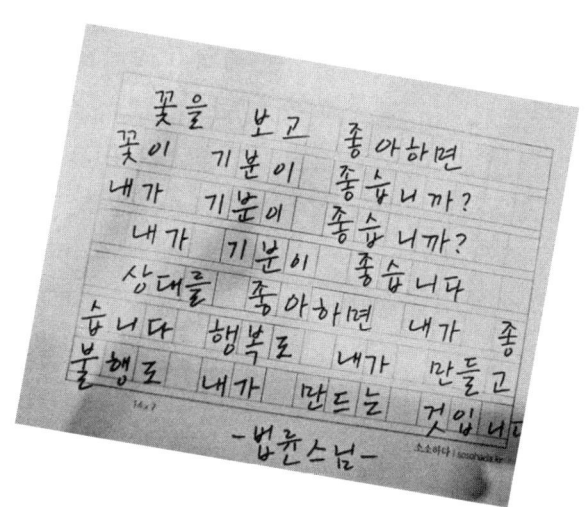

04
자식을 대하는 태도

"자식을 타인처럼 대해야 한다."

저의 군법무관 동기 형인 홍창식 변호사님이 저에게 해준 말입니다. 자식을 나의 소유물이 아닌 타인처럼 대해야 자식에게 함부로 하지 않는다는 것입니다. 그렇지만 요즘 자식들은 타인이 아니라 스스로 시부모가 된 것 같습니다.

어느 숲 속에 어미 원숭이가 새끼 두 마리를 키우면서 살고 있었습니다. 그런데 같이 태어난 새끼 두 마리 중 유독 한 마리를 더욱 사랑하여 늘 안고 다녔습니다. 어미의 관심을 받지 못한 다른 새끼 원숭이는 혼자서 외롭게 나무를 오르내리며 스스로 먹이를 찾아 먹어야 했습니다. 그러던 어느 날, 이웃 숲에 사는 다른 원숭이들이 습격해 왔고, 어미 원숭이는 평소 사랑하는 새끼가 다칠세라 더욱 꼭 껴안고 피해 다녔습니다. 한참 후 이웃 원숭이 무리가 물러갔습니다. 어미도 한숨 돌리며 품에 안고 있던 새끼를 본 어미는 깜짝 놀랐습니다. 너무 꼭 껴안고 도망 다닌 탓에 새끼가 숨이 막혀 죽어 있었던 것입니다. 반면 혼자서 이 나무 저 나무를 피해 다닌 다른 새끼 원숭이는 살아 있는 것을 알았습니다.

위 글은 '어미 원숭이의 사랑'이라는 이솝우화로서, 부모의 과보호나 편애는 오히려 자식에게 해롭다는 교훈을 주는 이야기입니다.

매를 아끼는 자는 그의 자식을 미워함이라 자식을 사랑하는 자는 근실히 징계하느니라 (잠언 13장 24절)

성경은 자식을 사랑하는 자는 근실(勤實)히 즉, 부지런하고 진실하게 징계하라고 하고 있습니다. 그렇지만, 부모가 되면 그렇게 하기가 생각보다 쉽지 않습니다. 그러다보니 많은 부모들이 자식을 '왕'으로 키우거나 본인 스스로 '헬리콥터 맘'(helicopter mom : 자녀의 일에 지나치게 간섭하며 자녀를 과잉보호하는 엄마)이 되는 경우가 많습니다. 일찍이 루소(Rousseau)는 '자식을 불행하게 하는 가장 확실한 방법은 언제나 무엇이든지 손에 넣을 수 있게 해주는 일이다.'라고 했습니다. 자식은 '왕'이 아닌 '종(섬기는 사람)'으로 키워야 합니다. '종'된 마음으로 가족을 섬길 줄 알아야 가정 밖에 나가서도 '종'된 마음으로 이웃을 섬길 수 있을 것이기 때문입니다.

예수님께서도 '인자가 온 것은 섬김을 받으려 함이 아니라 도리어 섬기려 하고 자기 목숨을 많은 사람의 대속물로 주려 함이니라(마태복음 20장 28절)'고 하셨습니다. 우리 모두 자식을 '종'으로 키웁시다!! 그리고 저부터 언제 어디서나 '종'이 되도록 노력하겠습니다. 그렇게 '종'으로 자란 자식들은 이 나라와 이 사회를 위해 기꺼이 헌신하는 '종'이 될 것입니다.

"아버지는 내가 되려는 모습 전부였다."

위 글은 Microsoft(MS) 창업자인 빌 게이츠를 자선사업가의 길로 인도한 아버지 윌리엄 게이츠 시니어가 2020년 9월 14일 향년 94세로 소천했는데, 빌 게이츠가 다음날 블로그에 올린 '아빠를 기억하며'라는 글에서 언급한 내용입니다. 게이츠 시니어는 제2차 세계대전 참전용사였고, 시애틀에서 변호사로 활동했는데, 둘째 아들 빌 게이츠가 MS를 창업할 수 있도록 적극적인 지지로 용기를 준 든든한 후원자였습니다. 빌 게이츠는 "폴 앨런과 마이크로소프트를 창업하기 위해 하버드를 중퇴했을 때조차 마음이 편했다. 실패하더라도 부모님은 내 편이 돼

주실 거라는 사실을 알았기 때문이다."라고 회상했다고 합니다.

　이 세상에서 가장 성공한 사람은 배우자와 자식으로부터 사랑과 존경을 받는 사람이 아닐까요? 게이츠 시니어는 "부모의 욕심대로 아이를 키우는 것이 아니라 자녀 스스로가 꿈을 향해 나아가도록 해야 한다. 그리고 부모는 아이의 꿈에 제한을 두지 않아야 한다."라고 조언하고 있습니다. 부전자전(父傳子傳)입니다. 저도 저의 딸과 아들이 이 땅에서 빛과 소금의 역할을 할 수 있도록 앞으로 저의 마음의 그릇을 좀 더 키워보겠습니다. 그래서 제가 천국 갈 때 저의 딸과 아들이 "아버지는 내가 되려는 모습 전부였다."는 말을 하는 것을 꼭 듣고 싶습니다.

※ 한국성결신문 2022. 3. 23.자 김양홍 변호사의 행복칼럼에 게재된 글입니다.

05
사람을 대할 때는 불을 대하듯 하라

사람을 대할 때는 불을 대하듯 하라.
다가갈 때는 타지 않을 정도로,
멀어질 때는 얼지 않을 만큼만.

위 글은 '미친 소크라테스'로 불리는 그리스의 철학자 디오게네스(Diogenes)가 한 말입니다. 참으로 공감되는 말입니다. 부모자식 사이는 1촌(寸)인데, 부부 사이는 촌수(寸數)가 없는 무촌(無寸)입니다. 그래서 부부 사이는 촌수가 없을 만큼 가까울 수도 있고, 촌수도 없을 만큼 남남일 수도 있습니다. 그런데, 그렇게 가까운 부부 사이에서도 위 디오게네스 말처럼, 서로가 서로를 불을 대하듯 하는 것이 좋다고 생각합니다. 부모자식 사이에서도, 친구 사이에서도 마찬가지입니다. 아무리 가까워도 서로 지켜야 할 선은 반드시 지켜야 합니다.

저희 부부는 연애할 때 서로 반말을 했으나, 저의 제안으로 결혼한 후에는 서로 존댓말을 하고 있습니다. 가까울수록 더 예의를 지켜야 합니다. 또한 자식을 타인(他人)처럼 대할 필요도 있습니다. 자식을 타인처럼 대해야 자식에게 함부로 하지 않을 것이기 때문입니다.

사회심리학자인 허태균 고려대 교수는 "우리나라 사람들은 어떤 일을 함께 할 때 모두 다 같은 생각을 해야 한다는 환상이 있고, 특히 상대방과 의견이 다를 때는 끝없이 설득하려고 하는데, 진정으로 상대방을 아낀다면 있는 그대로를 존중하고 설득하려고 하지 말라."고 권고합니다. 저희 부자지간은 정치적으로는 극과 극입니다. 특히 지난 제20대 대통령선거기간에 '북한 선제타격론'과 관련하여 제가 아침밥상에서 아들과 논쟁하다가 사무실에 출근해서까지 큰 소리로 아들을 야단치고 설득하려고 한 적이 있습니다. 그때 그냥 아들의 생각과 판단을 존중해줘도 됐을 텐데 끝까지 저의 주장을 관철시키려고 한 저의 행동을 반성합니다. 상대방에게 나와 똑같은 생각을 갖도록 강요할 필요가 없습니다. 각자의 생각이 다른 것이지 틀린 것이 아닙니다.

06
악한 자를 대적하지 말라

　이 세상에는 좋은 사람과 나쁜 사람이 상존(常存)합니다. 누가 좋은 사람인지 나쁜 사람인지는 본인이 더 잘 알 것입니다. 저는 군법무관 10년, 변호사 19년 총 29년 동안 법조인의 경험에 비추어 볼 때 인간관계에서 나쁜 사람은 꼭 피하는 것이 상책(上策)입니다. 물론 사람을 평가하고 판단하는 것이 힘들고 쉬운 일은 아니지만 언제 어디서나 나쁜 사람은 피하고, 좋은 사람은 가까이 해야 합니다. 예수님은 마태복음 5장 44절에서 "원수를 사랑하라"고 하셨지만, 같은 장 39절에서 "악한 자를 대적하지 말라"는 말씀도 하셨습니다. 악한 자는 대적하지 말고 피해야 하고, 악한 자의 모습을 통해 자신을 돌아보고 더 선한 자가 되도록 마음을 다해야 할 것입니다. 우리에게 주어진 시간은 좋은 사람들과 보내기에도 부족합니다.

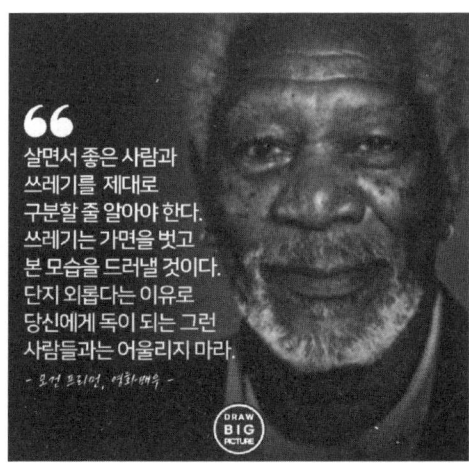

07
잔소리는 곡선으로, 애정 표현은 직선으로

잔소리는 곡선으로, 애정 표현은 직선으로

  2022년 2월 마지막 주일 이수교회 박정수 담임목사님이 '성도의 언어훈련'이라는 주제로 설교하시는 중에 소개하신 오은영 박사님의 말입니다. 지혜로운 언어생활을 잘 표현한 말입니다. 우리는 잔소리는 곡선으로, 애정표현은 직선으로 해야 하는데, 그 반대로 하는 경우가 더 많은 것 같습니다. 성경은 '혀는 길들일 사람이 없나니 쉬지 아니하는 악이요 죽이는 독이 가득한 것이라(야고보서 3장 8절)'고 합니다. 그렇기 때문에 우리는 교회에서 뿐만 아니라 가정에서도, 직장에서도, 사회생활에서도 믿음의 말, 사랑의 말, 기도의 말이 아니면 말문을 닫아야 합니다. 하나님은 우리의 말이 하나님의 귀에 들린 대로 행하신다고 하셨습니다.

  그들에게 이르기를 여호와의 말씀에 내 삶을 두고 맹세하노라 너희 말이 내 귀에 들린 대로 내가 너희에게 행하리니(민수기 14장 28절)

08 행복을 저축하지 마라

아끼지 마라

햇살 모아서
겨울에 쓸 생각 마라

눈 쓸어 담아서
여름에 먹을 생각 마라

행복을 저축하지 마라
이자도 없고
내일도 없다

아끼지 마라
오늘의 꽃,
오늘 실컷 다 봐도 좋다

그래야 네가 좋다

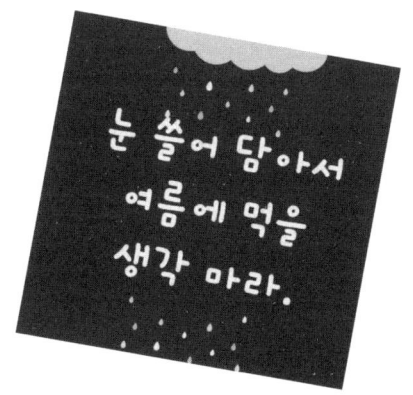

김이율 시인의 '오늘의 꽃'이라는 시입니다. 시인은 언어의 마술사입니다. 시인은 이 시에서 짧은 몇 문장으로 인생을 어떻게 지혜롭게 살지에 대해 충분히 이야기해 주고 있습니다. 행복을 저축해야 할까요? 아니면 시인의 시처럼 저축하지 말아야 할까요? '내일 일은 난 몰라요'라는 찬송가 가사처럼, 우리에게는 내일이 보장되어 있지 않습니다. 일본 아베 수상이 그렇게 괴한의 총격으로 사망할 것이라는 것을 그 누가 알았겠습니까? 그렇기 때문에 행복은 저축하지 말고 매일매일 모두 사용해야 합니다.

　행복을 저축해야 할까요? 아니면 시인의 시처럼 저축하지 말아야 할까요? '내일 일은 난 몰라요'라는 찬송가 가사처럼, 우리에게는 내일이 보장되어 있지 않습니다. 일본 아베 수상이 그렇게 괴한의 총격으로 사망할 것이라는 것을 그 누가 알았겠습니까? 그렇기 때문에 행복은 저축하지 말고 매일매일 모두 사용해야 합니다.
　성경은 "먼저 하나님의 나라와 의를 구하면 우리에게 모든 것을 더해주신다"고 하고, 그렇기 때문에 "내일 일을 염려하지 말라"고 합니다. 내일 일을 염려하느라 오늘의 행복을 낭비하지 마십시오. 오늘 행복해야 내일도 행복할 수 있습니다.

　그런즉 너희는 먼저 그의 나라와 그의 의를 구하라 그리하면 이 모든 것을 너희에게 더하시리라 그러므로 내일 일을 위하여 염려하지 말라 내일 일은 내일이 염려할 것이요 한 날의 괴로움은 그 날로 족하니라(마태복음 6장 33~34절)

　오늘(2022. 8. 23.)은 처서(處暑)라서 그런지 밤바람이 시원하게 느껴졌습니다. 하루 일과를 마치고, 제가 섬기는 이수교회 밤기도회(매주 월~금요일 저녁 8시)에 가기 위해 동작역에서 내려 교회로 걸어가는데, 이름 모를 풀벌레들이 여기저기에서 서로 자랑하듯이 노래를 부르고 있었습니다. 밤기도회에서 하나님을 찬양하고, 하나님의 말씀을 듣고, 하나님께 기도하면서 하루를 마감하고 쉴 수 있음에 감사합니다. 이것이 행복이 아니고 무엇이 행복이겠습니까?

수고하고 무거운 짐 진 자들아 다 내게로 오라 내가 너희를 쉬게 하리라(마태복음 11장 28절)

09
행복도 불행도 모두 전염된다

행복과 불행은 전염성이 매우 강합니다. 행복뿐만 아니라 불행도 전염됩니다. 행복한 결혼생활을 꿈꾼다면, 행복한 배우자를 만나야 합니다. 덩달아 행복해집니다. 행복한 인생을 꿈꾼다면, 나의 가족과 이웃들을 행복한 사람들로 가득 채우십시오. 그들이 행복해지기만을 기다리지 말고, 그들을 행복하게 만들어주십시오.

욥이 그의 친구들을 위하여 기도할 때 여호와께서 욥의 곤경을 돌이키시고 여호와께서 욥에게 이전 모든 소유보다 갑절이나 주신지라
(욥기 42장 10절)

욥이 그의 친구들을 위하여 기도할 때 하나님은 욥의 친구들보다 오히려 욥의 곤경을 돌이켜 욥의 말년에 처음보다 더 복을 주셨습니다. 내 곁에 있는 사람을 축복하고 기도하는 삶은 곧 나를 축복하고 기도하는 삶입니다. 복은 받는 것이 아니라 내가 짓는 것입니다. 세상에 공짜 없습니다. 아낌없이 베풉시다.

> 행복도 불행도 모두 전염된다.
> 누구 옆에 있을 것인가?
> 나는 어떤 사람인가?

10
스트레스 덜 받는 마법의 말투

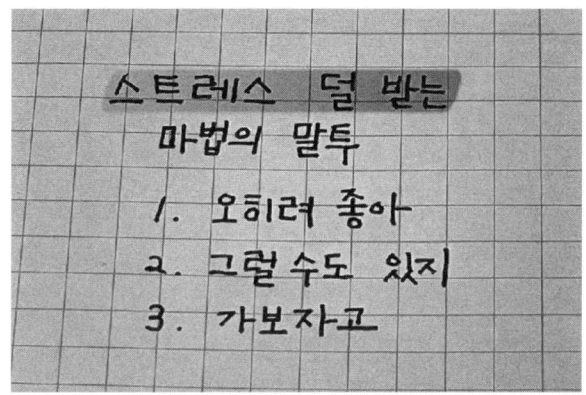

　인스타그램에서 퍼온 '스트레스 덜 받는 마법의 말투'라는 글입니다. 제가 평소에 아내에게 자주 하는 말이 "그럴 수도 있지(These things happen.)"입니다. 실제로 모든 일이 그럴 수도 있습니다. 또한 "그럴 수도 있지"라는 말은 곧 "나는 이해한다(I understand.)"는 말과 같은 말입니다.

　저는 평소 차를 운전할 때 앞 차와의 간격을 조금 여유 있게 유지하는 편입니다. 옆 차선에서 진행하는 차량이 제 차 앞으로 끼어들 때 조금이라도 편하게 끼어들 수 있도록 하기 위해서입니다. 차가 급하게 끼어들면 제 차도, 그 차도 위험하기 때문입니다. 또한 제가 앞 차와 간격을 좁힌다고 해서 빨리 가면 얼마나 더 빨리 가겠습니까? 그렇게 해도 급하게 끼어드는 차가 있으면 아내는 그 차의 운전자를 나무라지만, 저는 그 때마다 "그럴 수도 있지"라고 합니다. 그 차 운전자가 제 차를 못 봤을 수도 있고, 저처럼 운전이 서툰 사람일 수도 있기 때문입니다. "그럴 수도 있지"라는 말은 본인이 스트레스를 덜 받는 말투가 아니라 '스트레스를 안 받는 말투'입니다.

11
지금이 가장 좋은 때입니다

2022년 10월 11일 서울도서관 외벽에 설치된 서울꿈새김판에 게시된 글입니다. 서울시가 가을편 꿈새김판 공모전을 통해 정동훈 씨의 위 글을 선정한 것입니다. 위 글 형태에 어떤 문장을 써도 아름다운 글이 됩니다. '지금'이라는 단어 때문입니다. 결국 지금 사랑하고, 지금 만나고, 지금 믿고, 지금 행복해야 합니다. 지금이 가장 좋은 때입니다.

사랑이 제일 좋다면서요
지금이 사랑할 때에요
만남이 제일 좋다면서요
지금이 만날 때에요
믿음이 제일 좋다면서요
지금이 믿을 때에요
행복이 제일 좋다면서요
지금이 행복할 때에요

12
원래 방법은 뻔해

    ENA 드라마 '이상한 변호사 우영우' <제3화 펭수로 하겠습니다>에서 우영우 변호사가 자폐를 가진 자신을 키우신 아버지에게 자폐가 있는 21세 의뢰인과 대화하는 방법에 대해 묻자 아버지가 다음과 같이 대답합니다.

    성적 잘 받으려면 공부해, 살 빼려면 운동해, 대화하려면? 노력해.
    원래 방법은 뻔해. 해내는 게 어렵지.

    맞습니다. 무엇이든 하면 할수록 늘게 되어 있습니다. 운전도, 공부도, 운동도, 대화도 그리고 근심과 걱정도 … 그리고 문제만 바라보지 말고, 문제보다 크신 하나님을 바라볼 수 있어야 합니다. 해결책은 땅에 있는 것이 아니라 하늘에 있습니다. 원래 방법은 뻔합니다.

13
좋은 친구는 좋은 형제이다

우리나라 초대 문화부장관, 작가, 평론가, 교수의 삶을 산 이어령 선생께서 2022년 2월 26일 소천했습니다. 이어령 선생이 평생 살면서 후회한 한 가지에 대해 《이어령의 마지막 수업》에서 다음과 같은 글을 남겼습니다.

세속적인 문필가로 교수로, 장관으로 활동했으니 성공했다고 할 수 있을 것이다. 그러나 나는 실패한 삶을 살았다. 겸손이 아니다. 나는 실패했다. 그것을 항상 절실하게 느끼고 있다. 내게는 친구가 없다. 그래서 내 삶은 실패했다. 혼자서 나의 그림자만 보고 달려왔던 삶이다. 동행자 없이 숨 가쁘게 여기까지 달려왔다. 더러는 동행자가 있다고 생각했지만, 나중에 보니 경쟁자였다.

그래서 이어령 선생은 "정기적으로 만나 밥 먹고 커피 마시면서 수다를 떨 수 있는 친구를 만들어야 삶이 풍성해집니다."라는 말씀을 남겼나 봅니다. 여러분은 그런 친구가 있나요? 저는 있습니다. 만약 그런 친구가 없다면, 형제를 그런 친구처럼 만드는 것도 좋은 방법입니다. 저부터 누군가에게 좋은 친구가 되도록 마음을 다하겠습니다. 좋은 친구는 좋은 형제입니다.

14
진짜 친구

평생 동안 곁에 남을 진짜 친구는
하나, 그냥 연락한다. 아무런 용건이 없이 통화해도 어색함이 없다. 필요할 때만 찾는 사람과는 근본적으로 다르다.
둘, 전화 한 통에 기분이 풀린다. 어이없고 짜증나는 일도 친구와 통화 한 번이면 짜증, 불안, 화가 가라앉고 답답했던 속이 한결 나아진다.
셋, 시시한 일상을 공유한다. 이런 사소한 것까지 얘기하나 싶을 정도로 시시한 일을 함께 공유하는 것이 즐겁다.
넷, 쓸데없는 얘기로 웃는다. 다른 사람이 보기엔 웃기지도 않고 이해할 수 없는 얘기도 둘만의 코드가 잘 맞아서 빵빵 터지며 웃게 된다.
다섯, 나를 위해 준다. 모든 행동에 날 위하는 마음이 묻어 있다. 쓴소리도 내 생각을 해서 따끔하게 하고 힘들 때는 그저 들어주고, 슬프고 우울할 땐 곁에서 어떻게든 위로해 준다.
인간관계는 대부분 필요와 이해로 얽혀있다. 계산적인 관계들 사이에서 아이들처럼 목적 없이 순수한 관계인 친구가 있다면 삶의 보물 같은 사람이다.

오성회(五星會, 광주 북성중학교 동창 모임) 남상무 친구가 단톡방에 올린 글입니다. 저도 위 글에 저의 생각을 더해봅니다. 진짜 친구는 삶의 보물이자 하나님의 큰 선물입니다.

여섯, 그 친구를 생각만 해도 즐겁다.
일곱, 그 친구를 다른 사람에게 자주 이야기하게 된다.
여덟, 그 친구는 내가 잘되었을 때 진심으로 축하해준다.

아홉, 그 친구 앞에서는 아무 것도 안 해도 좋다.
열, 그 친구와 친구 가족을 위해 기도하게 된다.

친구는 사랑이 끊어지지 아니하고 형제는 위급한 때를 위하여 났느니라(잠언 17장 17절)

철이 철을 날카롭게 하는 것 같이 사람이 그의 친구의 얼굴을 빛나게 하느니라(잠언 27장 17절)

사람이 친구를 위하여 자기 목숨을 버리면 이보다 더 큰 사랑이 없나니(마태복음 15장 13절)

15
적게 그리고 많이

두려움은 적게 희망은 많이, 먹기는 적게 씹기는 많이, 푸념은 적게 호흡은 많이, 미움은 적게 사랑은 많이 하라. 그러면 세상의 모든 좋은 것이 당신의 것이다.

스웨덴 속담이라고 합니다. 서울중앙지방법원 재판 갔다가 법원 엘리베이터에서 본 글입니다. 지혜로운 삶의 푯대 같은 글입니다. 여러분은 적게 하는 것이 잘 되는가요? 많게 하는 것이 잘 되는가요? 위 내용을 실천하는 것이 쉬운 것 같아도, 누구나 쉽게 실천할 수 있는 것은 아닙니다. 저도 나머지는 그런대로 하는 것 같은데, '먹기는 적게 씹기는 많이'가 잘 안 되는 것 같습니다.

율법을 지키는 자는 지혜로운 아들이요 음식을 탐하는 자와 사귀는 자는 아비를 욕되게 하는 자니라(잠언 28장 7절)

음식으로 말미암아 하나님의 사업을 무너지게 하지 말라 만물이 다 깨끗하되 거리낌으로 먹는 사람에게는 악한 것이라
(로마서 14장 20절)

성경말씀대로 음식을 탐해서 저의 아버지를 욕되게 하는 일은 없도록 하고, 음식으로 말미암아 하나님의 사업을 무너지게 하지 않도록 노력하겠습니다. 이렇든 저렇든 건강한 몸과 마음을 갖는 것이 곧 세상의 모든 좋은 것을 갖는 것이 아닐까요?

16
같은 말

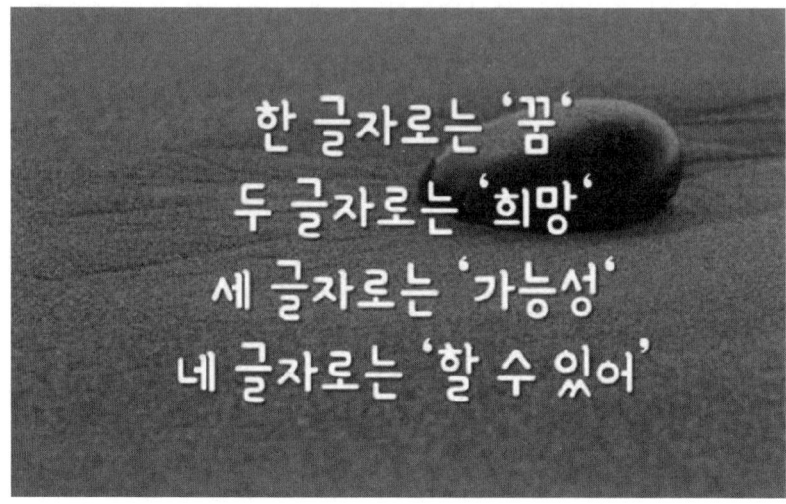

   오늘 아침 facebook에서 우연히 접한 글입니다. '꿈, 희망, 가능성, 할 수 있어'는 같은 말입니다. '꿈'을 다섯 글자로 같은 말은 무엇일까요? 저의 아들의 대답은 '용기를 내자'입니다. 저는 '일체유심조(一切唯心造)'라고 대답하고 싶습니다. 세상만사(世上萬事) 마음먹기에 달려있습니다.

I can do it!
We can do it!

내게 능력 주시는 자 안에서 내가 모든 것을 할 수 있느니라
I can do everything through him who gives me strength.
(빌립보서 4장 13절)

17
복숭아와 밤은 3년, 감은 8년

'복숭아와 밤은 3년, 감은 8년'이라는 말은 일정한 기간이 지나야 결실을 얻을 수 있다는 일본의 격언(格言)입니다. 감자도 심은 지 90~100일 사이에 수확합니다. 그렇기 때문에 감자를 심고 90일이 되기 전에는 감자가 자랐는지를 확인하기 위해 뿌리를 들춰봐서는 안 됩니다. 복숭아와 밤, 감, 감자 모두 열매를 맺는 데는 절대적으로 필요한 시간이 있습니다. 부모가 자녀를 양육할 때도 마찬가지입니다. 우리는 그때를 기다려야 합니다. 사랑의 첫 번째 덕목은 '오래 참는 것이고, 모든 것을 참는 것'입니다. 자녀를 변화시키는 것은 '지적'이 아니고, '들어주고, 칭찬하고, 기다려주는 것'입니다.

사랑은 오래 참고 사랑은 온유하며 시기하지 아니하며 사랑은 자랑하지 아니하며 교만하지 아니하며 무례히 행하지 아니하며 자기의 유익을 구하지 아니하며 성내지 아니하며 악한 것을 생각하지 아니하며 불의를 기뻐하지 아니하며 진리와 함께 기뻐하고 모든 것을 참으며 모든 것을 믿으며 모든 것을 바라며 모든 것을 견디느니라
(고린도전서 13장 4~7절)

18
나미브 사막 딱정벌레 거저리 생존기

아프리카 남서쪽에 위치한 나미브 사막(Namib Desert)은 연평균 강수량이 50mm도 되지 않습니다. 기온도 밤에는 영하이지만, 한낮에는 영상 40도까지 올라가고, 지표면 온도는 70도가 되기 때문에 나무는 물론 바위까지도 돌가루로 변하는 척박한 환경입니다. 나미브는 나마 족의 말로 '아무 것도 없는 땅'이라는 뜻입니다. 이곳에서 수분이라고는 일 년 내내 남서쪽에서 미풍을 타고 오는 짙은 안개뿐입니다. 그곳에 엄지손톱만한 딱정벌레 '거저리'가 살고 있습니다. 2~3cm 크기에 불과한 거저리는 매일 작열하는 태양이 뜨기 전 집에서 출발하여 300m 모래언덕 정상을 죽을힘을 다해 올라갑니다. 약 8,848m 세계 최고봉인 에베레스트 산은 사람의 키(170cm)로 환산하면 대략 5,200배 가까이 되는데, 2~3cm 크기의 거저리에게 300m는 약 10,000배입니다. 거저리는 생존 장비를 들고 올라가는 인간보다 2배 이상 높은 곳을 매일 등반하는 것입니다. 거저리는 그 정상 경사면에 서서 사람으로 치면 물구나무서기에 가까운 자세로 하고 기다립니다. 시간이 지나면서 미풍에 실려 오는 수분입자가 등껍질의 돌기에 모여서 물방울이 되고, 그 물방울은 거저리의 몸을 타고 내려와서 입으로 들어갑니다. 거저리는 등껍질에 공기 중의 수분이 이슬로 맺혀 주둥이로 흐르게 함으로써 생존에 필요한 물을 섭취하는 것입니다. 1년 내내 비가 거의 오지 않고, 일교차가 50도가 넘고, 사방에 도마뱀과 카멜레온과 같은 천적이 득실거리는 환경에서 거저리는 자신의 할 수 있는 최선의 방법으로 생존하고 있습니다.
(작가 글천개의 '1cm 나미브 사막 거저리가 생존하는 방법'에서 일부 인용)

 거저리의 생존기를 읽는 것만으로도 감동입니다. 저는 딱 한 번은 몰라도 매일 거저리처럼 살 수 없을 것 같습니다. 돌이켜 생각해보면 하나님이 우리들에게 주신 하루는 얼마나 소중하고, 귀한 선물입니까? 우리는 귀한 선물인 오늘 하루를 행복하게 살아가야 할 책무(責務)가 있습니다. 오늘 하루는 온전히 당신 것입니다. 어제는 이미 지나간 일입니다. 우리는 오늘만 삽니다. 찬송가 가사처럼, "내일 일은 난 몰라요"가 정답입니다. 성경은 분명, "내일 일은 내일이 염려할 것이요 한 날의 괴로움은 그 날로 족하리라(마태복음 6장 34절)"고 했습니다. 하루를 살아간다는 것은 오늘뿐만 아니라 미래의 오늘까지 함께 살아가는 것입니다. 오늘 있는 그 자리에서 지금 행복하십시오!! 딱정벌레 거저리보다는 행복하게 살아야하지 않겠습니까!!

19
인생은 B와 D 사이의 C이다

Life is a C(Choice) between B(Birth) and D(Death).
인생은 B와 D 사이의 C이다.

　프랑스의 사상가 장 폴 사르트르(Jean Paul Sartre)의 명언입니다. 저의 아내가 주일 아침 아무런 설명도 없이 가족 단톡방에 올린 글입니다. 짐작컨대, 저의 아내는 '인생에서 선택이 중요하고, 저는 배우자 선택을 잘 했으니까 행복한 줄 알라.'는 뜻으로 올린 것이 아닐까 싶습니다. 맞습니다. 그래서 하루하루 감사한 마음으로 살고 있습니다. 인생은 선택의 연속이고, 어떤 선택을 하느냐에 따라 삶이 바뀝니다. 그런 선택들도 인생의 목표를 달성하기 위한 과정이고, 도구일 것입니다. 그렇다면 여러분의 삶의 목표나 꿈은 무엇인가요?
　엊그제 만난 청년은 "자신의 꿈은 로또 1등 당첨"이라고 했습니다. 삶의 목표나 꿈은 돈을 많이 버는 것일 수도 있고, 자신과 자녀의 성공일 수도 있고, 자신이 이루고 싶은 그 무엇을 이루는 것일 수도 있습니다. 그런데 그것들 모두 행복하게 살기 위함이 아닐까요?
　성경에서는 하나님과 친밀히 동행하는 것이 행복이라고 합니다. 마태복음 5장 3~10절에서 말하는 팔복(八福), 즉 심령이 가난함, 애통함, 온유함, 의에 주리고 목마름, 긍휼히 여김, 마음이 청결함, 화평하게 함, 의를 위하여 박해를 받음 8가지 모두가 하나님과 친밀하게 동행하기 위한 성품들입니다. 결국 하나님의 나라로 인도하는 전도는 곧 '행복의 길'로 안내하는 것입니다. 많이 부족하지만, 저도 저의 삶이 예배가 되고, 전도가 되길 소망합니다. 저의 딸과 아들에게 본이 되는 삶을 살아내고 싶습니다. 저의 선택이 옳았다는 것을 매순간 증명하고 싶습니다. 그렇게 살다가 하나님 아버지 품으로 돌아가고 싶습니다. 그렇게 살다가 …

20
오늘 하루는 하나님이 주신 선물이다

1952년 7월, 미국 텍사스 주에 사는 6살 소년 '폴 알렉산더'는 갑자기 어지럽고 목이 아픈 증세를 보였습니다. 가족들은 감기나 독감 정도로 생각했지만, 의사는 뜻밖의 진단을 내렸습니다. 소아마비 바이러스였습니다. 1952년 미국 전역은 6만 건이 넘는 소아마비가 발병이 된 최악의 해였는데, '폴'도 그중 하나였던 것입니다. 처음에는 몸살과 고열 증세로 시작되었지만 얼마 후 걷고 음식을 삼키고 숨을 쉬는 능력까지 모두 잃게 된 '폴'은 기관절개술을 한 다음, 밀폐된 탱크인 인공 철제 폐에 넣어 치료하게 했습니다. 그렇게 18개월이나 지났지만 오히려 그의 신체는 몸 아래로 거의 마비가 되었고, 철제 폐 밖에서는 숨을 쉴 수 없었습니다. 의사는 '폴'이 회복할 수 없다고 판단했습니다. 그리고 부모에게는 '폴'을 떠나보낼 마음의 준비를 하라며 인공호흡기인 철제 폐와 함께 집으로 돌려보냈습니다. 더욱이 전기로 움직이는 호흡기가 정전이라도 된다면, 그 결과는 상상하기 끔찍할 정도였습니다.

하지만 '폴'의 인생은 그때부터가 시작이었습니다. '폴'은 10대 때부터 재활치료에 매진하여 철제 통 밖에서 몇 시간을 보낼 수 있을 정도로 상태가 좋아졌습니다. 낮에는 학교에 들러 수업을 듣고, 밤에는 통 안으로 들어가는 생활을 이어갔습니다. 그렇게 '폴'은 고등학교를 수석으로 졸업했습니다. 대학에서는 학사 학위를 2개나 받았고, 변호사시험에도 합격하여 잠시나마 변호사로도 활동했습니다. 물론 '폴'의 폐는 완치된 것이 아니었기에 '폴'은 통을 멀리 떠날 수는 없었습니다. 나이가 들고 신체 능력이 저하되면서 밖에서 지내기도 힘들어졌습니다. 결국 '폴'은 낮이든 밤이든 대부분 시간을 이제 통 안에서 보내게 됐습니다. 노인이 된 '폴'

은 통 안에서도 도전을 이어갔는데, 입으로 붓을 물고 그림을 그렸고, 타자를 치며 글을 썼습니다.

최근에는 8년 동안의 집필 끝에 자신의 인생 이야기가 담긴 회고록 '철 폐 속의 나의 삶'도 출간했습니다. 소아마비가 발병한 6세부터 74세가 된 현재까지 무려 68년을 거대한 인공호흡기인 철제 폐에 의지한 채 생존하고 있는 그의 위대한 삶은 실로 경이로울 뿐입니다. 삶과 죽음의 경계에서 절대 포기하지 않은 위대한 삶을 보여준 '폴 알렉산더'. 그에게 불평과 고난은 변명이었으며, 그에게 고통은 그를 더 강하게 만드는 통로가 되어주었습니다.

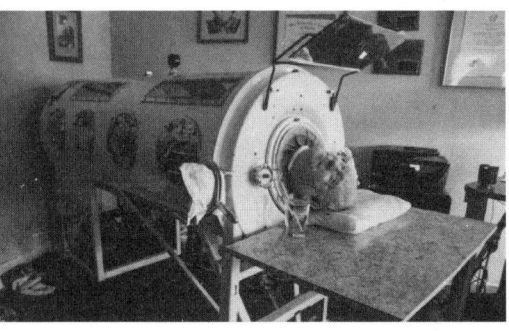

오늘 받은 따뜻한 편지 제1902호 '철 폐 속의 나의 삶'이라는 글입니다. 너무나도 감동적인 사연입니다. '폴 알렉산더'(Paul R. Alexander)가 쓴 위 책의 원래 제목은 'THREE MINUTES FOR A DOG... My Life in an Iron Lung'인데, 얼른 한글로 번역된 책이 나왔으면 좋겠습니다.

아래 글은 '폴 알렉산더'가 한 말이라고 합니다. 그의 말 한 마디, 한 마디가 천근(千斤)처럼 무겁게 느껴집니다. 저는 식사기도 할 때 "오늘 하루는 하나님이 주신 선물임을 잊지 않게 하옵소서."라는 기도를 자주 합니다. 68년 동안의 고통을 당당히 이겨낸 '폴'을 축복하고 축복합니다. 오늘 하루는 24시간이 아니라 '하나의 인생'입니다. 우리는 그 오늘을 행복으로 가득 채워야 합니다. 여러분도 꼭 행복해주십시오!!

난 죽고 싶지 않았어요. 살기 위해 계속 싸웠죠.
고통스럽고 힘들었지만, 절대 포기하지 않았어요.

※ 한국성결신문 2021. 8. 13.자 김양홍 변호사의 행복칼럼에 게재된 글입니다.

제2편 사도행전 29장

01
하나님 아버지,
이런 부모가 되게 하소서

　어제 월요일 아침 이수교회 박정수 담임목사님으로부터 오는 추수감사주일(2022. 11. 20.)을 맞이하여 2부 예배를 세대 통합예배로 드리는데, 예배순서에 '유아세례식, 이런 자녀가 되게 하소서, 이런 부모가 되게 하소서, 자녀 양육 서약서, 자녀 축복의 시간' 등이 있는데, 저에게 '이런 부모가 되게 하소서' 코너에서 하나님이 기뻐하시는 부모상(부모의 모습)을 2분 정도 기도문으로 작성하여 강단 위에서 읽어달라는 부탁을 받고 기도문을 작성했습니다. 기도문 하나하나가 제가 부족하거나 실천해야할 것들뿐이라서 많이 부끄러웠습니다. 오히려 그렇게 부족한 아버지를 잘 따라주고 있는 저희 딸과 아들이 고맙게 느껴졌습니다. 하나님께서는 저의 기도문대로 저의 삶을 이끌어 주실 것으로 믿습니다.

　하나님 아버지, 이런 부모가 되게 하소서

　날마다 하나님의 은혜를 갈망하게 하시고, 날마다 하나님의 말씀을 사모하게 하시고, 날마다 하나님을 경외하는 마음을 주소서. 나라와 교회를 사랑하는 마음을 주시고, 나보다 남의 유익을 우선시하는 마음을 주시고(고린도전서 10:24), 나보다 남을 낮게 여기는 겸손한 마음을 주소서(빌립보서 2:3). 항상 기뻐하게 하시고, 쉬지 말고 기도하게 하시고, 범사에 감사하게 하소서(데살로니가전서 5:16~18).

　예배의 자리를 사모하게 하시고, 무엇을 하든지 다 하나님의 영광을 위하여 하게 하소서(고린도전서 10:31). 기도의 자리를 사모하게 하시고, 자녀를 위하여 울게 하소서(누가복음 23:28). 전도의 자리를 사모하게 하시고, 사도행전 29장을 쓸 수 있는 삶을 살게 하소서. 그래서 자녀가 부모의 그 모습을 따르게 하소서.

무슨 일을 하든지 마음을 다하여 주께 하듯 하게 하시고(골로새서 3:23), 오직 선을 행하고, 서로 나누어 주게 하소서(히브리서 13:16). 너무나 부족한 부모임을 깨닫게 하시고, 날마다 하나님이 주시는 능력으로 하나님을 기쁘시게 하는 일을 할 수 있도록 마음을 지켜주시고(잠언 4:23), 선한 길로 삶을 이끌어 주소서. 자녀를 자랑거리로 만들지 않게 하시고, 부모의 삶이 자녀의 자랑거리가 되게 하소서.

부모의 욕심대로 자녀를 양육하지 않게 하시고, 자녀의 꿈을 제한하지 않게 하소서. 더러운 말은 저희 입 밖에도 내지 않게 하시고, 선한 말을 하여 듣는 자녀에게 은혜를 끼치게 하소서(에베소서 4:29). 자녀를 노엽게 하지 말고 오직 주의 교훈과 훈계로 양육하게 하소서(에베소서 6:4). 백발은 영화의면류관이요(잠언 16:31), 손자는 노인의 면류관(잠언 17:6)임을 잊지 않게 하시고, 앞모습보다는 뒷모습이 더 아름다운 부모가 되게 하소서. 그래서 자녀로부터 부모님은 내가 되려는 모습의 전부였다는 말을 듣게 하소서.

※한국성결신문 2022. 11. 19.자 김양홍 변호사의 행복칼럼에 게재된 글입니다.

02
너희는 나를 본받는 자가 되라

   오늘은 2022년 스승의 날이자 스승의 주일입니다. 이수성결교회 박정수 담임목사님께서 '나의 스승 인생 선물(성경 : 히브리서 12장 1~2절)'이라는 설교 말씀 중에 인생의 가장 귀한 복은 '만남의 복'인데, 그 첫 번째 복은 하나님과의 만남이고, 두 번째 복은 부모님과의 만남이며, 세 번째 복은 배우자와의 만남이고, 네 번째 복은 자녀와의 만남이며, 다섯 번째 복은 스승과의 만남이라고 하시면서, 다섯 분의 멋진 스승님들에 대해 회상하셨습니다.

   저도 지금의 저를 있게 한 스승님들을 생각해 보았습니다. 저는 저의 아버지 김일랑님, 고등학교 때 김인옥 독어선생님, 대학교 때 정환담 민법 교수님, 서호교회 지형은 담임목사님(현재 성락교회 담임목사님), 천안교회 권석원 담임목사님(현재 같은 교회 원로목사님), 이수교회 박정수 담임목사님, 다비다자매회 김혜란 목사님 그리고 저의 삶의 푯대 역할을 해주신 김홍신 선생님과 저를 구원의 길로 인도해준 저의 아내 나주옥님을 저의 스승으로 생각합니다. 저를 지금까지 이끌어 주신 하나님과 저의 스승님들의 은혜에 감사하고 감사합니다.

   특히 저의 아내와의 만남을 통해 첫 번째 하나님과의 만남, 세 번째 배우자와의 만남, 네 번째 자녀와의 만남의 복을 한꺼번에 주신 하나님께 감사하고 감사합니다. 시간이 흘러 저도 어느덧 누군가에게 선한 영향력을 끼쳐야 할 스승의 입장이 되었습니다. 저의 딸·아들에게 "너희들도 아빠처럼 살아라"고 말할 수 있어야 하고, 사랑하는 이수성결교회 성도님들에게도 아름다운 신앙의 본을 보여야 할텐데…. 많이 두렵습니다.

내가 그리스도를 본받는 자가 된 것 같이 너희는 나를 본받는 자가 되라(고린도전서 11장 1절)

사도 바울의 위 고백이 저의 고백이 되도록 마음과 뜻을 다하도록 노력하겠습니다. 이 땅에서 하나님의 백성답게 좋은 남편, 좋은 아빠, 좋은 가족, 좋은 장로, 좋은 변호사, 좋은 이웃으로서 살다가 천국 가고 싶습니다.

03
사명이 이끄는 삶에는 실패가 없다

어제(2022. 10. 20.) 이수교회 밤기도회(월~금요일 밤 8시)에서 박정수 담임목사님이 '사명이 이끄는 삶'(성경 : 마태복음 12장 14~21절)이라는 주제로 하나님의 말씀을 전해주셨습니다. 목사님께서는 "돌아오는 주일에 같은 주제로 설교할 예정인데, 그 때 성도들에게 목사님이 기도하실 때 많이 인용하시는 '우리가 살아도 주를 위하여 살고 죽어도 주를 위하여 죽나니 그러므로 사나 죽으나 우리가 주의 것이로다' 로마서 14장 8절과 같이 하나님이 사명과 관련하여 각자에게 주신 성경말씀과 각자의 사명과 헌신을 적을 간지를 나눠 주시겠다."고 했습니다. 그래서 오늘 아침 일어나자마자 그 숙제를 미리 해봤습니다. 하나님이 저에게 주신 사명이 담겨 있는 성경구절은 마태복음 6장 33~34절입니다. 제가 성경구절 중에서 가장 좋아하는 구절이기도 합니다.

그런즉 너희는 먼저 그의 나라와 그의 의를 구하라 그리하면 이 모든 것을 너희에게 더하시리라 그러므로 내일 일을 위하여 염려하지 말라 내일 일은 내일이 염려할 것이요 한 날의 괴로움은 그 날로 족하니라(마태복음 6장 33~34절)

설명이 필요 없는 말씀이고, 언제나 저에게 힘을 주시는 말씀입니다. 성경말씀대로 먼저 하나님의 나라와 의를 구하면 이 모든 것을 더해주실 것을 믿습니다. 저의 사명은 다음과 같습니다. 저의 사명은 최근 20년간 변함이 없었기에(장로로서의 사명은 2017. 4. 30. 장로 장립 이후) 남은 인생에서도 변하지 않을 것입니다. 저의 사명을 위한 저의 헌신은 저의 자리에서 무엇을 하든지 주께 하듯 하는 것입니다.

1. 사랑받는 남편, 존경받는 아버지, 좋은 할아버지가 되는 것.
2. 법무법인 서호 대표변호사로서 이웃을 주께 하듯 섬기는 것.
3. 이수교회 장로로서 목회자님과 성도님을 주께 하듯 섬기는 것.
4. 성결교단 자문변호사(장로)로서 좌로나 우로나 치우침이 없이 주어진 직분을 충실히 감당하는 것.
5. 재단법인 상촌을 설립하여 선교와 도움의 사명을 대를 이어 감당하는 것.

※ 상촌(桑村)은 제가 태어난 고향입니다.

오늘 아침 밥상머리에서 아들(아내와 딸은 천안)에게 저의 사명에 대해 이야기해주고, 하나님이 아들에게 주신 사명에 대해서도 생각해 보라고 했습니다. 사명(使命)이 이끄는 삶을 사셨던 예수님처럼 저와 가족 모두가 예수님을 닮아가기를 소망합니다. 저와 가족이 써나갈 사도행전 29장을 기대하고 기대합니다. 사명이 이끄는 삶에는 실패가 없음을 믿습니다. 하나님이 함께 하시는 일은 언제나 끝이 좋기 때문입니다.

내가 달려갈 길과 주 예수께 받은 사명 곧 하나님의 은혜의 복음을 증언하는 일을 마치려 함에는 나의 생명조차 조금도 귀한 것으로 여기지 아니하노라 (사도행전 20장)

04
세상에서 방황할 때

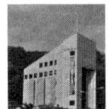

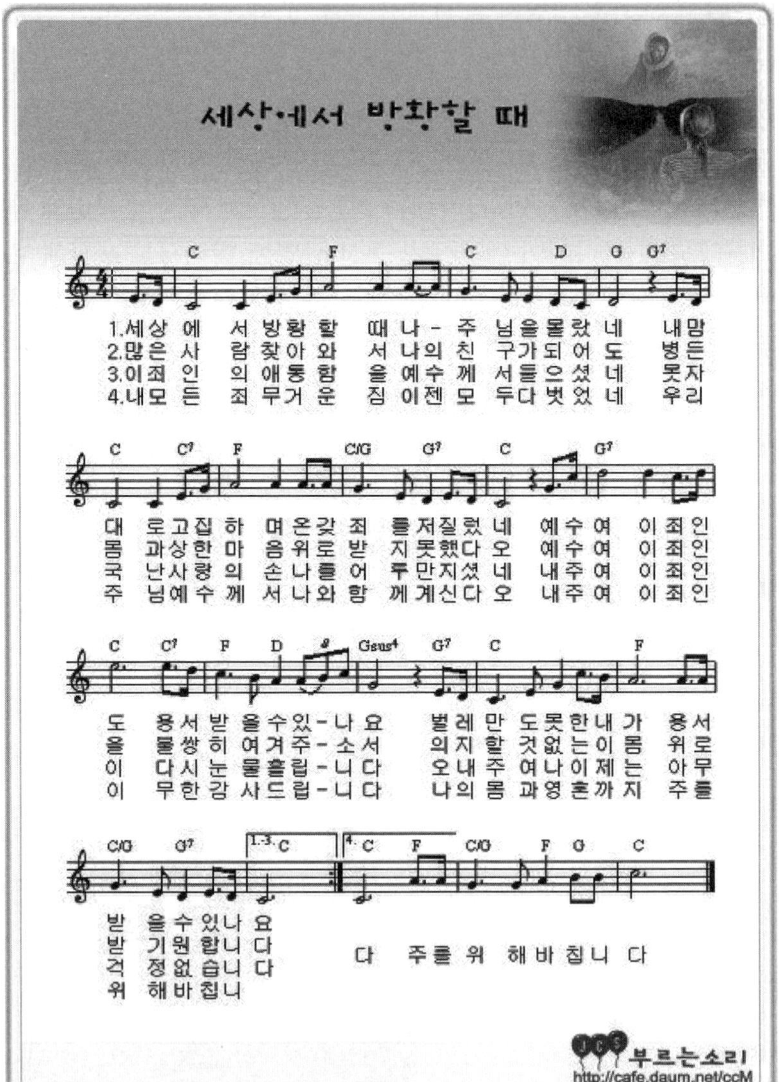

세상에서 방황할 때
1.세상 에 서 방황 할 때 나 - 주 님을 몰랐 네 내맘
2.많은 사 람 찾아 와 서 나의 친 구가 되어 도 병든
3.이죄 인 의 애통 함 을 예수 께 서들으셨 네 못자
4.내모 든 죄 무거 운 짐 이젠 모 두다 벗었 네 우리
대 로고집 하 며온갖 죄 를저질렀 네 예수 여 이 죄인
몸 과상한 마 음위로 받 지못했다 오 예수 여 이 죄인
국 난사랑 의 손 나를 어 루만지셨 네 내주 여 이 죄인
주 님예수 께 서 나와 함 께계신다 오 내주 여 이 죄인
도 용서 받 을수있 - 나 요 벌레 만 도못한 내 가 용서
을 불쌍 히 여겨주 - 소 서 의지 할 것없는 이 몸 위로
이 다시 눈 물흘립 - 니 다 오 내 주 여 나 이제 는 아무
이 무한 감 사드립 - 니 다 나의 몸 과영 혼까 지 주를
받 을수 있나 요
받 기원 합니 다
걱 정없 습니 다
위 해바 칩니
다 주를 위 해 바 칩니 다
부르는소리
http://cafe.daum.net/ccM

1986년 대학입학 학력고사 보는 날이었습니다. 저는 당시 광주광역시 광천동에 있는 송원여고에서 학력고사를 봤는데, 학력고사를 마치고 그 송원여고에서부터 집이 있는 주월동까지 약 4.7km, 1시간 15분 거리(네이버 길찾기 검색결과)를 걸어 갔었습니다. 물론 시험을 잘 못 봐서 걸어갔을 것입니다. 그렇게 먼 거리를 걸어가면서 제가 계속 불렀던 찬양이 '세상에서 방황할 때(또는 주여 이 죄인이)'라는 복음성가입니다.

　　저의 할머니는 신(神)을 받으신 분이셨고, 당시 우리 집안에서 하나님을 믿는 분은 작은어머님밖에 안 계셨습니다. 저는 고등학교 다닐 때만 해도 교회를 다니지 않았었고, 중학교 동창 한창용 권유로 얼떨결에 제 모교인 광주제일고등학교 옆 '광주은광교회'에서 딱 한 번 예배드린 것이 전부였습니다. 그런데 무슨 이유에서인지 노래 부르기를 좋아하지도 않던 제가 고등학교 3학년 같은 반이었던 목사님 아들(그 친구 이름도 기억이 안 납니다)로부터 그 복음성가를 배우고, 당시 교회조차 다니지 않던 제가 그 복음성가를 집에 갈 때까지 계속 불렀던 것입니다. 지금 생각해도 신기합니다.

　　지난 저의 글을 보니, 그 복음성가를 지난 2018년 10월 5일 아침 딸 재수학원 태워다 주면서 다시 불렀고, 사무실 출근하는 길에서도 계속 불렀습니다. 그렇게 그 복음성가를 부르는 것만으로 참 행복했었고, 그때도 눈물이 났었습니다.

　　제가 지난주 토요일에 코로나에 감염되어 지난 주일에 대면 예배를 드리지 못했는데, 오늘은 혹시 성도들에게 감염될 것을 염려하여 1부 예배만 드렸습니다. 그런데, 오늘 이수교회 박정수 담임목사님이 '세상에서 방황할 때' 찬양을 당신이 고등학교 3학년 때 친구와 함께 특송하면서 은혜 받은 이야기를 하시면서 함께 헌신의 시간에 이 찬양을 부르는데, 1~2절은 불렀으나, 3~4절은 흐르는 눈물 때문에 부를 수가 없습니다. 저의 남은 생애 그 찬양가사대로 살아가길 소망합니다.

05
이곳에 앉아 주세요

　오늘(2022. 10. 20.) 이수교회 밤기도회는 아내·아들과 함께 예배 드렸는데, 제가 늘 앉는 자리에 '스타벅스 콜드브루 커피'가 놓여 있었습니다. 정성희 권사님이 저를 위해 갖다 놓은 것입니다. 이수교회 본당 긴 의자에는 코로나19 때문에 성도님들이 간격을 두고 앉으시도록 하기 위해 '이곳에 앉아 주세요'라는 글을 써 붙여 놨습니다. 그런데, 저는 그 글이 하나님이 저에게 하시는 말 같아서 갑자기 눈물이 나려했습니다. 권사님의 커피 선물도 하나님이 앞으로도 "이곳에 앉아라"고 하시면서 주시는 것처럼 느껴졌습니다. 하나님의 은혜에 감사합니다.

　하나님 아버지
　늘 이곳에 앉겠습니다♡
　늘 감사합니다♡
　늘 사랑합니다♡

　네 마음을 다하고 목숨을 다하고 뜻을 다하고 힘을 다하여 주 너의 하나님을 사랑하라 하신 것이요(마가복음 12장 30절)

06
소금처럼

너희는 세상의 소금이니 소금이 만일 그 맛을 잃으면 무엇으로 짜게 하리요 후에는 아무 쓸 데 없어 다만 밖에 버려져 사람에게 밟힐 뿐이니라(마태복음 5장 13절)

   오늘(2022. 8. 7.) 이수교회 박정수 담임목사님의 주일 설교 말씀(주제 : 맛을 잃은 소금, 성경 : 마태복음 5장 13절)에서 은혜 받은 것을 나누고자 합니다. 위 마태복음 5장 13절 말씀은 예수님께서 산상수훈(山上垂訓 : 예수님께서 산상에서 선포하신 말씀으로 천국백성으로서 이 땅에서 지켜야 할 법에 관하여 소개)에서 성도는 어떤 존재인가에 관하여 하신 말씀입니다. 예수님은 성도들에게 "세상의 소금이 되라"고 하신 것이 아니라 "세상의 소금이라"고 하셨습니다. 예수님은 왜 성도들을 세상의 소금으로 비유하셨을까요?
   소금은 짠맛을 내는 기능(조미제)과 부패를 방지하는 기능(방부제)이 있기 때문입니다. 성도는 소금처럼 세상을 살맛나게 하는 '사랑'의 기능과 세상이 부패하지 않게 하는 '거룩'의 기능을 감당해야 합니다.
   그런데 소금이 맛을 잃으면 어떻게 될까요? 위 성경 말씀대로 아무 쓸 데 없어 밖에 버려져 사람에게 밟힐 뿐입니다. 성도가 사랑과 거룩을 잃으면 세상 사람들에게 무시당하게 되고 손가락질 받게 됩니다.
   소금이 맛을 내거나 부패를 방지하기 위해서는 오직 자신이 녹아야만 합니다. 성도는 소금처럼 자기의 이름과 형태는 없고 오직 하나님의 영광만을 들어내야 합니다. 항상 기뻐하고 범사에 감사하는 모습과 사랑의 말을 통해 하나님의 사랑을 전해야 합니다. 나의 얼굴과 말이 전도지가 되어야 합니다.

성도는 성경을 통해 하나님을 말씀을 보고 듣지만, 사람들은 성도를 통해 성경을 읽습니다. 성도는 하나님을 더욱 사랑하고, 정직하고 성실한 삶을 살고, 진정한 사랑으로 복음을 전해야 합니다. 전도는 곧 사랑입니다. 저와 여러분 모두가 이 땅에서 소금의 역할을 잘 감당하기를 간절히 소망하고 기도합니다.

07
외우는 성경 구절과
외워야 할 성경 구절

어제 아침 이수교회 박정수 담임목사님이 2남전도회 단톡방에 '제가 12월 첫째 주일에 주보 간지로 나눠드린 성탄감사 암송성구를 암송하고 계신 분은 저에게 개인적으로 알려주세요. 그 중에 두세 분 선정하여 성탄절 예배 때 강단에서 암송할 기회를 드리고 나머지 분들에게도 선물을 드리려고 합니다.' 라는 공지글을 올리셨습니다. 저는 외우는 데는 소질이 없어서 저와 담임목사님을 제외한 단톡방에 있는 14명 중 누군가 암송하길 바라고 답장을 안했습니다. 담임목사님은 위 공지글에 아무 대답이 없자 오늘 아침 '샬롬~ 존경하는 이수교회 2남전도회 장로님 집사님들 늘 건강하시길 간절히 기도합니다. 2남전도회 형제님들 중에 위 성경암송에 한두 분 도전하시면 좋겠습니다. A면과 B면 중에 한곳만 선택해서 외워보세요. 암송하실 분은 저에게 알려주시길 바랍니다.' 라는 공지글을 다시 올리셨습니다.

담임목사님의 두 번째 공지글은 하나님이 저에게 성경 구절 5개라도 외워보라고 하신 말씀으로 여겨져서 '목사님, 사실 저는 외우는 데는 소질이 없는 사람입니다. 그래서 지금까지 외우고 있는 성경 구절이 골로새서 3장 23절, 마태복음 6장 33~34절과 데살로니가전서 5장 16~18절밖에 없습니다. 순종하는 마음으로 그나마 익숙한 B면을 외우는데 도전해보겠습니다' 라는 답글을 달았습니다. 그래서 저는 오늘부터 5개 성경 구절을 외워볼까 합니다. 제가 외우고 있는 성경 구절과 외워야 할 성경 구절 내용을 소개합니다. 한 번 읽어주십시오. 하나님의 말씀은 살아서 역사하십니다(히브리서 4장 12절). 한 번 읽는 것만으로도 큰 은혜가 될 것입니다.

1. 제가 외우고 있는 성경 구절

무슨 일을 하든지 마음을 다하여 주께 하듯 하고 사람에게 하듯 하지 말라(골로새서 3장 23절)

그런즉 너희는 먼저 그의 나라와 그의 의를 구하라 그리하면 이 모든 것을 너희에게 더하시리라 그러므로 내일 일을 위하여 염려하지 말라 내일 일은 내일이 염려할 것이요 한 날의 괴로움은 그 날로 족하니라(마태복음 6장 33~34절)

항상 기뻐하라 쉬지 말고 기도하라 범사에 감사하라 이것이 그리스도 예수 안에서 너희를 향하신 하나님의 뜻이니라(데살로니가전서 5장 16~18절)

2. 제가 외워야 할 성경 구절

내가 그리스도와 함께 십자가에 못 박혔나니 그런즉 이제는 내가 사는 것이 아니요 오직 내 안에 그리스도께서 사시는 것이라 이제 내가 육체 가운데 사는 것은 나를 사랑하사 나를 위하여 자기 자신을 버리신 하나님의 아들을 믿는 믿음 안에서 사는 것이라(갈라디아서 2장 20절)

그러므로 형제들아 우리가 예수의 피를 힘입어 성소에 들어갈 담력을 얻었나니(히브리서 10장 19절)

이르되 주 예수를 믿으라 그리하면 너와 네 집이 구원을 받으리라 하고(사도행전 16장 31절)

지극히 높은 곳에서는 하나님께 영광이요 땅에서는 하나님이 기뻐하신 사람들 중에 평화로다 하니라(누가복음 2장 14절)

그러므로 너희는 가서 모든 민족을 제자로 삼아 아버지와 아들과 성령의 이름으로 세례를 베풀고 내가 너희에게 분부한 모든 것을 가르쳐 지키게 하라 볼지어다 내가 세상 끝날까지 너희와 항상 함께 있으리라 하시니라(마태복음 28장 19~20절)

08
우리는 모두 다 꽃입니다

    2022 고난주간 이수교회 특별 밤기도회(주제 '아낌없이 드리리') 마지막 날에 사랑하는 딸·아들과 함께 하나님의 큰 사랑을 느끼고 왔습니다(아내는 당직 근무). 딸은 어제 밤기도회에 참석하고, 오늘 아침 천안에 내려가 실습하고, 오늘 밤기도회에 참석하기 위해 버스를 타고 왔는데, 금요일이라서 차가 막혀 늦었다면서 목사님 설교를 제대로 듣지 못한 것을 아쉬워했습니다. 은혜로운 5일간의 특별 밤기도회가 순식간에 지나간 것 같습니다. 아끼고 남은 것만을 드리지 않고 아낌없이 드렸던 '다니엘, 요나, 나귀의 주인, 바울 그리고 마리아'의 모습을 통해 앞으로 저의 남은 생애 헌신의 삶을 살아내기를 기도합니다.
    오늘 박정수 담임목사님은 설교 시간에 '우리 때문에' 찬양가사와 함께 'The Passion of the Christ' 영상을 보여주신 후 "예수님을 인격적으로 만나지 않으면 천국에 갈 수 없다"는 말씀을 눈물을 흘리시면서 하셨는데, 저는 꼭 예수님이 직접 오셔서 저에게 하시는 말씀 같아서 저절로 눈물이 났습니다. 박정수 담임목사님은 설교 끝에 류형선 작사·작곡의 '모두 다 꽃이야'라는 동요를 소개하셨는데, 하나님께서 길가에 피어 있는 꽃 같은 저를, 꽃밭에 피어 있는 꽃 같은 저의 딸과 아들을, 봄에 활짝 핀 꽃 같은 저의 가족과 친구와 이웃을 꽃으로 불러주심에 참 감사했습니다.

    산에 피어도 꽃이고 들에 피어도 꽃이고
    길가에 피어도 꽃이고 모두 다 꽃이야
    아무데나 피어도 생긴 대로 피어도
    이름 없이 피어도 모두 다 꽃이야

봄에 피어도 꽃이고 여름에 피어도 꽃이고
몰래 피어도 꽃이고 모두 다 꽃이야
아무데나 피어도 생긴 대로 피어도
이름 없이 피어도 모두 다 꽃이야

위 동요 가사처럼, 꽃이 길가에 피면 어떻고, 여름에 피면 어떻고, 산이나 들에 피면 어떻고, 아무데나 이름 없이 피면 어떻습니까? 하나님이 보시기에는 우리가 그 어디에서 핀 꽃이든, 언제 핀 꽃이든 하나님의 아들 예수를 죽기까지 사랑하신 꽃들입니다. 우리는 모두 다 꽃입니다.

※ 저희 부부 2022 고난주간 특별 밤기도회 감사내용과 기도제목

1. 특별 밤기도회를 통해 은혜 받게 하시니 감사합니다.
2. 저희 부부 하나님의 일을 기쁨으로 잘 감당하면서 늙어가게 하옵소서.
3. 은혜은철이가 하나님의 일을 기쁨으로 잘 감당하게 하옵소서.

09 구복(九福)

2022년 8월 마지막 주 이수성결교회 1부 예배 시간에 민창기 전도사님이 전해주신 은혜로운 하나님의 말씀(성경 : 마가복음 6장 35~44절, 주제 : 부족함의 해결)에 대해 나누고자 합니다. 예수님은 산상수훈(山上垂訓), 마태복음 5장 3~10절)에서 심령이 가난한 자, 애통하는 자, 온유한 자, 의에 주리고 목마른 자, 긍휼히 여기는 자, 마음이 청결한 자, 화평하게 하는 자, 의를 위하여 박해를 받은 자를 복 있는 자라고 하시면서 여덟 가지 복 즉, 팔복(八福)에 대해 말씀하셨습니다.

마태복음 5장
3. 심령이 가난한 자는 복이 있나니 천국이 그들의 것임이요
4. 애통하는 자는 복이 있나니 그들이 위로를 받을 것임이요
5. 온유한 자는 복이 있나니 그들이 땅을 기업으로 받을 것임이요
6. 의에 주리고 목마른 자는 복이 있나니 그들이 배부를 것임이요
7. 긍휼히 여기는 자는 복이 있나니 그들이 긍휼히 여김을 받을 것임이요
8. 마음이 청결한 자는 복이 있나니 그들이 하나님을 볼 것임이요
9. 화평하게 하는 자는 복이 있나니 그들이 하나님의 아들이라 일컬음을 받을 것임이요
10. 의를 위하여 박해를 받은 자는 복이 있나니 천국이 그들의 것임이라

한편 사도행전 20장 35절에는 "주는 것이 받는 것보다 복이 있다"고 하고 있습니다. 이처럼 주는 자가 복 있는 자이기 때문에 이를 구복(九福)이라고 합니다.

범사에 여러분에게 모본을 보여준 바와 같이 수고하여 약한 사람들을 돕고 또 주 예수께서 친히 말씀하신 바 주는 것이 받는 것보다 복이 있다 하심을 기억하여야 할지니라(사도행전 20장 35절)

오병이어(五餅二魚) 기적에 대해서는 마태복음 14장, 마가복음 6장, 누가복음 9장, 요한복음 6장 모두 기록되어 있는데, 요한복음 6장에만 한 아이가 보리떡 다섯 개와 물고기 두 마리를 가지고 있다는 것이 언급되어 있습니다.

여기 한 아이가 있어 보리떡 다섯 개와 물고기 두 마리를 가지고 있나이다 그러나 그것이 이 많은 사람에게 얼마나 되겠사옵나이까 (요한복음 6장 9절)

한 아이가 이 보리떡 다섯 개와 물고기 두 마리를 드렸기 때문에 오병이어의 기적이 일어날 수 있었습니다. 이처럼 드릴 때 기적이 일어납니다. 저는 20대부터 할아버지가 되는 것이 저의 꿈인데, 그렇게 할아버지가 되고 싶은 이유 중의 하나가 제가 할아버지가 되면 '더 줄 수 있는 삶을 살 수 있을 것'이라는 믿음이 있기 때문입니다. 우리 이웃에게 책임지고, 믿고, 드릴 수 있는 저와 여러분이 되길 소망합니다.

10
감사와 행복은 같은 말이다

　어제 내린 비 때문에 세상이 깨끗해진 느낌입니다. 2022년 11월 둘째 주일인 오늘 이수교회 1부 예배를 드리고, 목장 모임을 통해 박정수 담임목사님의 '감사의 능력'이라는 오늘 설교말씀(성경 : 시편 103편 1~8절)을 놓고 정겨운 나눔을 했습니다. 1부 예배 목장 모임은 70대 박명옥 권사님과 이승연 권사님, 50대 윤철수 · 조선영 집사님 부부, 30대 최인석 · 박한나 집사님 부부가 주로 함께 합니다. 오늘은 이승연 권사님이 맛있는 드립 커피를 갖고 오셔서 목장 모임 나눔의 즐거움을 더 하게 되어 참 감사했습니다. 최인석 성도님 부부의 나눔처럼, 저도 가까운 가족들에게 감사함을 더 잘 표현해야겠다는 다짐을 했습니다.

　감사는 하나님이 주신 감사거리를 찾는 것이고, 행복도 하나님이 주신 감사거리를 찾는 것입니다. 그래서 감사와 행복은 같은 말입니다. 박정수 목사님 말씀대로, 그냥 감사할 것이 아니라 힘겨울 정도로 감사해야 합니다. 그렇게 하면 하나님께서 힘겨울 정도로 큰 행복을 주실 것으로 믿습니다.

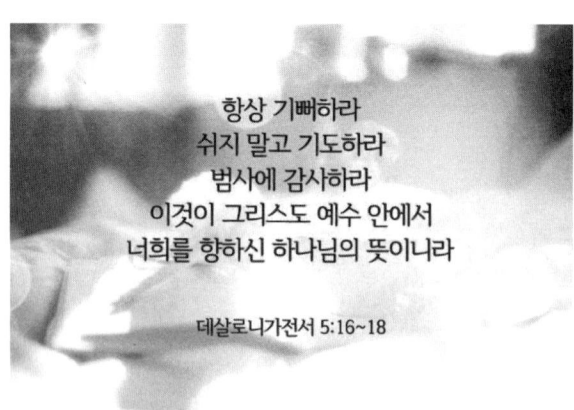

11 감사의 힘

 기독교대한성결교회 서울강남지방장로회 회장 홍신종 장로님들을 비롯한 임원들이 서울강남지방회장 전용진 목사님을 모시고 한국투자공사 제8대 사장으로 재직하고 계시는 진승호 장로님의 직장 심방 예배를 드리고 왔습니다. 사장 접견실에서 사도신경으로 신앙고백을 하고, 찬송가 288장 '예수를 나의 구주 삼고' 찬양을 10명의 장로님들이 연습도 안 했는데도 아름다운 화음으로 찬양을 드렸습니다. 전용진 목사님께서 역대상 16장 34~36절 말씀으로 '감사의 힘'이라는 주제로 은혜로운 설교를 해주셨습니다. 위 성경 본문과 전목사님의 설교 일부를 소개합니다.

여호와께 감사하라 그는 선하시며 그의 인자하심이 영원함이로다 너희는 이르기를 우리 구원의 하나님이여 우리를 구원하여 만국 가운데에서 건져내시고 모으사 우리로 주의 거룩한 이름을 감사하며 주의 영광을 드높이게 하소서 할지어다 여호와 이스라엘의 하나님을 영원부터 영원까지 송축할지로다 하매 모든 백성이 아멘 하고 여호와를 찬양하였더라(역대상 16장 34~36절)

1. 사람들이 "고맙다"는 말을 자주 할수록 고마운 관계가 형성되어 더 친밀해지는데, 그 이유는 "고맙다"는 말을 하는 사람이나 그 말을 듣는 사람 모두에게 만족감이 생기고, 또한 그 긍정의 힘이 스스로에게 내적 책임감으로 작용해서 다른 사람에게도 전달하게 되어 그 관계를 강화시키게 되는데, 그렇게 관계를 강화시키는 힘을 '공동의 힘'이라고 한다. 리더에게는 그런 공동의 힘을 일으키는 능력이 있어야 한다.

2. 데일 카네기의 《인간관계론》에 의하면, 리더가 되기 위해 가져야 할 첫 번째 덕목이 "칭찬과 감사의 말로 시작하라" 이다.
3. 성경에는 "감사하라"는 명령이 가득한데, 특히 다윗은 감사의 사람이었다. 다윗은 왕이 되었으니까 감사거리가 넘쳐날 것 같지만, 실제로 다윗의 삶은 감사할만한 삶이 아니었다. 다윗은 유년시절 아버지로부터 차별을 당했고, 골리앗을 물리친 전쟁영웅이었지만 사울 왕으로 인해 생명의 위협을 느끼며 도망 다녀야 했고, 왕의 자리에 올랐지만 적이 아닌 자신의 아들들에 의해 살해 위협을 받았음에도 감사의 삶을 살았다.
4. 감사가 하나님과의 관계를 강화시키고, 인생에서 '하나님과 공동의 힘'이 되게 한다.
5. 전목사님의 아버님도 은퇴하신 목사님이신데, 아버님이 전목사님께 목회 현장에서 "설설위축하라"는 충고를 주셨다. 주장하지 말고 '설' 명하고 '설' 득하고, 성도들의 연약함을 '위'로하고, 한 가지라도 잘하는 것에 대해서는 '축'복하라.
6. 진승호 사장님의 감사함을 통해 한국투자공사에 공동의 힘을 일으키고, 사람들이 "사장님의 감사를 본받자"라고 하길 기도한다.

심방 예배를 마친 후 진승호 사장님이 근처 '해우리 명동점'에서 만찬을 섬겨주셨는데, 요리와 반찬이 겁나게 맛있었습니다. 식사 중 진승호 사장님으로부터 한국투자공사가 하는 일에 대해 소개를 받았고, 장로님들이 섬기는 교회의 고민거리에 대한 의견을 주고받았습니다. 그런데, 저는 음식이 너무 맛있어서 대부분의 시간을 제 주변에 있는 음식을 깨끗이 비우는데 할애했습니다. 늘 섬김의 본을 보여주시는 진승호 사장님이 한국투자공사 임직원들도 잘 섬기고, 약 250조에 이르는 국가투자금을 잘 투자해서 우리 조국 대한민국의 금고를 가득 채우시길 기도합니다. 귀한 말씀을 전해주신 전용진 목사님과 행복한 동행을 해주신 10명의 장로님들이 '평생을 감사에 투자' 해서 범사에 감사가 넘치시기를 기도합니다.

12
남자 남(男)과 남편 부(夫)의 의미

참 좋은 날 2022년 10월 22일 오후 제가 섬기는 이수교회 박정수 담임목사님의 따님 나정 양과 백광일 형제와의 은혜로운 결혼식에 다녀왔습니다. 백광일 형제가 섬기는 양산 새빛교회 김오룡 담임목사님께서 창세기 2장 24절 '이러므로 남자가 부모를 떠나 그의 아내와 합하여 둘이 한 몸을 이룰지로다' 라는 성결 말씀을 갖고, '더 큰 하나님의 집을 세우는 결혼' 이라는 주제로 주옥(珠玉)같은 주례사를 해주셨습니다. 아래는 주례사의 일부입니다.

1. 더 큰 하나님의 집을 만들어가라

하나님은 오늘 새롭게 출발하는 이 부부에게 '생육하고 번성하여 땅에 충만하라 땅을 정복하라 바다의 물고기와 하늘의 새와 땅에 움직이는 모든 생물을 다스리라' 고 하셨습니다. 이것은 축복이자 하나님의 백성들에게 주어진 하나님의 명령입니다. 하나님이 주시는 대로 자녀도 '생산(生産)' 하여 더 큰 집안을 이루고, 가문이 되고, 민족이 되고, 열방이 되기를 축원합니다. 그래서 더 큰 하나님의 집을 만들어가기를 바랍니다.

2. 신랑에게 하는 당부의 말씀

남편들아 아내 사랑하기를 그리스도께서 교회를 사랑하시고 그 교회는 위하여 자신을 주심 같이 하라(에베소서 5장 25절)

에베소서 5장 25절은 신랑 되신 그리스도께서 신부 되는 교회를 위하여 자신을 주신 같이 하는 것이 바로 남편이 아내를 사랑하는 방법입니다. 남편은 한마디로 아내를 돌보는 일에 자신의 목숨까지 걸어야 합니다. 남자 남(男)의 한자를 풀어보면, 입 구(口) 안에 열 십(十)자 있고, 밑에 힘 력(力)자가 있습니다. 남자라면 열 명을 먹여 살릴 힘이 있어야 남자라는 것입니다. 신랑은 신부 돌보는 일을 누구에게도 맡기지 마십시오. 부모님에게도, 장인장모님에게도 맡겨서도 안 되고, 그 어떤 누구에게도 맡길 수 없고 본인 혼자 감당해야 되는 부분입니다.

3. 신부에게 하는 당부의 말씀

아내들이여 자기 남편에게 복종하기를 주께 하듯 하라(에베소서 5장 22절)

에베소서 5장 22절은 남편에 대한 아내 사랑을 주님에게 복종하듯이 남편에게 복종하는 것이라고 정리하고 있습니다. 남편 부(夫)자를 보면, 하늘 천(天) 위에다가 점을 하나 찍어 놓은 게 남편이란 뜻입니다. 아내가 바라보는 이 세상의 모든 피조물들 중에 가장 높은 곳에 있는 사람은 자기 아버지도 엄마도 아닌 남편입니다. 남편을 존경하고 항상 높여주는 것이 아내의 남편에게 대한 최고의 사랑입니다. 이제부터는 누구 앞에서도 남편을 깎아내리지 마십시오.

4. 오늘부터 더욱 더 사랑해야 합니다

네 헛된 평생의 모든 날 곧 하나님이 해 아래에서 네게 주신 모든 헛된 날에 네가 사랑하는 아내와 함께 즐겁게 살지어다 그것이 네가 평생에 해 아래에서 수고하고 얻은 네 몫이니라(전도서 9장 9절)

전도서 9장 9절은, 하나님이 해 아래에서 네게 주신 모든 헛된 날에 사랑하는 아내와 함께 즐겁게 살라고 합니다. 우리가 일평생 해 아래에서 수고하여 얻게 된 방법이기 때문입니다. 두 사람은 연애할 때도 예수님을 믿었는데, 오늘부터 더 잘 믿으시고, 연애할 때도 두 사람 사랑했는데, 오늘부터 더욱 더 사랑해야 합니다.

저는 결혼식을 결혼식장 뒤쪽에서 바라봤기 때문에 박정수 담임목사님 내외분께서 눈물을 흘리셨는지는 모르겠으나, 제가 보기에는 눈물을 흘리시는 것 같지는 않아 보였습니다. 아마 담임목사님 내외분은 당신 부부처럼 딸 부부도 행복하게 살 것으로 믿으셨기에 웃는 모습으로 딸을 시집 보내셨으리라 생각합니다. 결혼예식 순서지 하단에 골로새서 3장 18~19절 말씀이 눈에 들어왔습니다. 오늘 새롭게 출발하는 백광일, 박나정 부부가 주례 선생님의 말씀과 아래 골로새서 말씀대로만 살아간다면 평생 행복하게 살아갈 수 있으리라 믿습니다.

아내들아 남편들에게 복종하라 이는 주 안에서 마땅하니라
남편들아 아내를 사랑하며 괴롭게 하지 말라

13
꽃보다 아름다운 하나님의 사람들

오늘 오후 서산지원 재판이 있어서 서산에 왔다가 서산에서 영어수학 학원을 운영하고 있는 저의 처남 절친인 문용화 동생을 만나 행복한 시간을 보내고, 재판도 잘 마치고 상경하는 길입니다. 문용화 동생이랑 한적한 식당에서 함께 식사하고, 커피를 마시면서 이런 저런 사는 이야기를 나눴습니다. 저는 문용화 동생과는 여러 번 만난 사이이지만, 그동안 전도를 해본 적이 없는데 오늘은 신기하게도 이야기의 시작과 끝은 언제나 "하나님을 믿으라"는 말을 했습니다. 또한 문용화 동생 집 근처에 있는 서산성결교회 김형배 담임목사님께 전화 드려 잘 챙겨달라는 부탁도 했습니다. "예수가 생명입니다." 문용화 동생은 저를 위해 본인이 직접 농사지은 드릅, 봄에만 잠시 먹을 수 있는 귀한 실치, 동생 장모님이 농사지은 표고버섯을 제수씨가 직접 만든 선물가방에 담아서 가져왔습니다. 마음이 참 예쁜 동생입니다.

그리고 오늘 재판한 사건은 D성결교회 K 장로님이 원고가 되어 기독교대한성결교회(성결교단)을 상대로 제기한 손해배상 등을 청구한 사건인데, 제가 성결교난 자문변호사로서 피고 성결교단을 대리해서 재판에 임했습니다. 지난번 재판도 그랬지만, 오늘도 재판을 마친 후 제가 교단 후배 장로로서 예의를 갖춰서 K 장로님의 말씀을 경청해드렸더니 먼저 손을 잡아주시면서 많이 좋아하셨습니다. 재판은 열심히 싸워서 이기는 것도 중요하지만, 서로 화해하는 것이 우선입니다. 사랑하는 문용화 동생도, 억울해 하시는 K 장로님도 꽃보다 아름다운 하나님의 사람들입니다.

14
주님여 이 손을 꼭 잡고 가소서

주님여 이 손을 꼭 잡고 가소서
약하고 피곤한 이 몸을
폭풍우 흑암 속 헤치사 빛으로
손잡고 날 인도하소서

인생이 힘들고 고난이 겹칠 때
주심여 날 도와주소서
외치는 이 소리 귀기울이시사
손잡고 날 인도하소서

　　천안교회 김완동 장로님이 보내주신 '주님여 이 손을'이라는 찬양의 가사입니다. 김장로님은 본인이 40대 후반에 샤르코-마리-투스라는 희귀질환을 진단받고, 보행의 불편을 점점 겪으면서 이 찬양을 더 깊이 묵상하게 되었고, 점차로 진행되는 불편에 아내 이유정 권사님을 통해서 세밀히 돕게 하심도 감사하고, 힘들고 지칠 때마다 이 찬양으로 장로님의 영혼에 큰 힘과 감동을 얻게 되었고, 고비마다 하나님이 손잡아 주시고, 놀라우신 도우심으로 인하여 지금까지 이르게 되었음을 고백하시면서 청년 이찬 형제가 부르는 이 찬양을 보내주셨습니다. 제가 천안교회를 섬길 때도 김완동 장로님 내외분은 힘든 상황 속에서도 언제나 감사와 은혜를 잃지 않으셨습니다. '행복 바이러스'이신 두 분의 모습을 뵙는 것만으로도 행복했습니다. 여러분도 이 찬양을 통해 많은 은혜 받으시고, 날마다 날마다 행복하소서♡

15
다비다야 일어나라

　사도행전 9장에는 욥바라는 지역에서 구제와 선행을 심히 많이 한 다비다(Tabitha)라는 여제자가 등장합니다. 다비다는 '암사슴', '영양'이라는 뜻으로 '도르가'의 아람식 이름입니다. 다비다는 살았을 때 과부들에게 속옷과 겉옷을 지어 입히는 등 많은 선행을 베풀었었습니다. 그녀가 병들어 죽자 그곳 제자들이 룻다에 있던 예수님의 수제자 베드로를 급히 초청했고, 베드로가 도착하자 그곳 과부들이 와서 그녀의 지난날 선행과 사랑을 전합니다. 그런 후 그녀가 병들어 죽자 그곳 제자들이 룻다에 있던 사도 베드로를 급히 초청했고, 베드로가 도착하자 그곳 과부들이 와서 그녀의 지난날 선행과 사랑을 전합니다. 그런 후 사도 베드로의 기도를 통해 그녀가 다시 살아났고, 그녀가 되살아난 것을 본 욥바의 많은 사람들이 예수님을 믿게 되었습니다.

　욥바에서 과부들을 섬겼던 다비다가 28년 전 우리 조국 대한민국에서 '사단법인 다비다자매회'라는 이름으로 다시 살아나서 이 땅의 과부들을 위한 구제와 선행을 이어가고 있습니다. 28년 동안 다비다자매회를 이끌어 오신 초대 회장 김혜란 목사님과 올해 2대 회장으로 취임하신 이수은 목사님, 다비다자매회 이사장이신 이수교회 박정수 담임목사님, 사무국장으로 섬겨주고 계시는 이영복 장로님과 저 이렇게 5명의 다비다자매회 이사들이 모여 2023년도 사업계획과 예산안에 대해 논의하는 시간을 가졌습니다.

　다비다자매회는 이수성결교회에서 매월 넷째 주 토요일 정기모임을 갖고 있는데, 2023년에도 '치유와 회복 사역, 싱글맘 자녀 지원, 문화교실, 싱글맘 지도자 교육과 QT모임, 위로와 돌봄 사역, 창립 29주년 기념 행사, 싱글맘 가족캠프(1박 2일), 조별 가정의 날 나들이, 가을 축제마당, 송년회와 음악회 관람, 회지와 회원 책자 출판 지원 등'의 사업을 하기로 했습니다. 올해는 참 감사하게도 다비다자매회의 도움을 받은 한 회원의 자녀가 거액의 후원금을 내주어 재정 운영에 큰 힘이 되었습니다.

김혜란 목사님은 오늘 "공금을 쓰는 것이 두려웠다"는 표현을 하셨는데, 올해도 이사들은 그렇게 두려운 마음으로 예산을 세웠습니다. 특히 상근자 3명의 1년 식사비 예산이 지난해 120만원이었고, 2023년에도 120만원으로 책정되어 있었습니다. 박정수 이사장님과 김혜란 목사님이 차량 주유비 줄어든 70만원을 식사비로 증액하자는 것을 이영복 장로님이 아껴서 쓰겠다고 하면서 반대했습니다. 그래서 제가 "그럼 투표로 결정하자"고 겨우 설득해서 식사비를 80만원 증액했습니다. 그래도 상근자 3명의 1개월 식사비가 166,666원에 불과합니다.

하나님의 일을 기쁨으로 그리고 두려운 마음으로 감당하고 계시는 다비다자매회 이사님들의 모습에 한 없는 존경과 감사의 마음을 갖습니다. 저도 그 귀한 자리에 있다는 것에 대해 감사하고 감사합니다. 목사가 아닌 '목언니(목사 언니)'로서 28년 동안 섬겨주신 김혜란 목사님의 마음을 이어 받아 저도 '마목뜻' 즉, 마음을 다하고, 목숨을 다하고, 뜻을 다하여(마태복음 22:37) 다비다자매회 회원들을 섬기도록 하겠습니다.

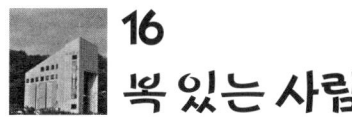
16
복 있는 사람

지난 주말 이천시에서 저의 처제 내외와 운동을 마치고 저녁식사를 하고 있을 때 반포중 부자유친 OB 모임의 강한성 아우님의 부친 강달수 님(향년 90세)께서 소천하셨다는 부고를 받았습니다. 장례식장이 고양시에 있는 일산병원이라서 주말 저녁에는 조문할 수 없고, 주일에 조문할 수밖에 없었습니다. 제가 섬기는 이수교회에서 주일 예배를 드리고, 한우리교회에서 오후 3시부터 개최된 제23회 서울강남지방 찬양제 찬양대원으로 참석하고, 행사가 마쳐지자마자 허겁지겁 장례식장으로 갔습니다. 많은 부자유친 모임 형제들이 조문을 마쳤는데도 귀가하지 않고, 저를 기다리고 있었습니다. 얼마나 감사하던지 … 사랑은 곧 '기다림' 입니다.

조문하는 곳에서 강한성 아우님을 안아주면서 위로해줄 때 갑자기 돌아가신 저의 아버지 생각이 나서 저도 눈물이 났습니다. 강한성 아버님 영정 사진 밑에는 아버님이 평소 밑줄 그으시면서 보시던 성경책이 펼쳐 있었는데, '시편 1편'이 펼쳐 있었습니다. 강한성 아우님이 아버님을 기독교 공원묘지에 모신 후 부자유친 OB 모임 단톡방에 감사인사의 글을 올렸고, 안영준 회장님과 저 등 여러분이 위로의 글을 남겼습니다. 시편 1편 기자는 분명 '오직 여호와의 율법(성경)을 즐거워하여 그의 율법을 주야로 묵상하는 사람'이 복 있는 사람이라고 했습니다. 저와 강한성 아우님 그리고 부자유친 모임 형제들 모두가 복 있는 사람이 되길 소망합니다.

1. 복 있는 사람은 악인들의 꾀를 따르지 아니하며 죄인들의 길에 서지 아니하며 오만한 자들의 자리에 앉지 아니하고
2. 오직 여호와의 율법을 즐거워하여 그의 율법을 주야로 묵상하는도다
3. 그는 시냇가에 심은 나무가 철을 따라 열매를 맺으며 그 잎사귀가 마르지 아니함 같으니 그가 하는 모든 일이 다 형통하리로다
4. 악인들은 그렇지 아니함이여 오직 바람에 나는 겨와 같도다
5. 그러므로 악인들은 심판을 견디지 못하며 죄인들이 의인들의 모임에 들지 못하리로다
6. 무릇 의인들의 길은 여호와께서 인정하시나 악인들의 길은 망하리로다

17
하나님의 자녀가 되는 권세

1. 나 있는 곳에 너희도 있게 하리라

너희는 마음에 근심하지 말라 하나님을 믿으니 또 나를 믿으라(요한복음 14장 1절)

하나님 아버지

하나님이 사랑하시는 조태훈 집사님이 하나님 곁으로 갔습니다. 하나님께서 기쁨으로 맞아주시옵소서. 조태훈 집사님을 하나님의 자녀로 삼아주시고, 구원을 얻게 해주시고, 천국 가게 해주심을 감사합니다. 조태훈 집사님 가족들을 하나님의 자녀 삼아주신 것도 감사합니다.

이경숙 권사님을 비롯한 유가족들과 이 자리에 모인 우리 모두가 하나님의 영광을 위해 살게 하시고, 늘 감사로 섬기는 삶을 살게 하옵소서. 하나님께서 이 장례절차를 주관하시어 은혜로운 장례예식이 되게 하옵소서. 조태훈 집사님의 평소 모습이 눈에 선합니다. 이 땅에서는 조태훈 집사님을 다시 만나지 못함을 슬퍼하는 유가족들을 위로하여 주시고, 이곳에 모인 우리 모두가 하나님 나라를 소망하게 하게 하옵소서.

말씀을 전하시는 목사님을 축복하여 주시고, 선포되는 말씀을 통해 하나님의 큰 사랑을 깨닫게 하옵소서. 예배의 시종을 주님께 맡깁니다. 항상 감사하는 마음 주시옵소서. 예수 그리스도의 이름으로 간절히 기도합니다.

※ 2022년 1월 16일 조태훈 집사님 입관예배 대표기도문

2. 주 예수를 믿으라 그리하면 너와 네 집이 구원을 받으리라

하나님과 우리 주 예수를 앎으로 은혜와 평강이 너희에게 더욱 많을 지어다(베드로후서 1장 2절)

하나님 아버지

하나님이 사랑하시는 주헌중 집사님이 하나님 아버지 곁으로 갔습니다. 하나님께서 기쁨으로 맞아주시옵소서. 주헌중 집사님을 하나님의 자녀로 삼아주시고, 구원을 얻게 해주시고, 천국 가게 해주심을 감사합니다.

주재우 집사님을 비롯한 유가족들과 이 자리에 모인 우리 모두가 하나님의 영광을 위해 살게 하시고, 범사에 감사하는 삶을 살게 하옵소서. 이 땅에서는 주헌중 집사님을 다시 만나지 못함을 슬퍼하는 유가족들을 위로하여 주시고, 이곳에 모인 우리 모두가 천국을 소망하게 하게 하옵소서. 그래서 우리 모두가 천국에서 만날 수 있게 하옵소서.

오늘 말씀을 전하시는 박정수 담임목사님을 축복하여 주시고, 선포되는 말씀을 통해 하나님의 은혜를 깨닫게 하옵소서. 하나님께서 남은 장례절차를 주관하시어 은혜로운 장례예식이 되게 하시고, 강추위에 유가족들의 건강을 지켜주옵소서. 예배의 시종을 하나님 아버지께 맡깁니다. 항상 감사하는 마음 주시옵소서. 모든 것을 감사드리며, 예수님의 이름으로 간절히 기도합니다.

※ 2022년 12월 15일 주재우 집사님의 부친 주헌중 집사님 발인예배 대표 기도문

3. 하나님의 자녀가 되는 권세

주 예수를 믿으라 그리하면 너와 네 집이 구원을 받으리라(사도행전 16장 31절)

영접하는 자 곧 그 이름을 믿는 자들에게는 하나님의 자녀가 되는 권세를 주셨으니(요한복음 1장 12절)

하나님 아버지

하나님이 사랑하시는 신정희 권사님이 하나님 아버지 곁으로 가셨습니다. 하나님께서 기쁨으로 맞아주시옵소서. 신정희 권사님을 하나님의 자녀로 삼아주시고, 구원 얻게 해주시고, 천국 가게 해주심을 감사합니다.

 이수교회에서 '아멘 권사님'으로 불린 신정희 권사님이 늘 웃으시던 모습이 눈에 선합니다. 이 땅에서는 신정희 권사님을 다시 만나지 못함을 슬퍼하는 유가족들을 위로하여 주시고, 이곳에 모인 우리 모두가 신정희 권사님처럼 예수님 믿고 구원 얻게 하옵소서. 그래서 우리 모두가 천국에서 만날 수 있게 하옵소서.

 오늘 박정수 담임목사님이 전하시는 하나님의 말씀을 통해 하나님의 큰 사랑과 은혜를 깨닫게 하옵소서. 하나님 아버지께서 남은 장례절차를 주관해주시고, 장지까지 오고가는 발걸음을 지켜주시고, 강추위에 유가족들의 건강을 지켜주옵소서. 예배의 시종을 하나님께 맡깁니다. 항상 감사하는 마음 주시옵소서. 모든 것을 감사드리며, 예수님의 이름으로 간절히 기도합니다.

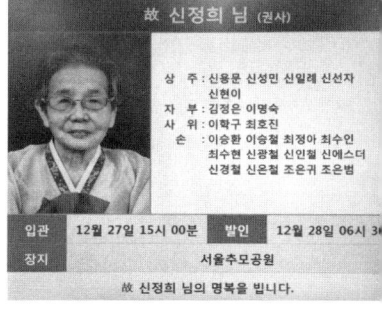

※ 2022년 12월 28일 신성민 집사님의 모친 신정희 권사님 발인예배 대표기도문

18
장한평 기독신우회 창립 31주년 기념예배

지하철 5호선 장한평역 근처에는 장한평 중고차시장이 있습니다. 그 자동차매매센터 D동 3층에 있는 장한평 기독신우회 회장 김만식 장로님의 초대로 장한평 기독신우회 창립 31주년 기념예배에 참석하여 은혜로운 예배를 드리고 왔습니다. 작은 예배당이었지만, 하나님이 함께 하시는 예배이기에 모든 것이 은혜로웠습니다. 특히 오늘 예수님을 믿지 않지 않는 분이 열세분이나 참석하셨고, 그 분들 중 '장안식당' 여사장님은 다음 주부터 신우회 예배(매주 화요일, 11~3월은 오후 5시, 4~10월은 오후 5시 30분)에 참석하시겠다고 하셨습니다.

예배는 김만식 장로님의 사회로 다같이 신앙고백과 195장 찬송을 드리고, 신우회 지도목사이신 박요한 목사님의 기도, 드림교회 담임목사이자 서울윈드드림오케스트라 상임지휘자이신 마상황 목사님의 설교(주제 : 이제 가라, 성경 : 출애굽기 3장 9~12절), 323장 찬송과 헌금, 저의 축사, 총무 백정현 장로님의 광고 순으로 진행되었습니다.

마상황 목사님은 '① 잘 하지 마라, 주의 일은 내가 잘 하려고 하면 안 되고, 주님의 도구가 되어야 한다, ② 탓하지 마라, 주의 일은 하나님이 책임져 주실 것이기 때문에 탓하지 말고 순종해야 한다, ③ 우리는 최고의 행복자임을 믿어야 한다, 지금 행복해야 한다, 내가 행복해야 전도가 된다' 는 점 등을 강조한 큰 울림이 있는 설교를 해주셨습니다.

김만식 장로님은 기념예배 몇 주 전에 저에게 예배 때 축사를 부탁하셔서 제가 축사만 안 한다면 예배에 참여하겠다고 했는데, 김장로님은 제가 '승소 가능성이 낮은 의뢰인에게 사건을 맡지 않겠다고 하고, 그 돈으로 상대방과 합의하시라'고 한 사례를 순서지 광고면에 넣어 주시고, 구두로도 소개해 주셔서 정말 몸 둘 바를 몰랐습니다. 김장로님은 몇 달 전부터 목사님에게 기념예배 설교 본문을 달라고 하셔서 오늘 설교를 위한 기도를 계속 하셨다고 합니다. 그 마음을 본받고 싶습니다. 기념예배 순서지 광고면에 있는 글이 장한평 기독신우회를 잘 설명하고 있습니다.

지교회에서 파송된 선교사!
일하면서 예수 전하고!
예수 전하면서 일하는 우리는 직장 선교사!

저는 내년 장한평 기독신우회 창립 32주년 기념예배에도 불러주시면 꼭 참석하고 싶습니다. 그래서 장한평 기독신우회 가족들이 얼마나 더 행복해졌는지를 확인하고 싶습니다. 때를 얻든지 못 얻든지 직장 선교사의 사명을 잘 감당하고 계시는 장한평 기독신우회 가족들 모두를 축복하고 축복합니다.

19
하루 종일 예~수
(사랑빛교회 설립감사예배)

봄비가 오락가락 내린 2022년 3월 둘째 주일 오후 기독교대한성결교회 서울강남지방회(이하 동일) 북부감찰회 소속 '사랑빛교회(담임목사 김성천)' 설립감사예배에 북부감찰장이신 이수교회 박정수 담임목사님과 함께 다녀왔습니다. '사랑빛교회'는 코엑스 본관 3층 종교관에 위치하고 있어서 주로 주중에 코엑스에 근무하는 분들의 예배와 전도를 위한 교회입니다. 서울강남지방회장이신 선한목사교회 전용진 담임목사님께서 '광야에 심은 씨앗'(사도행전 8장 26~31절)이라는 다음과 같은 설교 말씀을 주셨습니다.

빌립은 사마리아에서 큰 복음의 성과를 올리고 있었는데, 주의 사자가 대략 100km 떨어진 '유대 광야'로 가게 하였고, 빌립은 그곳에서 에디오피아 여왕의 국고를 맡은 관리인 내시에게 세례를 베풉니다. 예수님의 선교 전략은 '많이'가 아니라 '한 씨앗'이었습니다. 그로 인해 에디오피아는 2천년 동안 교회가 존재했습니다. 우리의 부르심은 순종에 대한 부르심이지 성과에 대한 부르심이 아닙니다. 교회를 개척할 때는 배추장사의 말에 현혹되지 말아야 합니다. 개척하면 주위에서 훈수 두는 사람들이 많은데, 내가 뭔가 새로운 것을 해보려고 배추장사인 친구를 찾아가면 배추장사는 배추장사를 하라고 할 것입니다. 그렇지만 그 친구는 배추장사가 맞을지라도 나에게는 나에 맞는 일이 있는 것입니다. 하나님이 자신에게 주신 은혜와 재능을 사용해야 합니다. 오늘 하나님께서 사랑빛교회에 건강한 씨앗을 심어주셨습니다. 이곳에 한 민족이 대기 중에 있습니다. 사랑빛교회가 서울강남지방회에 큰 숲이 되길 축복합니다.

기독교대한성결교회(이하 동일) 제73대 총회장을 역임하신 삼성제일교회 윤성원 담임목사님께서는 교회를 위한 권면(勸勉)의 시간에 '그러므로 하늘에 계신 너희 아버지의 온전하심과 같이 너희도 온전하라'는 마태복음 5장 48절 말씀과 '하나님의 말씀과 기도로 거룩하여짐이라'는 디모데전서 4장 5절 말씀을 통해 '사랑빛교회'가 하나님이 온전하신 것처럼 온전하게 되고, 하나님의 말씀으로 충만한 교회가 되고, 기도로 늘 깨어 있는 교회가 되어 세상 속에 선한 영향력을 끼치는 교회가 되기를 권면하셨습니다. 비록 '사랑빛교회'의 예배공간은 협소하고, 코엑스 본관 3층에 위치하여 일반인의 접근도 어렵지만, '한 영혼은 천하보다 귀하다'는 말씀대로 한 영혼, 한 영혼을 변화시키는 능력 있는 교회가 되길 소망합니다.

증경(曾經) 서울강남지방회장 봉일교회 손경호 담임목사님께서는 목회자를 위한 권면의 시간에 '불고가사(不顧家事 : 가사를 돌보지 않음) 불고처자(不顧妻子 : 처와 자식을 돌보지 않음)'의 마음가짐으로 "목회에 올인해라"는 말씀과 손목사님이 목사 안수 받은 지 1~2년차 무렵 교직자수련회 때 관광버스 안에서 사회자가 어느 나이 많으신 장로님에게 노래를 시켰을 때 그 장로님이 "1절 : 예~수 예~수 아침에도 예~수 점심에도 예~수 예~수 하루 종일 예~수, 2절 : 예~수 예~수 잠잘 때도 예~수 깨어나도 예~수 예~수 하루 종일 예~수, 3절 : 예~수 예~수 밥 먹을 때도 예~수 걸을 때도 예~수 예~수 하루 종일 예~수"와 같은 노래를 무려 10절까지 부르신 것을 봤는데, 그 장로님의 마음처럼 "예수님에게 올인하라"는 말씀으로 권면하셨습니다. 또한 손목사님은 당의정(糖衣錠) 즉, 말 그대로 달달한 옷을 입힌 알약으로, 써서 먹기 힘든 약들을 어린이들도 쉽게 먹을 수 있게 해주는 알약을 당의정이라고 하는데, 그 당의정의 본질은 '쓴 약'이듯, 목회의 본질은 '말씀 묵상과 기도'이므로 어떠한 환경에서도 1년 365일 새벽을 깨우는 새벽기도를 하라고 권면하셨습니다.

서울강남지방회 교회부흥확장위원장 선한교회 강재근 담임목사님께서는 "출세 길도 아니고, 돈 버는 일도 아니고, 명함 내미는 일도 아닌 교회 설립하는 것은 큰 용기이고, 감사한 일이다. 하나님께서 든든한 뒷배가 되어주셔서 좋은 목회, 복된 목회, 여러 사람에게 복음이 증거되는 의미 있는 목회가 되기를 바란다."는 격려사를 해주셨습니다.

'사랑빛교회' 김성천 담임목사님이 부목사로 4년 동안 사역한 명동교회 장종구 담임목사님(증경 서울강남지방회장)께서는 "하나님의 긍휼(矜恤 : 불쌍히 여겨 돌보아 줌)의 은혜를 충만히 입고, 그 긍휼의 은혜를 전하는 교회와 목사님이 되고, 하나님의 구원투수가 되어 달라"는 축사를 해주셨습니다.

저는 2017년 4월 30일 이수교회 장로가 이후 서울강남지방회에서 개척되는 교회 설립예배는 모두 참석하였고, 앞으로도 참석하고 싶습니다. 개척되는 교회를 통해 하나님이 역사하시는 모습을 직접 보고 싶고, 무엇보다도 설립예배 때마다 듣는 목사님들의 주옥같은 말씀들이 너무 좋기 때문입니다. 특히 오늘은 김성천 담임목사님의 아내인 이수정 사모님이 성악을 전공하신 분인데, 음대교수로 재직하고 계시는 사모님의 지인들이 불러주신 '축복하노라'의 찬양은 설립예배의 자리에 있는 모든 사람들이 직접 축복을 받게 하는 듯한 찬양이었습니다.

'사랑빛교회' 김성천 담임목사님과 가족 그리고 그곳을 채울 미래의 성도님들에게 하나님의 축복이 가득하기를 기도하고 기도합니다.

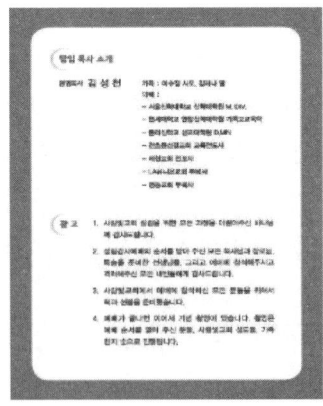 

20
2023 이수교회 캄보디아 단기선교

1. 첫째 날(1월 8일 주일) : 가서 제자 삼으라

그러므로 너희는 가서 모든 민족을 제자로 삼아 아버지와 아들과 성령의 이름으로 세례를 베풀고 내가 너희에게 분부한 모든 것을 가르쳐 지키게 하라 볼지어다 내가 세상 끝날까지 너희와 항상 함께 있으리라 하시니라(마태복음 28장 19~20절)

예수님의 마지막 유언은 "너희는 가서 모든 민족을 제자로 삼아 세례를 베풀고, 예수님의 말씀을 가르쳐 지키게 하라"입니다. 기독교 대한성결교회 이수교회는 예수님의 그 유언을 따르기 위해 박정수 담임목사님을 포함한 19명의 성도들이 2023년 1월 8일 주일 저녁부터 1월 14일 토요일 아침까지 6박 7일 동안 캄보디아 수도 포놈펜에서 남쪽으로 약 70km 떨어진 전형적인 농촌마을 뜨람껑 마을에 있는 조이풀교회(Joyful Tramkong Church, 기쁨이 샘솟는 교회)로 단기선교를 출발했습니다.

오늘 11:00 단기선교 헌신예배 때 선교대원들이 '나 주님의 기쁨 되기 원하네'를 합창했는데, 후렴구 '내가 원하는 한 가지 주님의 기쁨이 되는 것' 가사는 캄보디아어로 반복해서 찬양했습니다. 이어 청년들이 현지에서 공연할 율동을 하고, 장년들은 박수로 응원했는데, 그것을 본 이상호 원로장로님이 점심식사 때 "김장로는 몸치일텐데, 아들 딸은 율동을 참 잘 한다"라고 칭찬해주셨습니다. 특히 저는 2017년 4월 30일 이수교회에서 장로 장립된 이후 08:00 1부 예배 안내를 명절 때 고향에 내려갈 때 등 특별한 날 외에는 단 한 번도 거른 적이 없는데, 오늘은 06:00 알람을 아내가 잠결에 끄는 바람에 늦잠을 자서 08:08경

교회에 도착했습니다. 하나님은 단기선교 출발하는 날부터 저에게 이야기 거리를 만들어 주셨는데, 6박 7일 동안 우리 19명의 가는 선교사들에게 해주실 이야기 거리를 기대하고 기대합니다.

교회에서 짐을 챙긴 후 15:00경에 출발했는데, 한별 사모님, 고석재 목사님, 김윤철 장로님, 이영훈 장로님과 강수진 집사님, 한동호 집사님과 권희수 집사님, 김동선 집사님께서 공항까지 동행해주시고, 차량 운행의 섬김을 해주셨습니다. 특히 이번 선교에는 올해 장로 장립이 예정되어 있는 신성민 집사님과 김태영 집사님, 권사 취임이 예정되어 있는 목진용 안수집사님과 저의 아내인 나주옥 집사님이 동행하는데, 김태영 집사님은 자녀들이 네덜란드에서 공부하고 있어서 네덜란드를 방문했다가 이번 선교를 위해 오늘 인천공항에 도착하자마자 곧바로 캄보디아 단기선교에 합류했습니다. 선교에 대한 대단한 열정입니다.

또한 이번 선교는 청년(6명)보다 장년(13명)이 두 배나 더 많습니다. 특히 이수교회 옆에서 '이수가구'라는 상호로 40년 째 가구업에 종사하고 계시는 김현수 성도님과 2015년 캄보디아 단기선교와 2018년 인도 단기선교에 참가한 헤어디자이너 김민규 성도님(청담 컬처앤네이처 원장)은 선교 마지막 날인 2023년 1월 13일 조이풀교회 성도 10명과 함께 바닷가에서 예수님처럼 침례식으로 세례를 받습니다. 그 세례식을 보는 것만으로도 은혜일 것 같습니다.

인천공항에서 탑승은 19:35경에 했으나 이륙은 20:11경에 했고, 캄보디아 프놈펜 국제공항에는 캄보디아 시간 23:30경에 착륙했습니다. 캄보디아는 시차가 우리나라 보다 2시간 느리기에 총 비행시간은 5시간 30분 정도 소요되었습니다. 공항에 도착해서 비자 받고, 짐 찾고, 호텔에 도착하니 01:00경이었습니다. 국민 약 95%가 불교를 믿는 불교 국가답게 공항 출입구에는 불상처럼 생긴 조형물들이 보였습니다. 공항에 반바지 차림의 정용희 선교사님 내외분이 반갑게 맞아주셨습니다. 캄보디아는 실내든 실외든 마스크 착용이 자유입니다. 마스크 없는 세상을 오랜만에 만끽한 것 같습니다.

 공항에서 다른 관광객을 기다리는 미니버스 뒷면에 HYUNDAI 로고가 있어서 반가웠고, 호텔로 가는 도로 중간에 SAMSUNG 광고판이 보이고, 호텔 안에 있는 TV도 삼성 제품이어서 우리나라의 힘을 느낄 수 있었습니다. 도로 중간에 가로등이 있는데, 몸통까지 불이 켜져 있고, 차들은 많이 다니지 않았습니다. 선교사님 말씀에 의하면, 캄보디아 휘발유 요금은 약 1.2달러, 커피값은 약 2.5달러로 우리나라와 비

숫하고, 과일채소 외에는 물가가 싸지 않고, 요즘에는 농촌마을 학생들도 학교 외 영어학원을 다닌다고 합니다. 캄보디아가 입헌군주국이라서 그런지 호텔 프런트에는 사망한 노로돔 시아누크 국왕과 그의 왕비, 현재 국왕인 시하모니의 사진이 나란히 걸려있었고, 호텔 입구에 현대 에쿠스 승용차가 정차되어 있었습니다. 호텔은 우리나라 1층이 G층이고, 2층이 1층이었습니다.

2023 캄보디아 단기선교의 슬로건은 "오직 순종, 오직 섬김으로"인데, 그 슬로건대로 한 마음 한 뜻으로 선교가 이루어질 것을 믿고 미리 감사합니다. 무엇보다도 더 감사할 것은 저의 아내와 딸, 아들 모두가 이번 단기선교에 함께 한다는 것입니다. 다음 단기선교도 온 가족이 함께 갔으면 좋겠습니다.

2. 둘째 날(1월 9일 월요일) : 너무 좋다

그러나 너희는 택하신 족속이요 왕 같은 제사장들이요 거룩한 나라요 그의 소유가 된 백성이니 이는 너희를 어두운 데서 불러 내어 그의 기이한 빛에 들어가게 하신 이의 아름다운 덕을 선포하게 하려 하심이라(베드로전서 2장 9절)

박정수 담임목사님이 '나는 누구인가?'라는 주제로 조이풀교회 어린이들과 성도님들께 전한 하나님의 말씀입니다. 조이풀교회 성도들과 우리 19명의 대원은 하나님이 선택한 족속이요, 왕 같은 제사장이요, 하나님의 소유가 된 백성들임에 감사합니다.

저는 비행기에서 커피를 두 잔 마셔서 그런지 몸은 피곤한데도 잠을 거의 자지 못했음에도 05:00(한국시간 07:00)경 기상해서 선교일지를 정리하고, 같은 방을 쓰는 김현수 성도님과 이런저런 이야기를 나눴습니다. BanBan호텔에서 뷔페식으로 아침식사를 했는데, 쌀국수가 참 맛있었습니다. 호텔 11층 전망대에서는 프놈펜 시가지가 한눈에 보였고, 한 겨울인데 예쁜 꽃들이 피어 있었습니다. 참새들도 몇 마리 보였는데, 한국에서 본 참새들과 똑같은 일란성 쌍둥이들이었습니다.

조이풀교회를 가기 위해 짐을 싣는 중 건너편에 노란색 승복을 입은 스님이 노란 우산을 쓰고 걸어가는 모습이 보였습니다. 조이풀교회는 우리나라 행정구역처럼 표기하면 깜퐁스프 도, 빠셋 군, 니띠은 면, 뜨람껑 마을에 위치합니다. 프놈펜에서 조이풀교회로 가는 방향 도로의 좌측은 술 광고판이 즐비한데, 우측은 술 광고판은 전혀 없고 에너지 광고판이 주로 많았습니다. 그 이유는 도로를 중심으로 주가 나뉘는데 도로 우측 깜퐁스프 주지사가 주민들에게 유해하다고 술 광고를 허용하지 않았기 때문이랍니다.

뜨람껑 마을 근처에 있는 24깐냐초등학교는 학생이 1,800명 가량 되는데, 교실이 부족해서 오전반(07:00~11:00)과 오후반(13:00~16:00)으로 나누어 수업을 하고, 교실이 있는 학교는 09:00~16:00까지 수업을 합니다. 교사에게는 연금과 장례비가 지원되기에 이곳에서도 선호하는 직업인데, 최근 몇 년 사이에 급여가 많이 올라서 320달러 정도입니다. 이곳 학제는 우리와 동일한데, 초중고등학교라고 하지 않고 1~12학년으로 불리고, 학년 올라갈 때마다 승급시험을 보고 승급시험을 못 보면 유급되기도 한답니다. 글을 모르는 아이들도 있고, 그래서 중고등학교생들만해도 연령 차이가 납니다. 특히 고등학교(12학년) 졸업시험에 합격해야 대학 입시에 응시할 자격이 부여된다고 하니까 이곳 학생들의 시험에 대한 고통은 극심할 것 같습니다.

캄보디아는 의사와 변호사가 되는 길은 의대와 법대를 졸업한 후 의사고시와 사법시험을 합격하는 것에 그치지 않고 3만 달러(현재 환율 약 3,800만원)를 내야만 의사와 변호사가 될 수 있다고 합니다. 캄보디아 사법제도도 지방법원, 고등법원, 대법원 3심제를 채택하고 있는데, 지방법원은 프놈펜과 각 주에 설치되어 있고, 고등법원과 대법원은 프놈펜에 설치되어 있습니다. 또한 우리나라 헌법재판소와 비슷하게 헌법위원회가 설치되어 있어 하위법의 위헌 여부와 선거관련 분쟁은 헌법위원회가 최종 결정을 합니다. 또한 일본과 비슷한 입헌군주제를 채택하고 있는 캄보디아는 지방의회 선거는 2년 마다, 총선은 5년 마다 실시하고, 총리는 다수당에서 선출하는데, 현재 총리 훈센은 1998년부터 총리를 하고 있습니다. 선교사님의 말씀에 의하면, 훈센 총리는 자신의 아들에게 총리직을 물려주기 위해 경력을 쌓게 해주고 있답니다.

대로변에 우리은행 간판이 보여 참 반가웠는데, 캄보디아에 우리은행 외 국민은행과 신한은행이 진출해 있습니다. 도로는 신호등이 거의 없고, 차선이 없는 곳이 많음에도 사람들이 거의 경적을 울리지 않고 운전을 했습니다. 이곳에서도 2년 전 쯤 우리나라 배달의 민족과 같은 배달업체가 등장했는데, 초기에는 배달을 시키면 닭다리 2개 중 1개 없는 등 음식이 중간에 줄어드는 경우가 많았다고 합니다. 선교사님 부부는 캄보디아는 의료만 빼고는 살 만한 곳이라고 하셨는데, 곳곳에 의원급 병원들은 보였지만 진료 잘 한다는 병원의 응급실을 이용하려면 1만 달러를 예치해야 치료를 받을 수 있고, 의료 환경이 열악해서 아프면 참고 병을 키우는 사람들이 많다고 합니다.

교회로 가는 길목에서 재래시장처럼 생긴 가판 과일가게에 들렀습니다. 그곳에서 과일도 사고 구운 바나나와 바나나 잎으로 싼 찹쌀밥을 사서 먹었는데, 맛이 일품이었습니다. 여러 가지 과일을 한 트럭 산 것 같은데, 80달러가 채 되지 않을 정도로 가격이 저렴했습니다.

뜨람껑 마을에 들어서자 집집마다 사원 모양의 탑들이 설치되어 있는데, 그것은 조상들의 묘로서 '뿌레야따' 라고 불리는 할아버지신이라고 합니다. 그렇게 마을 사람 대부분이 조상신들을 모시는 마을에 10년 전 정용희 선교사님 부부의 헌신과 사랑으로 조이풀교회가 세워졌습니다.

조이풀교회는 캄보디아 수도 프놈펜에서

남쪽으로 약 70km 떨어진 깜뽕스프 州의 전형적인 시골마을인 뜨람껑 마을에 위치해 있습니다. 정용희·김정숙 선교사님 부부가 2012년 12월부터 시작된 '한국어학당'을 발판삼아 2013년 3월에 교회 설립이 이뤄졌습니다. 그때부터 지금까지 약 80여명에게 세례를 베풀었고, 2022년까지 대학생 학사(學舍)사역을 9년간 하면서 30여명의 제자들을 사회로 진출시켰고, 20여명의 산업근로자들을 한국에 보내는 바탕을 만들어 주셨습니다. 선교사님 부부는 '유치원을 토대로 향후 초등학교 설립과 제2,3의 지교회 설립을 위해 기도 중에 있다'고 합니다. 정용희 선교사님은 1992년 한국오엠 둘로스 선교선 자원봉사를 시작으로 1993년 선교사로 파송 받아 동 선교회 소속으로 둘로스, 한국오엠선교훈련원 훈련사역으로 2009년까지 사역하다 2010년부터 캄보디아 선교사로 지금까지 사역중입니다. 가족으로는 아내 김정숙 선교사님과의 슬하에 2남 2녀를 두고 있으며, 자녀들은 모두 캄보디아서 고등학교 과정을 마치고 떠나서 지금은 선교사님 부부만 계십니다.

  교회에 도착하자 공용짐을 내리고, 정용희 선교사님으로부터 조이풀 교회가 세워지게 된 경위 등 드라마틱한 선교에 대한 이야기를 들었습니다. 교회 한 가운데 죽은 큰 나무 한 토막이 쓰러져 있는데, 그것은 마을신으로 여겨진 나무였고, 그 나무 옆에 있던 신당을 없애자 자연스럽게 죽은 나무라고 합니다.

점심식사는 선교사님이 프놈펜에서 맛있는 김치보쌈을 주문해서 갖고 오셨는데, 때마침 교회를 방문한 어린이 6명도 함께 점심식사를 하게 하고 혹시 음식이 부족할까봐 저는 그 맛있는 김치보쌈을 먹어보지 못했습니다. 저녁식사 때 보쌈용 그 김치를 먹었는데, 지금까지 먹어본 김치 중에서 최고로 맛있는 김치였습니다.

점심식사 후 오늘 성경학교에 참여하기 위해 미리 온 어린이들과 함께 잠시 동네를 걸으면서 "쫌리읍 쑤어?(안녕하세요)"를 외쳤습니다. 14:30경 조이풀교회 성도들이 한국어로 '당신은 사랑 받기 위해 태어난 사람'을 찬양했는데, 한국사람처럼 찬양을 잘 했습니다. 캄보디아어로 귀에 익은 찬양 2곡을 율동과 함께 찬양하고, 박정수 담임목사님이 하나님의 말씀을 전하셨습니다.

그와 같이 도착 예배를 드린 후 아동팀은 교회 본당에서 성경학교를, 이미용팀은 유치원 앞에서 이미용 사역을, 어학팀은 교실에서 정철영어성경 교재로 영어 교육을, 시설보수팀은 고장난 화장실 배수관 교체, 교회 내외 잡목과 잡풀 제거와 일부 페이트칠을 했습니다. 저는 태어나서 육체를 사용한 일을 가장 많이 한 것 같은데, 일 하는 것이 너무 즐거워 다른 사역팀 사역하는 모습 사진 찍어주는 것도 제대로 못했습니다. 각 팀 사역을 마치고 이수교회 요리사 김윤재 권사님과 선교사님 부부가 준비해주신 맛있는 저녁식사를 했습니다. 특히 정용희 선교사님이 우리 선교팀을 위해 맛있는 '두리안'을 내놓으셨는데, 태어나서 처음 먹어본 아내와 저는 "정말 맛있다"는 감탄사를 반복했습니다. 천안교회에서 필리핀으로 선교 갔을 때 권석원 담임목사님이 맛있다고 두리안을 사 주셨지만, 저의 아내와 저는 냄새가 독특해서 못 먹었는데, 캄보니아산 두리안은 냄새도 안 나고 너무 달콤했습니다. 저녁식사 후 박정수 담임목사님과 담임목사님의 둘째 아들 동민 군이 놀러온 어린이 4명과 축구를 월드컵처럼 신나게 하셨습니다.

이후 사역 평가와 기도의 시간을 가졌습니다. 특히 기도의 시간에 지금 이수교회 김선 집사님의 부친 김병순 어르신이 위독하신데, 박정수 담임목사님이 내일 김병순 어르신과 전화로 3~5분 전화 통화할 때 복음을 잘 제시해서 예수님을 영접하시고 소천하시게끔 하게 해달라는 긴급한 기도제목을 말씀하셨습니다. 사역평가를 시작할 무렵 갑자기 스피커로 선거 유세하는 듯한 소리가 들렸습니다. 그것은 아픈 사람을 위한 일종의 굿을 하는 것이라고 하는데, 그 굿은 사역평가와 기도회를 마치고 미니 버스를 타고 게스트하우스로 출발할 때까지 계속 되었습니다. 미니 버스에 21명이 탑승하고 출발할 때 저의 딸이 혼잣말로 "너무 좋다"라는 말을 했습니다.

게스트하우스에 도착해서 짐을 풀고 있는데, 선교 단톡방에 '좀전에 샤워하러 화장실 들어가는데 어깨에 뭐가 툭하고 떨어졌는데 도마뱀이네요~'라는 글이 올라왔습니다. 그래서 제가 그 도마뱀 사진을 찍어 달랬더니 다른 방에서도 도마뱀이 있다는 사진이 올라왔습니다. 교회에서 잡목을 제거할 때도 도마뱀을 여러 마리 봤는데, 이곳 도마뱀은 크기도 그리 크지 않고 귀엽게 생겼습니다. 오늘 너무 좋은 날을 주신 하나님 아버지께 감사합니다.

3. 셋째 날(1월 10일 화요일) : 배가 꺼지지 않는 땅에서 최고로 행복한 날

너는 네 떡을 물 위에 던져라 여러 날 후에 도로 찾으리라(전도서 11장 1절)

02:10경 빗소리에 잠에서 깼습니다. 3일 동안 머무를 게스트 하우스와 옆 건물 사이를 양철로 막아놨고, 그 양철 위에 비가 떨어지는 소리였는데, 그 소리가 커서 엄청난 폭우가 쏟아지는 소리처럼 들렸습니다. 어제 묵은 호텔이 좋아서 그런지 게스트 하우스는 상대적으로 모든 것이 열악해보였지만, 화장실에 귀여운 도마뱀들이 기어 다니고 왕 바퀴벌레가 기어 다녀도 개인적으로는 2018년 인도 단기선교 때 묵은 호텔보다는 더 좋은 것 같습니다.

유엔 산하 자문기구인 지속가능발전해법네트워크(SDSN)는 2012년부터 세계 각 나라 국민들의 행복을 GDP, 기대수명 등 6가지 항목의 3년 치 자료를 정량화해 행복지수로 표현한 '세계 행복보고서'를 펴내고 있는데, '2022 세계 행복보고서'에 의하면 146개국 중 1위는 핀란드, 우리나라는 59위, 캄보디아는 114위, 네팔은 84위입니다. 과거 언론에서는 '네팔과 부탄이 행복지수 1위와 3위'라고 소개한 적이 있는데, 네팔의 행복지수가 그렇게 대폭 낮아진 이유는 여러 가지 영향이 있겠지만, 결국 SNS를 통해 비교를 하기 시작해서 그렇다는 분석이 있습니다. 나의 삶을 감사함으로 채우지 않고 다른 사람의 삶과 비교하는 순간 불행은 시작됩니다. 돌이켜 보면 당연한 것들이 모두 하나님의 은혜였습니다.

비를 그치게 해달라는 기도를 한 사람들이 많이 해서 그런지 잠시 비가 그쳤습니다. 돌이 하얗다는 뜻을 가진 '트머쎄 게스트 하우스' 앞과 식당 안에 신당이 있었습니다. 식당에서 흘러나오는 한국 노래를 들으면서 쌀국수와 돼지고기 덮밥 중 1가지를 선택해서 먹고, 오늘 첫 공연(?)이 있는 24칸냐 초등학교로 향했습니다. 이 학교는 교실이 부족해서 오전반과 오후반으로 나뉘어 4시간 수업밖에 하지 않는 곳인데, 교장선생님의 배려로 3개 반 정도의 어린 학생들과 선생님, 아이의 등교를 따라온 학부모들 앞에서 선교팀이 준비한 찬양과 율동을 하고, 박정수 담임목사님의 덕담, 금일봉과 기념품 전달, 기념사진 촬영 순으로 행사를 진행했습니다. 교장선생님은 박정수 담임목사님께 교실 증축을 후원해 달라는 공문을 노란색 종이로 정성껏 싸서 주셨습니다. 특히 깜박하고 공연을 위한 음향장비를 교회에서 갖고 오지 않아 핸드폰에서 흘러나오는 들릴뚱 말뚱한 반주로만으로도 공연을 잘 마쳤습니다.

교회로 가는 도중에 박정수 담임목사님이 전화로 김선 집사님의 부친 김병순 어르신에게 아래와 같이 예수님 영접기도를 해주실 때 선교팀 모두가 함께 기도하고, 함께 "아멘(그리 되게 하옵소서)" 했습니다.

하나님 아버지, 저는 죄인입니다. 이 시간 예수님을 나의 구주로 영접하오니 내 안에 들어와 주옵소서. 예수님의 십자가 보혈의 능력으로 나의 죄를 깨끗하게 하여 주옵소서. 예수님, 나의 구주가 되어 주옵소서. 예수님 영접합니다. 천국 가는 모든 여정에 예수님 인도해 주셔서 주님 품에 안기게 하여 주옵소서. 예수님께서 나의 구주가 되심을 믿습니다. 하나님이 나의 아버지이심을 믿습니다. 나를 구원하여 주옵소서. 예수 그리스도의 이름으로 기도합니다.

교회에 도착하니 닫힌 교회 문 앞에 20여명의 학생들이 우리를 기다리고 있었습니다. 기다림은 행복입니다. 아이들은 사역을 시작하기 전에 이미 우리에게 행복을 선물해줬습니다.

선교기간에 세례받기로 한 조이풀교회 성도 10명 중의 한 분인 젊은 자매(이름 쏘카, 40세)가 갑자기 아파서 세례를 못 받게 되었는데, 어제 굿을 하는 사람을 불러 놓고 하루 종일 나무에 매달아 놓은 2개의 스피커로 굿하는 소리를 들려줬습니다. 그런데 그 자매가 어젯밤 소천했습니다. 그래서 장례식을 치르는데, 우리나라 상여꾼이 소리하듯 쉬지 않고 주문 비슷한 것을 계속 스피커로 말했습니다. 선교사님 부부와 박정수 담임목사님, 저와 이태현 집사님이 장례를 치루는 곳을 방문했는데, 장례식에 갈 때는 검은 옷을 피하고 흰 옷을 입어야 한다고 하여 밝은 옷으로 갈아입고 갔습니다.

장례를 치르는 곳은 교회에서 얼마 떨어져 있지 않은 곳에 있는데, 시신을 모포 같은 것으로 덮어 놓고 상여꾼 역할을 사람이 주문을 외우면 죽은 자매의 남동생이 시신 앞에서 절을 하면서 주문을 따라 하고, 가끔 전통악기 4개를 다루는 4명이 반주를 하고, 조문객 5~6명은 그 장면을 지켜보고 있었습니다. 특이 한것은 시신에 검정색 선글라스를 착용해 놓고, 그 머리맡에 작은 플라스틱 사다리를 뒀습니다. 이곳 사람들은 장례가 있으면 집이나 절에서 화장을 하고, 유골을 집에 있는 신당에 모시기

때문에 어떻게 보면 집집마다 가족묘가 있는 형태입니다. 선교사님 부부가 죽은 자매의 어머님과 언니를 위로하면서 조의금을 전달하시고, 박정수 담임목사님이 위로의 기도를 해주시고 왔습니다. 쏘카의 언니도 이번에 세례를 받을 예정이었는데,

안타깝게도 세례식이 있는 내일 동생 쏘카를 화장하기 때문에 세례식에 참석하지 못한다고 합니다.

　선교사님 부부가 이곳에서 선교할 때 가장 마음 아픈 점은 초중고 학생들을 열심히 양육해도 대학생이 되거나 생활전선에 뛰어들면 대부분 교회를 떠나고, 아무리 신앙생활을 잘 해도 죽을 때는 꼭 전통 장례식에 따라 장례를 치룬다는 것입니다. 예수님을 진짜 믿지 않기 때문일 것입니다. 그럼에도 불구하고 이곳 주민들의 삶 속에서 예수님을 증거하고 계시는 정용희 선교사님 내외분의 헌신과 사랑에 경의를 표합니다. 그리고 이곳 사람들은 죽음을 슬퍼하지 않고 기뻐하기 때문에 심지어 폭죽을 터트리기도 한답니다.

　제가 이틀 동안 한 것은 벽 페인트칠을 할 수 있게끔 잡목과 잡풀을 제거하고 유실수와 꽃을 심는 것이었습니다. 선교사님이 10년 전 조이풀교회를 설립하실 때 나무 파는 장수가 와서 망고나무 20그루를 사서 심으셨는데 그 중에 지금까지 살아 있는 것은 여덟 그루입니다. 그런데 신기하게도 10년 만에 나무장수가 와서 유실수 세 그루와 꽃나무 일곱 그루를 사서 선교사님 사택 앞에 있던 잡목과 잡초를 제거하고 박정수 담임목사님이 명명해주신 '양홍 정원'을 만들 수 있었습니다.

　우리 인생살이도 비슷한 것 같습니다. 인생의 잡목과 잡풀을 제거하고 유실수와 꽃을 심어야 합니다. 특히 선교사님 사택 앞과 마을 수호신으로 여기던 나무(지금은 죽어서 통나무 형태로 쓰러져 있음) 옆에 '잭푸룻(Jack Fruit)' 나무를 심었습니다. 잭푸룻 열매는 두리안처럼 생겼는데, 제대로 익은 열매는 최대 55kg까지 나가고, 길이가 약 90cm

에 이르기도 한답니다. 10년 후 쯤 조이풀교회를 방문하게 되면, 10년 전에 심은 망고나무처럼 잭푸룻 열매가 주렁주렁 열려있을 것입니다. 또한 정용희 선교사님 내외분이 섬긴 형제자매들 중에 분명 하나님의 자녀로 귀하게 쓰임 받을 위대한 인물이 나올 것으로 믿습니다.

오전과 오후에 어제와 마찬가지로 각 사역팀별로 사역을 진행했습니다. 특히 신성민 집사님은 전기기술자답게 수도물을 나오게 하는 모터를 자비로 새로 구입해서 고쳐서 물이 폭포수처럼 나오게 했고, 선교사님 사택의 주방 등도 교체하는 등 이장행 집사님과 함께 이곳저곳의 시설들을 보수했습니다. 다만 너무나 아쉽게도 시설보수팀에서 페인트칠을 하고 나면 비가 내렸고, 비가 그쳐 다시 페인트칠을 하면 비가 또 내렸습니다.

박정수 담임목사님도 페인트칠에 동참하셨는데, 저녁 사역 평가 때 "빗물에 페인트는 씻겨져 나갔지만 이수교회 선교팀의 사랑은 흘러서 남아 있음을 믿고, 모든 일은 하나님이 돕지 않으면 할 수 없다."는 것을 강조하셨습니다.

여호와께서 집을 세우지 아니하시면 세우는 자의 수고가 헛되며 여호와께서 성을 지키지 아니하시면 파수꾼의 깨어 있음이 헛되도다 (시편 127편 1절)

오후 사역을 마치고, 시설보수팀은 남아서 계속 시설을 보수하고 나머지 팀원들은 목요일 세례 받을 성도 여섯 가정을 심방해서 박정수 담임목사님이 축복기도를 해주시고 함께 기념사진을 찍었습니다. 이태현 집사님이 가족사진을 찍어서 내일 그 사진을 인화해서 종이 액자에 담아줄 예정입니다. 세례받을 성도들 가정에도 신당이 있었습니다. 어느 가정의 신당에는 신당 밑에 물을 담아 놨는데, 그곳에 사는 개구리가 울기도 했습니다.

이성진 집사님이 맨발에 샌들을 신은 채 불개미 떼의 공격을 받았는데, 박정수 담임목사님께서 버스에서 기도해주실 때 이집사님이 불개미에 물린 부분을 속히 낫게 해달고 기도해주셨습니다. 담임목사님께서 우리 성도들의 사소한 부분까지 챙겨주심에 참 감사했습니다. 기도는 큰 기도도 중요하지만, 작은 기도도 모든 것을 하나님께 맡긴다는 신앙고백이기에 우리는 쉬지 말고 기도의 크기와 무게를 따지지 말고 기도해야 합니다.

성경학교팀은 민창기 목사님이 말씀을 전하실 때와 예배 후 아이들과 함께 놀이할 때 정용희 선교사님의 김정숙 사모님이 현지인처럼 통역을 잘 하셨는데, 아이들이 행복해하는 모습에 사모님의 통역 소리는 갈수록 기쁨이 배가 되는 것 같았습니다. 저의 아들 은철이는 이수교회에서 유치부 교사로 섬기고 있어서 그런지 성경학교팀에서도 아이들과 잘 놀아줘서 고마웠습니다.

김태영 집사님이 팀장인 어학팀은 어제 5명이었는데, 오늘은 오전반 19명, 오후반 18명으로 큰 부흥을 이뤘습니다. 저의 딸인 은혜가 어학팀에서 오전반과 오후반에서 수업을 잘 했다고 하니 참 대견스러웠습니다.

이미용팀 김민규 성도님은 "오늘 열댓명 이미용을 했는데, 샴푸로 머리 감는 것을 도와주신 분들이 잘 해주셔서 머리만 감고 간 분도 계셨다."면서 고마움을 표했습니다. 참고로 캄보디아인들은 머리를 신성하게 생각해서 머리를 만지지 않는다고 합니다.

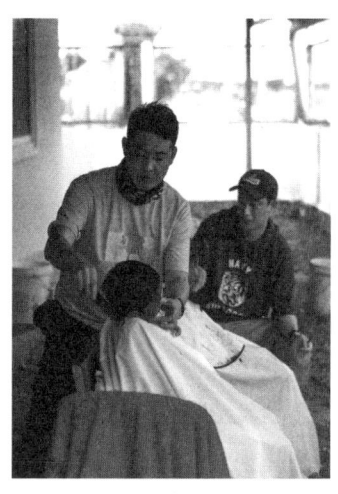

오늘 사역을 마감할 때 쯤 제가 김정숙 사모님께 "선교는 힘드시겠지만, 행복하시겠어요?"라고 했더니, 사모님께서 "오늘 최고로 행복한 날입니다."라고 하셨습니다. 행복은 치명적인 바이러스입니다. 내가 행복 바이러스에 감염되면, 주위 사람들은 자연스럽게 행복에 감염됩니다. 이곳 주민들이 예수님 때문에 행복하길 소망합니다.

게스트 하우스로 가는 길에 이장행 집사님이 이곳은 "배가 꺼지지 않는 땅"이라는 표현을 했는데, 저도 공감합니다. 이곳에 있는 닭, 개, 소 모두 날씬한데, 선교기간 너무 맛있는 음식을 계속 공급해 주셔서 살이 많이 쪄서 갈 것 같습니다. 특히 이수교회 요리사 김윤재 권사님이 교회에 있는 망고나무에서 딴 약간 덜 익은 망고와 상추로 만든 망고 샐러드의 맛은 일품이었습니다. 김민규 성도님은 그 망고 샐러드를 '대기업의 맛'이라는 멋진 표현으로 맛을 잘 묘사해주셨습니다.

이곳 사람들은 덜 익은 망고를 껍질 채 소금에 찍어 먹는데, 생각보다 참 맛있습니다. 성경학교팀 어린 아이 중 한 아이가 접시에 덜 익은 망고와 소금을 갖다 줘서 참 맛있게 먹었습니다. 정용희 선교사님 내외분이 물 위에 던진 떡은 반드시 도로 찾으실 것으로 믿습니다. 배가 꺼지지 않는 땅에서 최고로 행복한 날을 보내게 해주신 하나님께 모든 영광을 올립니다.

4. 넷째 날(1월 11일 수요일) : 사랑의 흔적

누구든지 주의 이름을 부르는 자는 구원을 받으리라 그런즉 그들이 믿지 아니하는 이를 어찌 부르리요 듣지도 못한 이를 어찌 믿으리요 전파하는 자가 없이 어찌 들으리요 보내심을 받지 아니하였으면 어찌 전파하리요 기록된 바 아름답도다 좋은 소식을 전하는 자들의 발이여 함과 같으니라(로마서 10장 13~15절)

신기하게도 육체적으로는 피곤한데 정신은 말짱합니다. 어젯밤 씻고 곧바로 잠들어서 그런지 01:45경 깼습니다. 그러나 너무 이른 것 같아 다시 잠을 청했지만 03:15경 다시 잠에서 깨서 선교 후기를 쓰기 시작했으나 점심때가 되어서야 마무리 지을 수 있었습니다.

오늘 사역은 어제 사역과 복사판이고, 날씨까지도 비슷했습니다. 다만, 비 쏟아지는 시간만 조금 달랐습니다. 오늘은 '얼롱똥 초등학교'로 가서 공연을 하고 작은 선물을 나눠줬습니다. 순수한 영혼들이라서 그런지 교복을 입은 아이들이 한결같이 예쁘고 밝았습니다.

24깐냐 초등학교와 얼롱똥 초등학교의 공통점은 교정에 불상들이 있다는 점입니다. 그 이유는 캄보디아 헌법 제43조에 그 해답이 있었습니다. 심지어 얼롱똥 초등학교에는 신당도 있었습니다.

캄보디아 헌법 제43조 : 캄보디아 국민은 양성 모두 온전한 신앙의 권리를 가진다. 신앙의 자유와 종교 활동은 국가에서 보장하여야 하며, 다만 그 자유와 종교 활동은 다른 신앙이나 종교, 공공 질서와 안보를 침해하여서는 아니 된다. 불교는 국교이다.

교회로 출발하려고 할 때 아이들이 배웅하려고 서 있어서 제가 매고 있던 작은 가방 속에 들어 있는 사탕과 껌을 나눠줬는데, 양이 얼마 되지 않아 다 나눠주지 못해 미안했습니다. 우리가 교회에 오전 9시가 되지 않아 도착해서 그런지 교회 문 앞에 2명만이 자전거를 타고 와서 기다리고 있었습니다.

이곳은 걷는 문화가 아니고, 더운 나라임에도 뜨거운 것을 싫어해서 오토바이와 자전거 타는 것을 선호합니다. 저는 오토바이 타는 것이 무서워서 2018년 인도로 단기선교 갔을 때 선물 전달하러 가면서 오토바이 뒤에 타 본 것이 유일한 경험인데, 이곳 아이들은 초등학생들도 오토바이를 폼 나게 잘 타고 다닙니다.

어제 박정수 담임목사님께서 예수님 영접기도를 해드린 김선 집사님의 부친께서 안타깝게도 오전에 하나님의 부름을 받으셨습니다. 박정수 담임목사님과 민창기 부목사님이 이번 선교에 함께 오셔서 담임목사님께서 장례 집례를 어떻게 할 지 고민을 많이 하셨는데, 이수교회 출신 성결교단 캄보디아 선교사인 노태근 목사님이 안식년을 맞아 한국에 계셔서 노목사님께서 장례를 집례해 주시기로 하셔서 얼마나 감사했는지 모릅니다.

제가 이번 단기선교를 위한 준비모임 때 단장으로서 대원들에게 부탁한 사항은 다음과 같습니다.

첫째, 무엇을 하든지 즐겁게 하자.
둘째, 궂은일은 형제들이 한다.
셋째, 오른 손이 하는 일을 왼 손이 알게 하자(귀국 다음날 선교 보고를 해야 하고, 올해 출간될 '변호사 김양홍의 행복충전소'에 사역의 모습을 실을 것이기에 사역한 것을 사진이나 영상으로 남겨야 함).
넷째, 1분 1초도 노는 사람이 없어야 한다(일손이 남은 사람은 다른 사역팀 사역에 동참).
다섯째, 건강과 안전에 유의해야 한다.
여섯째, 하나님의 은혜를 체험하자.
일곱째, 가장 기대되는 일은 김현수 성도님과 김민규 성도님의 세례식이다.

비가 내리고, 그 비 때문인지 온 몸이 쑤셔서 1분 1초도 노는 사람이 없어야 한다고 했던 제가 1분 1초를 초과해서 놀았습니다. 그냥 노는 것이 미안해서 머리를 치켜든 잡초를 깎다가 교회 출입 철문에 페인트칠 하지 않는 부분이 눈에 들어와 붓을 들었습니다. 제가 아껴서 입는 개량 한복 바지와 좋은 반팔을 입어서 조심해서 칠을 했는데, 칠을 얼마 하지도 않았는데도 옷과 살에 칠이 묻었습니다. 샤워할 때 보니 가슴 부위에도 칠이 묻어 있어서 수건으로 문질렀더니 살갗이 쓸려서 그런지 아팠습니다. 페인트칠만 해도 나도 모르게 흔적이 남든데, 전심으로 예수님을 믿는 사람이라면 삶 속에서 그 흔적이 남아야 하지 않을까요?

오늘 성경학교팀의 사역의 통역은 선교사님 사역의 첫 열매인 '런위쩻' 29살 청년이 맡았는데, 사모님만큼 통역을 잘 했습니다. 그는 고등학교 2학년 때 선교사님으로부터 한국어를 배웠고, 대학에서는 경영학과 한국어를 전공하여 현재 한국 기업에서 일하고 있는데, 오늘 하루 휴가를 받아서 통역을 해줬습니다. 선교사님은 런위 쩻 청년이 교회 봉사를 잘 해서 소를 1마리 분양해줬는데, 최근에 그 소가 송아지를 낳았다고 합니다. 이곳에서는 큰 소 1마리가 1,000달러, 송아지가 500달러 정도 하는데, 소를 분양 받은 사람은 분양받은 소가 새끼를 낳으면 분양해준 사람에게 주고, 그 이후에 새끼를 낳으면 분양받은 사람이 갖고, 세 번째 새끼는 분양해준 사람이, 네 번째 새끼는 분양받은 사람이 갖는 등 그렇게 번갈아가면서 갖는다고 합니다.

특히 이성진 집사님은 버려진 뚜껑에 페인트칠을 하고, 그 위에 'Hong's Garden'이라고 적은 푯말을 제가 만든 선교사님 사택 앞 정원에 걸어놨습니다.

신기하게도 그 푯말을 걸어놓을 곳까지 준비되어 있었습니다. 10년 후쯤 다시 조이풀교회를 방문했을 때는 잭푸릇 나무에 열매가 열리고, 꽃들이 어른 꽃들로 변해있을 것으로 믿습니다.

오후 사역을 마치고 내일 세례 받을 성도님 세 가정을 방문하려고 할 때 비가 쏟아져서 오늘은 선교사님 내외분, 담임목사님과 저, 김윤재 권사님과 이태현 집사님만 심방했습니다. 심방하고 돌아오는데 앞에 정차한 트럭 뒤에서 사람들이 내리는 모습이 보였습니다. 그 트럭은 출퇴근용 차량인데, 요금은 한 달에 10달러입니다. 이곳 마을 사람들은 대부분 공장에 아침 7시에 출근해서 오후 4시(잔업까지 하면 오후 6시)까지 일하고, 한 달 급여가 250~300달러 정도라고 합니다.

저녁식사는 숯불 바비큐를 해 먹었는데, 고맙게도 젊은 집사님들이 솔선수범해서 고기를 맛있게 구워줬습니다. 정용희 선교사님이 조이풀교회 세울 때 숯불 바비큐 통을 사용하고, 이번이 두 번째로 사용하는 것이라고 하면서 좋아하셨습니다. 또한 장로 후보자인 신성민 집사님은 전기 기술자답게 눈에 띄는 대로 보수를 하다 보니 필요한 것이 생길 때마다 철물점에 승용차로 6~7회 다녀오기도 했습니다. 장로 후보자인 김태영 집사님도 대학 교수로서 어학팀장임에도 불구하고 싱크대 물이 잘 빠지게끔 고치고, 설거지 후 싱크대를 깨끗이 정리해서 김정숙 선교사님이 너무 좋아하셨습니다. 섬김의 본을 보이시는 두 분이 이 수교회 장로로 세워질 것으로 생각하니 밥 안 먹어도 배부른 것 같습니다. 캄보디아는 분명 배가 꺼지지 않는 땅입니다.

따뜻한 나라임에도 뜨람껑 마을은 비가 적게 내려 벼농사를 1모작만 합니다. 대부분 소와 닭을 방목해서 키우는데, 소와 닭도 주인들처럼 근처 논(밭은 거의 없음)으로 출근했다가 주인들이 귀가할 때 쯤 알아서 귀가를 하고, 소가 다른 집으로 잘못 들어간 경우에는 소 주인이 소를 보관해준 사람에게 사례비를 지불한다고 합니다.

어학팀인 아내는 딸과 김태영 집사님이 영어수업을 할 때는 이미용팀에서 머리 감겨주는 일도 하고, 김윤재 권사님과 김정숙 사모님을 도와 음식 준비하는 일을 했습니다. 아내뿐만 아니라 19명의 선교대원 모두 눈에 보이는 일은 누가 시키지 않아도 기꺼이 했습니다. 또한 아내 말에 의하면, 영어 수업 후 청소를 하니까 아이들이 다 같이 나와서 청소를 해줘서 감동이었다고 하면서 "캄보디아는 정말 멋있는 나라"라는 평을 했습니다.

 맛있는 저녁식사를 마치고 3일 동안의 사역에 대한 소감을 듣는 시간을 가졌는데, 우리 19명 선교대원과 선교사님 내외분의 발언 하나 하나가 감동이었습니다(발언 순으로 나열). 우리에게 사랑의 흔적을 남기게 해주신 하나님께 감사합니다.

● **박정수 담임목사**

 제가 볼 때 정말 최고의 사역이었습니다. 여러분 정말 수고 많이 하셨습니다. 비가 왔기 때문에 페인트칠하시는 분들은 조금 아쉬움이 있겠지만, 그 모든 것 또한 하나님이 보실 거예요. 우리가 칠한 페인트는 일부 비에 씻겨 나갔지만 조이풀교회를 향한 우리의 사랑의 칠은 영원히 남겨져 있으리라고 저는 믿습니다. 그리고 여러분의 헌신을 보면서 선교사님 내외분이 저한테 이수교회 성도님들을 어떻게 이렇게 훈

련을 잘 시키셨냐고 칭찬을 계속 하셨어요. 하나님이 여러분에게 주신 은혜에 대한 여러분의 자발적인 마음일 것입니다. 여러분, 너무너무 수고 많이 하셨고, 몸은 지치고 피곤하시겠지만 여러분 안에 하나님께서 큰 은혜와 감동을 주셨으리라고 믿습니다. 이 시간에는 우리 팀원들이 받은 은혜를 나누도록 하겠습니다.

● 김양홍 장로

저는 개인적으로 너무 행복했습니다. 여기 이 자리에 함께하신 여러분 모두가 행복했으리라고 생각합니다. 저는 여기 와서 한 것은 잡목과 잡풀을 제거하고, 유실수와 꽃나무 심는 것인데, 정말 인생을 살다 보면 잡목을 제거할 일이 많아요. 잡목들을 제거해야 유실수도 심고 꽃나무도 심을 수 있잖아요. 우리 예수님이 우리의 영원한 유실수이고 꽃나무입니다. 저기 저 장례식의 '소카'라는 자매는 너무 마음 아픈 게 내일 세례 받으실 분인데, 본인도 세례 못 받고, 언니도 세례를 못 받고 얼마나 마음이 아파요. 우리가 소카 자매 가족들이 예수님 믿어서 구원 얻을 수 있도록 기도해 줬으면 좋겠습니다. 저희 가족이 다 왔는데 서로 각자 사역이 바쁘다 보니까 사진 한번 딱 찍는 게 전부였던 것 같아요. 그것도 너무 감사해요. 우리 가족만이 아니라 우리 모두가 다 가족이잖아요. 그래서 더 행복했습니다. 저는 몸을 쓰는 일을 태어나서 가장 많이 해본 것 같은데, 너무나 즐거웠습니다. 아무튼 다음 선교에서도 이 멤버들은 다 같이 갔으면 좋겠습니다.

● 신성민 집사

학교에서 우리 선교단을 맞아 준 것에 참 은혜를 많이 받았습니다. 그리고 아이들이 아무 때나 와서 교회에 와서 놀고, 하나님이 이제 그 아이들을 다 키워서 다 인도할 거라고 생각하니까 이 나라는 앞으로 잘 될 거라고 생각합니다.

● 김태영 집사

 하루의 사역 마치고, 조용히 산책하며 보는 평화로운 캄보디아 농촌 저녁 풍광 속에서, 하나님께서 내가 이곳을 얼마나 사랑하는가를 말씀해주시는 것 같아 잔잔한 마음의 울림을 느낄 수 있었습니다. 한국에서의 치열하게 내 것을 채우려는 삶과 달리, 이곳에 남김없이 내 것을 비우려는 삶에서 오는 마음의 평강이 그간의 근심과 걱정을 소나기 같이 깨끗이 씻어 주는 것 같았습니다. 선교팀원 모두가 자신의 달란트로 서로 섬기며, 사람에게 보여 지는 것이 아닌, 오직 주님께 하듯 봉사하는 모습에서 성숙된 신앙인의 모습을 많이 배울 수 있었습니다. 벌써부터 다음 사역이 기다려집니다.

● 목진용 안수집사

 제가 특별히 가지고 있는 전문 기술은 없어도, 일 잘하시는 최고의 전문가 뒤만 따라 다니며 보조 일만 해 드려도 나름 그날 하루 종일 중요한 사역의 일부를 담당한 보람이 쌓이고, 우리 청년들이 주도하는 아동

성경학교팀이 지역의 어린 생명들에게 귀한 예수님의 복음을 전하며 친교시간을 통해 하나님 말씀을 나누는 걸 보며, 매일 매일 아이들이 성경학교가 끝나 집으로 가는 시간마다, 또 마지막 단체 촬영을 마치고 손을 흔들며 집으로 가는 아이들의 맑은 눈망울을 보며, 정말 그동안 캄보디아의 외진 시골 농촌 마을에, 이렇게 많은 어린 생명들이 이토록 초롱초롱한 눈망울로, 기쁜 얼굴로 하나님의 말씀을 배우고, 복음을 듣고, 하나님께 드리는 찬양을 배워가는 걸 보며, 정말 이곳에서 정용희 선교사님과 김정숙 선교사님 두 분께서, 옛 기드온의 300 용사처럼 그동안 이 메마른 땅에 얼마나 눈물로 복음의 씨앗을 뿌려 오신 노고와 헌신을 생각하니 너무나 감사한 마음뿐입니다.

앞으로도 우리 한국 교회가 우리 해외에서 애쓰시고 계신 선교사님들의 사역에 힘을 더하시도록 계속 기도로, 물질로서 후원하고 또 이렇게 단기 선교 활동으로 후원하길 기도합니다. 우리 이수교회도 모든 교우들, 선교단원들이 더 기도하며 후원하는 선교사들이 되길 소망하며, 모든 것이 하나님의 은혜로 생각합니다.

두 분 선교사님과 이수교회 박정수 담임목사님, 김양홍 장로님, 민창기 목사님, 그리고 보내는 선교사가 되어 후원해 주신 이수교회의 많은 성도님들께 감사드리며, 모든 영광 하나님께 올려 드립니다.

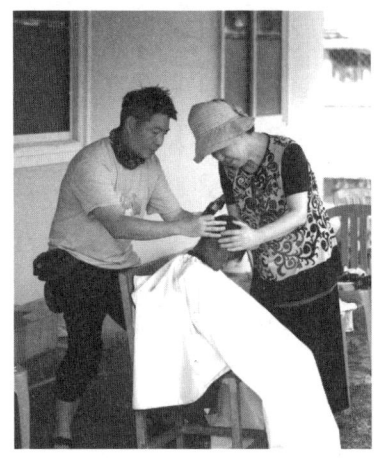

● 김윤재 권사

함께 할 수 있어서 너무나 감사하고요. 올까 말까 많이 망설였는데, "오길 참 했다. 돌아가서 이제는 당신들의 차례이다. 한번 와 봐라. 마음이 달라질 것이다"라고 말할 수 있을 것 같아요. 함께 해서 너무나 감사하고, 너무 좋습니다.

● 나주옥 집사

저는 10 몇 년 만에 두 번째로 단기선교를 나왔는데 이번에 온 가족이 같이 와서 너무 좋았고, 우리 선교팀 한 분 한 분이 다 적재적소에 적절하게 열정적으로 일을 하시는 것을 보고 깜짝 놀랐습니다. 선교팀 분위기도 너무 좋고, 10년 넘게 이 시골 뜨람껑 마을에서 헌신하고 봉사하시는 우리 선교사님 부부를 보면서 정말 많은 도전을 받았습니다.

어학팀 김태형 집사님, 김은혜 학생 저 이렇게 중고등학교 학생들 대상으로 영어학당을 2시간씩 5 세션을 진행했는데 마지막 날 아이들이 23명 모여서 더 감사했고, 이 모든 자료와 수업을 준비

해준 성소영 집사님께 감사드립니다. 이렇게 선교의 현장 자리에 있게 된 게 하나님의 은혜라고 생각하고 주님께 감사드립니다.

● 김현수 성도

3일 동안 이렇게 즐겁고 행복하게 지냈으니까 앞으로 이틀 남았는데 한국 갈 때까지 건강하고, 이렇게 즐거운 마음으로 지내다 돌아갔으면 좋겠습니다.

● 이장행 집사

단기선교 올 때는 이성진 집사님께 등 떠밀려서 왔습니다. 고석재 목사님이 청년들 잘 돌봐달라고 부탁하셨는데, 청년들 선교하는 모습을 보니 정말 내가 저 청년들을 보호하는 게 아니라 내가 정말 배우러 왔다 라는 생각이 들었습니다. 찬란한 아침의 햇살 같은 은철 형제의 웃음과 표범의 어깨 같은 동민 형제의 든든함, 그리고 예수님의 거룩한 신부 같은 자매들의 아이들을 섬기고 사랑하는 모습을 보고 감동 받았습니다.

'모든 민족 가운데 이 천국복음이 증거 되리니 그제야 끝이 오리라' 라고 말씀하신 역사는 선교사님들에 의해 완성된다고 배웠습니다. 우리가 나가는 선교사 보내는 선교사가 돼서 하나님의 역사를 완성하는 일에 동참하기를 소망합니다.

● 김민규 성도

　제가 어쩌다 보니 벌써 세 번째 선교를 같이 하게 되었는데요. 미용 봉사 할 때마다 느끼는 거지만 다 똑같이 힘들고 정말 더 힘든 일 땡볕에서 많이 하시고 정신적으로 육체적으로 노동을 많이 하시는데 미용 봉사는 어쩔 수 없이 처마 밑에서 그늘 밑에서 눈에 잘 띄는 곳에서 늘 했었던 것 같아요. 언제나 그랬듯이 오라면 오고 가라면 가고 자라면 자고 그래서 미용 봉사 말고는 아무 것도 안 하고 마음 편하게 생활할 수 있게 해 주신 분들 오늘 머리 해드릴 수 있어서 정말 너무 감사했습니다. 좋은 경험하게 해주셔서 감사합니다.

● 이혜빈 자매

　인도에 이어서 두 번째 선교를 왔는데 사실 오기 전부터 제가 더위에 너무 취약해서 할 수 있을까 걱정이 많았습니다. 아니나 다를까 월요일 날 너무 더워서 솔직히 제가 정신을 못 차리고 지쳐있었는데 같은 아동팀원들이 다들 더 열심히 해주셔서 감사했습니다. 둘째 날부터는 날씨도 선선해져서 다행히도 힘을 내어 할 수 있었던 것 같습니다. 이번 사역을 통해 정말 이곳에서 몇 십 년 사역을 하는 것이 정말 힘들다고 느꼈고, 사명감이 없다면 할 수 없는 일이라고 생각했습니다. 또한 이런 곳에 두 선교사님들을 보내신 것이 하나님의 은혜와 큰 계획이라 생각했습니다. 정말 좋으신 분들과 함께 사역해서 좋았고, 그 누구 하나 놀지 않고 열심히 한 것 같아 더 좋았습니다.

● 정하연 자매

전에 인도 단기 선교를 이어 캄보디아 선교까지 갈 수 있게 되어 너무나 행복하고 귀한 기회를 주셔서 감사드립니다. 성경학교팀으로 섬겨서 그런지 어린이 사역을 할 때 인상 깊었던 점이 많았습니다. 언어를 잘 몰라 대화가 안 통하는데도 불구하고 아이들이 저희 팀 단원들을 되게 좋아해 주고 사랑해 주는 게 느껴졌습니다. 풍선으로 멋진 꽃을 만들어서 선물해 주거나 색종이로 목걸이를 만들어서 목에 직접 걸어주는 아이들도 있었습니다. 어떻게 보면 먼 나라에서 온 모르는 사람들이 3일 동안 같이 게임해준 게 다인데 먼저 와서 웃으며 아는 척 해주고 달려와서 안아주는 모습을 보면서 하나님이 말씀하시는 사랑이 무엇인지 오히려 아이들을 통해 배우게 되는 경험이었던 것 같습니다. 모두가 땀을 흘리며 열심히 사역해 주신 것에 감사드리며 모든 것이 하나님의 은혜임을 간절히 느끼게 된 시간이었습니다.

● 김은혜 자매

예전에 선교하는 꿈을 꿨었는데, 와서 확실히 느낀 거는 '선교는 아무나 하는 게 아니구나 그만큼 준비가 되어 있어야 하고, 제가 3일 했는데도 너무 힘든데 선교사님들은 얼마나 힘드실까' 하는 생각이 들었어요. '진짜 하나님 은혜 아니면 할 수 없겠구나' 라는 생각이 들었고요. '하나님께서 말씀하신 사랑이 무엇일까' 라는 고민이 항상 있었는데 오늘 와서 느낀 게 아이들과 소통을 하고 또 성도님들과 함께 소통을 하면서 '사랑이라는 게 이런 거구나' 라는 걸 좀 느꼈던 시간이었습니다.

● 권서빈 자매

저는 부모님이 해외에서 목회를 하셔서 저를 선교사 자녀로 아시는 분들이 많은데 한인교회 목회를 하셔서 선교는 사실상 처음이었습니다. 그래서 되게 걱정되고 떨리는 마음으로 왔는데 팀원 분들과 선교사님께서 다들 너무 잘해 주셔서 정말 즐거운 시간을 보낼 수 있었습니다. 그리고 저는 아이들 돌보는 게 이렇게 육체적으로 힘든 건지 처음 알았습니다. 그래서 피곤한 표정도 많이 짓고 힘든 티를 태긴 했지만, 하연이가 말했던 것처럼 아이들이 말도 통하지 않는 와중이 선물도 주고 꽃도 꺾어다 주고 해서 너무 감사했고 힐링이 됐습니다. 그리고 마지막으로 느낀 건 제가 아이들을 돌보러 왔는데, 언어가 안 통하니까 애들이 뭘 부탁하는데 들어줄 수가 없는 점이 매우 아쉬웠습니다. 그래서 다음에 선교를 간다면 '꼭 언어를 좀 익혀서 준비해서 가야겠다'라는 생각을 했습니다.

● 박동민 형제

먼저 정말 수고 많으셨다고 말씀드리고 싶었고, 저는 제일 인상 깊었던 것은 마을 심방하면서 돌아다니는데 저희가 너무나 당연하게 입는 갈아입을 수 있는 옷이랑 신발 그리고 이불 침대 마실 수 있는 깨끗한 물 이런 것들조차도 입기 힘들고 없는 정말 열악한 환경에서 자라

고 크는 애들인데도 불평 하나 안 할 것 같은 표정과 순수한 마음으로 항상 교회에 아침부터 줄서서 뛰어오는 아이들을 보면서 정말 제 자신에게 반성하는 계기가 됐었고, "항상 감사하는 마음으로 살아야겠다"는 생각이 들었습니다. 그리고 한 가지 더 저희 사역할 때 계속 앞에서 통역해 주신 저희 선교사 사모님 정말 고생 많으셨다고 말씀드리고 싶습니다.

● 김은철 형제

사실 선교를 준비하면서 잘 할 수 있으니까 진짜 걱정 많이 했는데, 막상 와서 해보니까 우리 생각보다 잘 돌아가더라구요. 하나님 은혜구나 생각했습니다. 민목사님 정말 고생 많으셨습니다. 사역하면서 우리 아동부 팀원들이 다들 뭐 할지 모르겠는 상황에서 다들 잘해서 어떻게 되든지 돌파구를 마련해서 다행이라고 생각했습니다.

● 이성진 집사

　모두 하나님의 은혜입니다. 처음에 캄보디아선교 오기 전부터 하나님께서 주셨던 마음은 "하나님께서 다 하실 것이니 우리는 기쁜 마음으로 발걸음을 같이 하여 도구로서의 역할을 잘 감당하여야 겠다"는 마음이었습니다. 그래서 사실 하나님의 계획에 우리가 그냥 참여해서 하나님께서 하시는 것을 지켜보는 것, 그게 저의 이번 선교 참여에 있어서의 포인트였습니다. 근데 역시나 하나님께서는 "완벽하신 하나님이시다"라는 걸 다시 한번 느끼게 되었습니다. 그리고 여기 선교사님 부부가 사역하시는 거 보면서 정말 아무나 할 수 있는 것이 아니다라는 걸 또 한번 느꼈고, 감동받았습니다. 저희는 이렇게 잠깐 오고 또 금방 가지만 이렇게 삶 속에서 선교하시는 목회자분들을 또 중보하고 그 다음에 우리가 또 그 안에서 함께 할 수 있는 것들이 무엇인지를 다시 한번 묵상해야겠다는 걸 다시 한 번 숙제로 안고 돌아갈 수 있는 시간이 되었습니다.

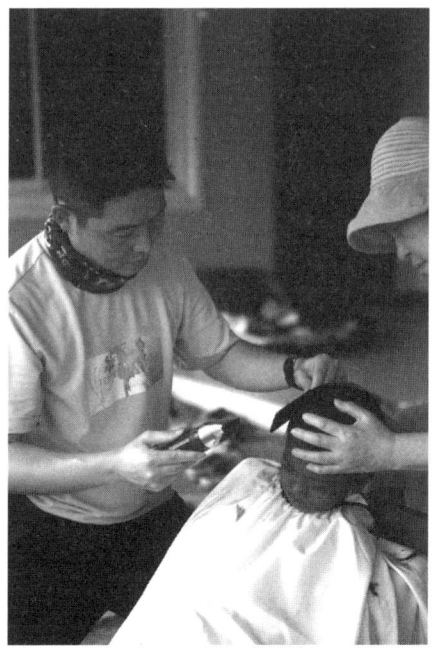

　그리고 또 제가 박정수 목사님을 존경하는 가장 큰 이유 중에 하나가 박목사님이 사랑으로 복음 전하는 거에 가장 열심이시거든요. 이번 선교에 오셔서도 복음 전하시는 거 보면서 정말로 또 큰 은혜 받았습니다. 그래서 "우리 목사님, 선교사님 부부 이 자리를 빌어 존경한다"라고 말씀드리고 싶고요. 마지막으로 이번 선교 멤버를 보면서 차안에서 소름이 끼쳤던 이유가 하나 있었는데, 뭐냐면 사실 우리가 교회에서 만나면 바빠서 그냥 인사만 하고 가는 경우가 많잖아요. 근데 제가 여러분들을 보면서 한 명도 거를 타선이 없이 든든하고 소중하다 것을 느끼면서 뒤에서 소름이 끼치더라고요. 그래서 하나님께서 이렇게 한 명 한 명 값진 보물들을 이 자리에 오게 하셔서 사용하시고, 또 이렇게 함께할 수 있게 하시는 것만으로도 저한테는 영광이었고 은혜였습니다.

● **민창기 목사**

여러분들이 사역하시면서 힘든 가운데서도 너무 행복해해서 저도 행복하고 여러분들이 많이 기뻐해서 저도 기뻤습니다. 단기선교 참가자 모두 준비하면서 많은 시간과 노력이 있었는데 하나님께서 정말 우리 모두를 아름답게 사용하셔서 귀한 선교사역의 시간이었습니다. 끝으로 오늘 마지막 다섯 번째 사역시간이라 정말 우리 청년교사들이 열심히 성경학교를 했습니다. 일정보다 모든 프로그램이 일찍 끝나서 시간이 약 30분이 남았습니다. 그래서 제가 청년교사들에게 "오늘 정말 열심히 했고 충분하다. 이제 됐다 그만 마무리해도 되겠다."라고 말했습니다. 그때 동민 청년이 저에게 "목사님! 우리 마지막 에너지 남은 시간 동안 모두 다 쏟아 붓고 가지요. 그래야 우리들 모두 후회가 없을 것 같습니다."라고 말했습니다. 정말 감동이었습니다. 다른 모든 청년 교사들도 좋다고 했습니다. 그래서 우리가 추가로 프로그램을 세 번 더 했습니다. 그런데 아이들이 너무 좋아했습니다. 그래서 저는 생각했습니다. "아! 우리 생각의 끝이 끝이 아니구나. 하나님이 원하시는 건 정말 무한하구나"라는 걸 깨달았습니다. 여러분들의 행복한 얼굴 보면서 저도 힘을 얻었고 목사님과 장로님, 모든 팀장님들과 팀원들이 너무나 열심히 책임감 가시고 기쁘고 감사하게 잘 해주셔서 이 자리를 통해 진심으로 감사의 말씀을 드립니다. 아직 선교사역 일정이 다 끝나지는 않았지만 그동안 지난해 8월부터 약 6개월 동안 긴 시간 우리가 함께 모여서 열심히 기도하며 준비해 왔습니다. 그러면서 저는 깨달았습니다.

'아! 이게 하나님이 원하시는 거구나' 그것을 오늘 선교 사역을 통해서 계속 기쁨으로 느꼈습니다. 이 자리에 모두 함께 해주셔 진심으로 감사드립니다. 끝까지 건강하게 힘내서 선교사역 잘 감당하고 마무리 하기를 바랍니다. 우리 모두 끝까지 파이팅입니다!

● 이태현 집사

촬영에 협조해 주셔서 정말 감사드리고요. 우리 이수교회 성도님들이 말씀을 이렇게 잘 하시는 줄 몰랐습니다. 연예인들인 줄 알았어요. 감사드리고, 저는 오늘 아이들과 현지 아이들 어머니들 사진 찍어주는데 너무 좋아해 주시는 모습에 작은 것에 대한 감사함을 다시 한 번 느꼈습니다. 어쨌든 저는 이 사역 저 사역 돌아다니면서 보는데 뭉클뭉클 했습니다. 정말 고생 많이 하셨고, 마지막까지 안전하게 잘 마무리 했으면 좋겠습니다.

● 박정수 담임목사

 이제 제가 한 말씀 드리고 나서, 우리 선교사님 내외분도 앞으로 모시고 소감을 듣겠습니다. 그리고 선교사님 부부를 향해 우리가 두 손 쭉 내밀어서 축복송을 불러드리고 싶어요. 저도 시골교회에서 목회할 때부터 지금까지 단기 선교를 여섯 번 다녀온 것 같은데 제가 이거는 여러분들이 듣기 좋으라고 하는 말이 결코 아니고 하나님 다 아시니까 제가 생각할 때 이렇게 완벽한 멤버가 온 적은 없었던 것 같아요. 단기선교를 가면 어느 때는 청년, 또 어느 때는 청장년이 연합으로 가는데 늘 속 썩이는 사람이 한 두 명이 있었거든요. 근데 이번 팀은 정말 인품이나 모든 면에서 섬김성도 좋고 훌륭하신 분들을 하나님이 모아주신 것 같습니다. 모든 것이 주님의 은혜입니다.
 두 번째로 이번 선교에서 감동받은 것은 이곳 조이풀교회가 마을 아이들에게 놀이터라는 것입니다. "아유~ 너네 지저분한 발로 여기 들어오면 어떡해" 하면서 신경 쓸 수도 있는데 마음껏 놀고 마음껏 웃고 마음껏 예배드리고 갈 수 있는 공간을 우리 선교사님 내외분이 마을을 향해 열어주신 거잖아요. 그러니까 이곳은 아이들의 놀이터요, 영적 성장의 장소요, 선교사님이 이 마을 주민의 의사요 약사요 영적 메신저의 역할을 다 하시는 걸 보면서 감동을 받았습니다.

　세 번째, 오늘 아침 초등학교에 방문했을 때 도착하자마자 온몸에 소름이 돋았습니다. 아니! 세상에 이렇게 많은 아이들이 설레임과 사모함으로 다가오는 거 처음 느꼈거든요. 뭔가 표현할 수 없는데 너무나 행복하고 이 아이들에게 뭔가 더 많은 걸 주고 싶은데 줄 것은 없고 애들이 막 앞으로 전진해 오는데 굉장한 감동을 느꼈어요. 그러면서 행복이라는 것은 어떤 큰 교회의 목회를 하면서 뭐 돈을 많이 받고 뭐 좋은 혜택을 받고 이런 게 아니라, 정말 이렇게 사모하는 영혼들을 옆에 두신 우리 선교사님은 너무 행복하신 분이구나 라고 생각했습니다. 정말 행복은 이런 사모하는 영혼이 나를 기다려주고 나를 찾아주는 곳에서 내가 사역한다는 것 아니겠습니까?

　네 번째는 제가 선교사님들을 굉장히 많이 알고 있고 저랑 대학원 동기도 있고 그렇지만 우리 이수교회가 그 선교사님들을 다 후원하는 게 아니에요. 우리 교회에서도 선교사님들 한 열 분 정도 후원을 하고 있지만 우리 정용희 선교사님 김정숙 선교사님을 딱 뵈는 순간 제가 감동을 받은 게 뭐냐면, 4~5년 전에 우리 이수교회 바로 위에 신반포교회에서 운영하는 선교사님들이 한국에 들어오시면 묵을 수 있는 비전센터가 있습니다. 근데 정선교사님 내외분이 거기 2 개월 정도 머무시면서 우리 이수교회에 새벽 예배를 한 번도 안 빠지고 출석하시는거에요. 그러더니 자녀들까지 새벽기도회에 나오는거에요. 그리고 제가 정선교사님 부부와 식사하면서 두 분의 인품에 너무 감동을 받았습니다. 어떤 선교사님들 만나면 자기 자랑만 굉장히 많이 하는데, 정선교사님은 정말 겸손하신 거예요. 그래서 우리 교회에서 이 분이 선교하시는데 꼭 한번 가보고 싶다고 생각을 했습니다.

　마지막으로 제가 여기 오면서 장례가 나면 어쩌지 라는 생각을 했

어요. 민 목사님하고 저하고 같이 왔기 때문에 교회에 전담사역자는 없고 파트 사역자들 있어서요. 근데 오늘 아침에 장례가 났습니다. 어제 영접기도하신 분이 하늘나라 가셨거든요. 근데 노태근 선교사님이 안식년을 맞아서 서울에 계신데 장례소식을 듣고 저에게 문자를 주신거에요. "목사님께서 캄보디아에 계시니 제가 장례를 좀 인도해 드릴까요?" 정말 하나님은 우리의 앞일을 예비하시는 '여호와 이레의 하나님' 이심을 느끼면서 큰 감사를 드리게 되었습니다. 정말 눈물이 날 정도로 모든 것들을 인도해 주시는 하나님께 감사드립니다.

● 김정숙 선교사

저는 한국에서 설교 듣고 신앙생활을 하시는 분들이 너무 부러웠습니다. 그런데, 이수교회에 가서 새벽기도를 드렸는데 말씀이 너무 좋은 거예요. 너무 행복했습니다. 주위 사시면서 새벽기도 안 오시는 분들은 왜 이 복을 차시나 싶었습니다. 어느 날, 목사님께서 저희를 후원해 주신다고 하셔서 놀랐는데 또 선교까지 오신다고 하셔서

더 깜짝 놀랐습니다. 제가 표현력이 없어서 그런데 '정말 완벽한 팀이다'라는 생각이 들었고요. 너무 부럽습니다. 포도가 한 알 한 알 건강하면서 한 송이로 꽉 차 있는, 한 분 한 분이 살아 계시면서도 하나로 딱 뭉쳐있는, 또 부모와 자녀 신앙들이 좋으셔서, 완벽하고, 건강한 팀이라는 생각을 했습니다. 기대 이상이셔서, 하늘을 두루마리 삼고 바다를 먹물 삼아도 다 쓸 수 없을 것 같습니다. 너무 존경스럽고요. 큰절을 올리고 싶은 마음입니다. 감동주셔서 너무 감사했습니다.

● 정용희 선교사

이번에 너무 기억에 많이 남을 이수교회의 단기선교팀이 아닌가 하는데요, 3년 만에 저희가 받는 첫 단기팀으로 이수교회팀을 맞게 돼서 너무 큰 영광이었습니다. 준비하면서 지난 토요일 날 제가 갑자기 허리가 너무 끊어질듯이 아픈 거예요. 어 이러면 안 되는데 큰일 났다 아 그래서 아내한테도 뭐 막 이렇게 기도도 부탁하고 아프다고 막 어쩔 줄 몰라 했는데 감사하게 아내가 열심히 밤새 이렇게 만지러 주더니 좋아진 거예요. 주일날 일 마치고 그냥 쓰러져서 못 일어날 정도의 그런 아픔이었는데 지금까지 건강하게 이렇게 서 있는 게 다 이수교회가 그만큼 기도를 열심히 해 주셔서 그런 것 같아 그게 너무 감사했고요. 그리고 날씨 때문에 사실 기도 요청도 드렸는데 지내면서 보니까 날씨가 아무것도 아니구나 생각이 들었어요. 뭐 페인트칠했지만 느끼셨잖아요. 거기에 또 우리 박정수 목사님이 말씀하신 것처럼 우리의 사랑이 우리 담에 있다고 말씀하셨는데, 그 지어진 흔적이 저한테는 다음에 또 채워지는 그 자리인 것 같아요. 그래서 너무 큰 은혜고 또 감사했고, 그 곳곳에 이제 여러분들의 사랑이 묻어 있는 것이 큰 감동이 되었습니다. 보통 단기팀 오시면 교회의 목적에 맞게 사역을 감당하시고 그렇게 이제 돌아가시는 일정들이 많이 있었거든요. 그런데 이번에는 한 분 한 분 모두가 어떻게 하면 저희들을 위해 무엇을 드릴까 어떻게 하면 저희들이 필요를 채워주실까 그런 고민을 늘 하시는 것을 보고 또 그것을 바라보면서 아 정말 뿌듯하고 행복한 선교사역이 아닌가 그런 생각이 들었어요.

사실 지난 연말에 정말 저 개인적으로 너무너무 힘든 시간을 보냈었거든요. 여기 교회 개척을 한지 이제 올해 3월 되면 만 10주년이 되는 그런 날이 다가오긴 하지만 정말 사역이 내가 이렇게 하면 안 되는데 이렇게 살면 안 되는데 그런 갈등과 고민에 빠지면서 디프레스 되고 힘든 그런 상황이었는데 이번에 여러분들 보면서 이러면 안 되겠구나 싶은 생각이 들었고 그리고 제가 한 해의 소원풀이로 뭘 했냐면 연말 송구영신 예배 때 내가 기필코 불꽃을 터뜨리면서 내가 지나간 한 해를 기뻐하고 새해를 내가 맞이하리라 그런 마음을 가졌었는데 그 소원을 제가 이루었어요. 정말 여기서 송구영신 예배를 드리면서 우리 학생들과 함께 불꽃놀이를 터뜨리면서 와 정말 그때 너무 그동안 묵은 때가 확 씻겨 내려가는 그런 느낌을 받았었거든요. 너무 감사한데 이번에 여러분들을 맞이하면서 빗물에 모든 것이 다 씻겨 내려가듯 온갖 문제가 해결되는 여러분들의 사랑을 통하여서 그러한 충만한 은혜를 받은 것 너무 큰 감사를 드립니다. 한 분 한 분 축복하고 다음에 더 좋은 모습으로 정말 또 한 분 뵙기를 소망합니다. 감사합니다.

5. 다섯째 날(1월 12일 목요일) : 세례식과 결혼식

사랑은 여기 있으니 우리가 하나님을 사랑한 것이 아니요 하나님이 우리를 사랑하사 우리 죄를 속하기 위하여 화목 제물로 그 아들을 보내셨음이라 사랑하는 자들아 하나님이 이같이 우리를 사랑하셨은즉 우리도 서로 사랑하는 것이 마땅하도다(요한일서 4장 10~11절)

3일 동안의 행복한 사역을 마치고, 편안한 마음으로 잠이 들었으나 02:00경 잠에서 깼고, 02:50경 닭 울음소리를 들었습니다. 그 닭도 저처럼 잠을 설쳤나 봅니다. 아무리 그래도 그렇지 닭이라면 울 때 울어야지 … 사람도 마찬가지입니다. 때에 맞게 사는 것이 지혜로운 삶입니다. 일찍 잠에서 깼지만, 같은 방을 쓰고 있는 김현수 성도님이 잠에서 깨실까봐 어제의 선교 후기를 쓰지 못하고 뒤척이다가 05:00경부터 선교후기를 썼으나 마무리 짓지는 못했습니다.

오늘은 이번 단기선교의 꽃이라고 할 수 있는 온몸을 물에 잠그는 '침례(浸禮)'로 조이풀교회 성도 8명과 이수교회 김현수 성도님과 김민규 성도님이 세례를 받는 날입니다. 조이풀교회는 지금까지 약 80여명에게 세례를 베풀었는데, 코로나 때문에 4년 만에 세례식을 갖게 되었다고 합니다. 게스트 하우스에서 아침식사를 마치고, 오늘 세례를 받는 조이풀교회 8명의 성도님 등 30여명의 성도님들과 함께 게스트 하우스에서 만나 까엡 해변으로 출발했습니다. 가는 도중에 주유소 안에 있는 'Amazon'이라는 카페에 들려 음료수를 마셨는데, 우리나라 어느 카페 못지않게 시설과 분위기가 좋았습니다. 그 주유소 입구에도 황금색 신당이 있었습니다.

캄보디아의 대표적인 휴양지인 까엡(영어식 Kep) 해변에 도착했는데, 한적한 동해바다와 같았습니다. 까엡 해변에 있는 이름 모를 큰 나무 그늘 아래를 빌려서 조이풀교회 성도님들과 함께 예배를 드렸습니다. 박정수 담임목사님은 요한일서 4장 10~11절 성경 본문을 가지고,

'서로 사랑하자'라는 주제로 하나님의 말씀을 전해주셨습니다. 예배를 마치고, 이어서 침례식이 있었습니다.

박정수 담임목사님과 민창기 목사님, 정용희 선교사님 그리고 세례 받을 10명이 바닷물이 허리에 찰 정도의 깊이까지 바다로 들어갔습니다. 저는 원래 바다에 들어갈 생각이 없었는데, 촬영을 담당하는 이태현 집사님이 무거운 고가의 장비를 들고 들어가는 것이 적절치 않은 것 같아서 얼른 지갑 등 저의 몸속에 있는 것을 아들에게 맡기고 따라 나섰습니다. '침례'는 예수님을 구주로 고백하는 사람의 몸을 물속에 완전히 잠그는 초대교회의 일반적인 기독교 입교 의식인데, 머리에 물을 붓거나 떨어뜨리는 세례와 마찬가지로 그리스도와 함께 죄에 대하여 죽고, 그리스도로 말미암아 새 생명으로 다시 태어나는 것을 상징하는 의식입니다. 오늘날에는 침례교회에서만 실시하고 있는 세례식이다 보니 저는 태어나서 처음으로 침례를 봤습니다. 조이풀교회 성도는

35세 리응 보파 성도님 외에는 모두 13~15세 학생들이었고, 오늘 같이 세례 받기로 한 39세 요안 소카 자매는 3일 전(1월 16일)에 소천했고, 그녀의 언니 49세 요안 파리 자매도 동생 장례식 때문에 세례를 받지 못했습니다. 거룩한 침례로 하늘나라 백성이 된 10명의 성도님들을 축복하고 축복합니다. 침례를 보는 것만으로도 감동이었습니다.

감동적인 침례를 마치고 기념사진을 찍고, 준비한 도시락으로 바닷가에서 함께 점심식사를 했습니다. 겨울이라서 그런지 해풍(海風)이 가을바람처럼 시원하게 느꼈습니다. 점심식사 후 조이풀교회 성도들과 단기선교팀이 섞여서 사랑팀과 소망팀으로 나뉘어 닭싸움, 풍선 전달하기, 림보(LIMBO) 게임, 이어달리기 게임 등을 했습니다. 저는 막대기 밑으로 몸을 뒤로 젖히며 지나가는 림보게임 2단계에서 뒤로 발라당 넘어지는 바람에 머리가 띵할 정도로 아팠습니다. 이어달리기 게임에서 제가 잘 달리지 못하는 바람에 두 번째 이어달리기 시합에서는 상대편 김민규 성도님이 더 멀리 있는 다른 곳을 들린 후 반환점을 돌았음에도 불구하고 패했습니다.

 조이풀교회 성도님들과 함께 게임을 한 후에는 바다 속에 함께 들어가 바닷물을 튕기고, 물장구를 치면서 즐거운 시간을 보냈습니다. 특히 선교사님 부부와 민창기 목사님 등 몇 분은 깊은 바닷물 속에 던져졌습니다. 김정숙 선교사님은 캄보디아에 와서 처음으로 그렇게 바다에 빠져보셨다고 합니다. 이렇든 저렇든 함께 하는 행복이 진짜 행복입니다.

조이풀교회 성도님들과 아쉬운 작별을 하고 까엡 해변에서 가까운 KepBay호텔에 가서 샤워하고 좀 쉬다가 저녁식사를 하기로 했습니다. 호텔에 도착하여 박정수 담임목사님과 선교사님 방은 바다가 보이는 방으로 드리고, 나머지 바다가 보이는 방은 가위바위보 게임을 해서 이기는 사람에게 주기로 했는데, 저와 김현수 성도님은 가위바위보 게임에 참여도 하지 않았는데, 민창기 목사님이 방 키를 혼동하여 주시는 바람에 바다가 가장 잘 보이는 방을 저희에게 주셨습니다. 저희가 양보를 했다고 하나님이 챙겨주신 것 같아 더 감사했습니다.

저녁식사는 까엡 바다가 보이는 '킴리식당'이라는 곳에서 했는데, 음식 보다는 바다 풍경이 예술이었습니다. 인터넷에 '인생은 까엡 해변에서 음식을 먹기 전과 후로 나뉜다'는 말이 있다고 합니다. 저도 사랑하는 성도님들과 함께 한 멋진 까엡 밤바다는 잊지 못할 것 같습니다.

저녁식사 후 숙소로 가는 길에 까엡 해변을 걷는 시간이 주어졌을 때 저는 때마침 결혼식이 열리는 곳으로 뛰어 갔습니다. 결혼식장 입구

에서 신랑신부가 하객들과 기념사진을 찍고 있었고, 신랑과 신부 부모님은 나란히 서서 하객을 맞이하고 있었습니다. 특이하게도 여자 하객들이 입은 옷은 모두 원색으로 정말 화려했습니다. 저는 용기를 내서 신랑신부에게 "함께 사진 찍자"고 했더니 흔쾌히 사진을 찍어줬습니다.

이곳은 고등학교 다닐 때부터 결혼을 하고, 우리나라의 '데릴사위'처럼 딸은 시집으로 보내지 않고 사위가 처가로 들어오는데, 사위 될 사람은 2년 정도 처가에서 일을 한 후 처가에 들어가 살고, 심지어 남자는 지참금도 몇 천 달러를 제공해야 한다고 합니다. 통상 처가에서 2일 동안 결혼식을 하고, 막내 딸이 부모를 모시고 살고, 사촌끼리도 결혼을 하다 보니 대부분의 마을 사람들은 친척들로 구성되어 있다고 합니다. 캄보디아는 딸이 재산인데, 다행히 저에게도 딸이 있습니다.

6. 여섯째 날(1월 13일 금요일) : 킬링필드

오늘은 오전에 까앱 해변에서 아침식사와 점심식사를 하고, 공항 가는 길에 킬링필드를 보고, 성결교단에서 파송한 이수교회 출신 노태근 선교사님이 담임하시는 '해맑음 교회' 성도님이 운영하는 노엘몰에서 저녁식사를 하고, 이온백화점을 둘러보고, 프놈펜공항으로 이동하면 되는 일정입니다. 저는 아침식사를 마치고, 수요일 선교 후기 글, 특히 수요일 저녁 사역평가회에서 참가자들이 발언한 내용을 모두 녹음한 것을 정리하면서 오전 시간을 보냈습니다.

　점심식사는 까엡 KepBay호텔에서 그리 멀지 않은 곳에 있는 까엡 베란다 내츄럴 리조트 식당에서 맛있는 점심식사를 김현수 성도님이 섬겨주셨습니다. 그곳에서도 바다가 보였고, 원숭이 가족들이 들락거렸습니다. 사역할 때 먹은 이름 모를 유실수가 주렁주렁 달려 있어서 1개 땄지만, 덜 익어서 그런지 끈적끈적한 수액이 나와 먹지도 못하고 그냥 놔두고 왔습니다. 한편 고양이 한 마리가 제가 앉은 자리에 둥지를 틀고 있는 모습을 보고, 저의 딸이 "야옹아~"라고 부르자, 제가 "아빠 이름을 정중히 불러라~"라고 했습니다. 저의 이름이 김양홍이기에, 야

옹이로 발음되는 경우가 많아 학교 다닐 때 별명이 고양이의 전라도 사투리인 '게데기'였습니다. 점심식사를 마치고, 킬링필드로 가는 길에 목진용 안수집사님이 주유소 안에 있는 또다른 'Amazon' 카페에서 맛있는 커피를 섬겨주셨습니다.

 캄보디아 하면 떠오르는 2가지는 '앙코르와트'와 '킬링필드'입니다. 앙코르와트가 캄보디아의 찬란한 역사를 보여주는 유네스코 세계문화유산이라면, 킬링필드는 피로 얼룩진 캄보디아의 아픈 현대사를 대표하는 유네스코 세계기록유산입니다. 킬링필드(killing field)는 1975~1979년까지 4년간 캄보디아에서 폴 포트의 급진 공산주의 정권 크메르루즈(Khmer Rouge)가 전 국민의 1/4인 200만 명을 학살한 사건입니다. 크메르루주의 만행은 1979년 베트남의 지원을 받은 캄보디아 공산동맹군에 의해 전복되면서 종결되었습니다. 2,000개가 넘는 킬링필드 중 유해를 수습할 수 있는 장소는 300개 정도인데, 오늘 방문한 프놈펜 인근의 '청아익 킬링필드'는 캄보디아에서 유해를 수습한 장소 중 최대 규모의 학살지이자 수백구의 실제 해골이 쌓여 있는 위령탑이 세워진 곳입니다. 순수한 농업국가를 만들고자 했던 극단주의적인 공산주의자 폴 포트(Pol Pot)는 사회의 지식인을 모두 척결하기 위해 고학력자는 물론, 안경을 썼거나 손에 굳은살이 없다는 이유 등으로 학살을 자행했습니다.

좁은 공간에 450명 집단학살이 이루어진 곳, 어린 아이를 죽이기 위해 다리를 잡고 나무에 머리를 내리쳐 살해한 곳, 죽은 아이의 어머니를 비롯한 많은 여인들을 나체로 만들어 산채로 매장한 곳, 그런데 인간이기를 포기한 크메르루즈 1인자 폴 포트는 82세 천세를 누리다가 1998년 자연사했습니다. 그저 말문이 막혔습니다. 단체사진을 찍는데, 그 누구 하나 웃는 사람이 없었습니다.  시간도 없어서 프놈펜 시내에 있는 'S-21 뚜얼 슬랭 대학살 추모 박물관'은 가보지 못했습니다. 우리는 잊지 말아야 합니다. 나쁜 지도자를 뽑으면 나쁜 나라가 된다는 것을 명심하고, 선거 때마다 반드시 투표해서 좋은 지도자를 뽑아야 합니다.

무거운 마음으로 킬링필드를 둘러 본 후 위에서 언급한 '해맑음 교회' 김기홍·홍윤주 성도님이 운영하는 노엘몰에서 저녁식사를 했는데, 캄보디아에서 먹은 음식 중에서 최고로 맛있었습니다. 제가 맛있는 저녁식사를 성도님들에게 대접할 수 있어서 참 감사했습니다. 그곳은 식당 외에 간단한 캄보디아 특산물을 팔고 있어서 그곳에서 캄보디아에서 나오는 설탕을 몇 개 구입했습니다.

특히 박정수 담임목사님의 장인어른이 초등학교 선생님이셨는데, 그 장인어른의 제자인 안병근 선교사님이 식당까지 직접 찾아오셔서 격려해주시고, 함께 식사 하고, 장인어른에게 드릴 선물까지 드리고 가셨습니다.

정용희 선교사님은 단톡방에 '단기선교팀이 떠난 후 날씨가 원래대로 돌아왔고, 선교기간 내내 비를 주신 것이 하나님의 은혜요 기도응답이었음을 알게 되었습니다. 외부활동을 못할 정도로 강렬한 햇살과 뜨거운 열기를 하나님이 차단시켜 주셔서 온전히 사역을 감당할 수 있게 해주셨습니다' 는 글을 올려주셨습니다. 또한 단기선교팀이 다녀가기 전인 1월 8일 주일 1,2부 예배에 약 140명이 참여했는데, 단기선교 후 1월 15일 주일 1,2부 예배에는 약 200명이 참여했습니다. 모든 것이 하나님의 은혜입니다. 아래 글은 제가 1월 15일 주일 이수교회 성도님 앞에서 나눈 선교 소감문입니다.

모든 것이 하나님의 은혜였고, 모든 것이 하나님의 은혜입니다.

※ 한국성결신문 2023. 2. 1.자 김양홍의 행복칼럼
- 2023 이수교회 캄보디아 단기선교 "오직 순종, 오직 섬김으로"

이수교회 박정수 담임목사를 비롯한 캄보디아 단기선교팀 19명은 2023년 1월 8일부터 같은 달 14일까지 6박 7일 일정으로 프놈펜에서 약 70km 떨어진 뜨람껑 마을에 있는 조이풀교회(Joyful Tramkong Church)로 단기선교를 다녀왔다. 조이풀교회는 정용희·김정숙 선교사 부부가 2012년 12월부터 시작한 '한국어학당'을 발판삼아 2013년 3월에 교회 설립이 이뤄졌고, 그때부터 지금까지 80여명에게 세례를 베풀고, 대학생 학사(學舍)사역을 9년간 하면서 30여명의 제자들을 사회로 진출시켰으며, 20여명의 산업근로자들을 한국에 보내는 바탕을 만들어 주었다.

선교팀은 단장 김양홍 장로, 준비위원장 민창기 목사, 성경학교 팀장 민창기 목사 외 5명의 청년, 시설보수 팀장 신성민 장로후보자 외 3명, 어학 팀장 김태영 장로후보자 외 2명, 이미용 팀장 이성진 집사 외 3명으로 나뉘어 마음과 뜻을 다해 각자의 사역을 잘 감당했다. 김정숙 선교사가 '정말 완벽한 팀'이라고 칭찬할 정도로 선교팀은 교회와 선교사 부부의 필요를 채워주기 위해 늘 고민하는 사역을 했다.

아울러 선교팀은 사역 둘째 날 24깐냐 초등학교와 셋째 날 얼룽뜽 초등학교를 방문하여 수백 명의 어린이들 앞에서 선교팀이 준비한 '나 주님의 기쁨되기 원하네' 찬양(후렴구 캄보디아어로 합창)과 율동으로 공연을 하고, 후원금과 기념품을 선물로 전달하는 행사를 갖기도 했다. 또한 목요일 까엡 바다에서 세례를 받을 8명 성도들의 가정과 직장을 다니는데 통역을 위해 휴가를 낸 청년의 가정을 심방하여 믿지 않은 그 가족들을 위해 박정수 담임목사가 축복기도를 해주고, 선물을 전달하기도 했다.

조이풀교회 성도 8명과 이수교회 김현수 성도와 김민규 성도 등 10

명이 까엡 바다에서 침례(浸禮)를 통해 하나님의 자녀가 된 것은 감동 그 자체였다. 침례 예식 이후 선교팀과 조이풀교회 성도 30여명이 어우러져 게임을 하고, 물놀이를 하면서 함께 하는 행복을 만끽했다.

참 안타까운 점은 세례를 받기로 되어 있던 자매가 사역 첫날 굿판을 벌렸고, 그 다음날 소천하여 세례를 받지 못했다. 그러다보니 함께 세례받기로 한 그 자매의 언니도 3일 동안 진행되는 장례식 때문에 세례식에 참석하지 못했다. 이곳은 집집마다, 식당과 호텔 심지어 학교에도 신당이 있다. 캄보디아 헌법 제43조는 종교의 자유를 보장하면서도, '불교는 국교이다'라고 명시하고 있다. 캄보디아는 종교의 자유가 있고, 한국에서 파송된 선교사가 300여명이나 되지만, 국민 95% 이상이 불교신자이다. 캄보디아 민족의 구원을 위해 늘 기도하고, 선교해야 하는 이유이다.

조이풀교회 안에 들어서면 커다란 나무 한 토막이 쓰러져 있다. 그것은 정용희 선교사 부부가 교회를 세우기 위해 토지를 구입했을 때 그 토지 위에 있던 나무인데, 마을 사람들이 그 나무를 마을의 수호신으로 여기고 신당까지 세워놓은 상태였다. 마을 사람들이 나무에 손대지 말라고 하면서 분위가 험악해질 때 어느 날 정용희 선교사가 그 신당을 때려 부쉈고, 그 후 얼마 되지 않아 그 나무는 스스로 죽었다고 한다.

시설보수팀은 잡목과 잡풀이 무성한 선교사 사택 앞을 깔끔하게 정리하고, 교회 앞을 지나가던 나무장수로부터 꽃나무와 책푸릇 등 유실수를 사서 심으면서 쓰러진 그 나무 옆에 잭푸릇 나무 1그루를 심었다. 정용희 선교사가 교회 설립할 때 교회 앞을 지나가는 나무장수로부터 망고나무 20그루를 사서 심었고, 그 중 8그루가 살아서 망고가 주렁주렁 열렸는데, 때마침 10년 만에 나무장수가 교회 앞을 지나가서 나무들을 사서 심을 수 있었다. 사소한 것까지 준비하시는 하나님이시다. 정용희 선교사는 하나님이 선교기간 내내 비를 내려주시어 뜨거운 열기를 차단시켜 온전히 사역을 감당하게 해주신 것과 선교팀이 다녀간 후인 1월 15일 주일 200여명이 1,2부 예배에 참여하여 지난주보다 60여명이 더 참여한 것에 대해 감사했다. 모든 것이 하나님의 은혜이다.

<한국성결신문 2023. 1. 18.자 기사>

21
1월은 소망의 달

2022년 1월 둘째 주일 이수교회 박정수 담임목사님 설교말씀(주제 : 내 안에 계신 예수님, 성경 : 고린도후서 13장 5절) 중 은혜 받은 것을 나누고자 합니다. 목사님께서는 각 달의 의미를 다음과 같이 부여하셨는데, 그 구분에 의하면 1월은 소망의 달입니다.

1월 소망의 달, 2월 믿음의 달, 3월 진보의 달, 4월 부활의 달, 5월 가정의 달, 6월 애국의 달, 7월 교육의 달, 8월 안식의 달, 9월 성숙의 달, 10월 결실의 달, 11월 추수의 달, 12월 성탄의 달

2021년에도 엊그제 소망한 것 같은데, 눈 깜짝할 사이에 성탄절을 보낸 것 같습니다. 올해 저의 소망은 작년과 같습니다. 좋은 남편, 좋은 아빠, 좋은 장로, 좋은 변호사, 좋은 이웃이 되는 것입니다. 저의 소망은 하나님이 저에게 주신 사명이라고 생각합니다. 늘 믿음의 기도를 하고, 늘 믿음의 말을 하도록 노력하겠습니다. 저의 삶이 예배가 되고, 전도가 되도록 마음을 다하겠습니다. 하나님이 주신 소중한 하루를 낭비하지 않도록 노력하겠습니다. 제가 혼자 있을 때에도 하나님을 바라볼 수 있기를 소망합니다. 그래서 평생 하나님과 동행하고, 잠든 시간 외 하나님과 동행하는 저와 여러분이 되길 소망합니다.

내 안에 거하라 나도 너희 안에 거하리라 가지가 포도나무에 붙어 있지 아니하면 스스로 열매를 맺을 수 없음 같이 너희도 내 안에 있지 아니하면 그러하리라(요한복음 15장 4절)

22
새해에는 너희는 먼저 그의 나라와 그의 의를 구하라

하나님 아버지

사랑합니다.
감사합니다.

그런즉 너희는 먼저 그의 나라와 그의 의를 구하라 그리하면 이 모든 것을 너희에게 더하시리라(마태복음 6장 33절)

새해에는 우리나라가, 하나님을 더 사랑하는 나라 되게 하시고, 세계선교에 귀하게 쓰임 받는 나라 되게 하시고, 코로나19를 이겨내게 하옵소서. 3월 9일 하나님의 뜻에 합당한 사람이 대통령으로 선출되게 하옵소서.

새해에는 우리 이수교회가, 하나님이 꿈꾸시는 더 건강하고, 더 성령충만하고, 더 은혜로운 교회가 되게 하시고, 예배의 부흥, 전도의 부흥, 선교의 부흥, 새가족의 부흥, 찬양의 부흥, 밤기도회의 부흥을 주시옵소서.

새해에는 저희들을, 더 건강하게 하시고, 더 감사하게 하시고, 더 기뻐하게 하시고, 더 기도하게 하옵소서. 그래서 저희 모두가 하나님의 사랑 안에서 더 행복하게 하옵소서.

새해에는 우리 자녀들에게, 하나님이 기뻐하시는 꿈을 주시고, 그 진로를 축복하여 주시고, 만남의 복을 주시고, 그래서 축복의 통로가 되게 하옵소서.

새해에는, 임신을 원하는 부부들에게 새 생명 잉태의 복을 주시고, 환우들을 하나님의 능력으로 온전하게 회복시켜 주시고, 저희들의 삶이 예배가 되고, 전도가 되게 하옵소서.

조태훈 집사님의 장례예식이 주님의 은혜 가운데 잘 마치게 하시니 감사합니다. 부활의 소망으로 유가족들을 위로하여 주시고, 저희 모두가 하나님 나라를 소망하며 살게 하옵소서.

박정수 담임목사님을 축복하사 늘 성령 충만케 하시고, 이 땅에서 위대한 목회자로 세워주시옵소서. 오늘 선포되는 말씀을 통해 큰 은혜 받게 하시고, 그 말씀으로 인해 능력 있는 그리스도인이 되게 하옵소서.

그동안 아동부를 헌신적으로 섬겨주신 오민권 전도사님의 앞길을 축복하여 주시옵소서. 예배를 돕는 손길을 축복하여 주시고, 할렐루야성가대의 찬양을 받아주시옵소서. 다비다자매회 회원들을 끝까지 지켜주시고, 끝까지 행복을 주시옵소서.

예배의 시종을 주님께 맡깁니다.
항상 감사하는 마음 주시옵소서. 모든 것을 감사드리며,
예수님의 이름으로 간절히 기도합니다.

제3편 가족오락관

01
가장 행복한 순간

　주말 저녁 아내와 함께 MBC 금토드라마 '빅마우스' 최종회를 보는 도중 남여 주인공이 바닷가를 걸으면서 행복한 순간을 보내는 장면이 나올 때 아내가 대뜸 "나랑 결혼해서 언제 가장 행복했어요?"라고 물었습니다. 저는 '지금 이 순간'이라고 대답하려다가 "은혜, 은철이 낳았을 때"라고 대답했습니다. 이후 딸이 안방에 들어왔을 때 제가 "아빠가 엄마랑 결혼해서 가장 행복한 순간이 언제라고 대답했을까?"라고 묻자, 딸은 "아빠는 정답만 얘기하시잖아요. 지금 이 순간?"이라고 했습니다. 제가 아니라고 하자, 딸은 "저희들이 태어났을 때"라고 정확히 대답했습니다. 딸은 저의 마음속을 들여다보는 것 같습니다. 저는 정말 지금 이 순간이 가장 행복하고, 딸과 아들이 태어났을 때가 가장 행복했습니다. 행복은 그렇게 가까이에서 찾아야 합니다. 행복은 찾아오는 것이 아니라 찾는 것입니다.

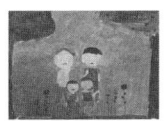 ## 02 오늘은 어제 죽은 이가 간절히 바라던 내일이다

내가 헛되이 보낸 오늘은 어제 죽은 이가 그토록 갈망하던 내일이다 (The time I wasted today is the tomorrow the dead man eager to see yesterday).

위 말은 그리스 3대 비극 시인 중 한 명인 소포클레스(sophocles)가 한 말입니다. 학교 다닐 때 자주 들었던 명언(名言)입니다. '현재'라는 영어 단어 'present'는 '선물'이라는 뜻도 있습니다. 그 단어를 만든 사람도 오늘 현재가 선물이라고 생각했기 때문 아닐까요? 저는 저희 아이들에게 아침에 기도해줄 때 "오늘 하루, 하나님이 주신 선물임을 잊지 않게 하옵소서." 라는 기도를 하곤 합니다. 저는 며칠 전부터 허리가 아파서 지난 주말 서산에 다녀올 때 차 운전도 아내에게 맡겼습니다. 오늘은 개천절입니다. 몸이 아프니까 아침에 일어나자마자 "하나님 아버지, 오늘 하루를 선물로 주셔서 감사합니다." 라는 기도가 절로 나왔습니다. 오랜만에 온 가족이 함께 모여 아침식사 할 때도 같은 기도를 했습니다. 하나님이 주신 귀한 선물인 오늘 하루를 감사함으로 가득 채우는 저와 여러분이 되길 소망합니다.

03
작은 일은 세상살이에서 정말 중요한 일이다

굿모닝~? 사랑하는 나의 딸 은혜와 아들 은철에게 오늘 아침 "세상 살이에서 정말 중요한 일"에 대해 이야기하고 싶어 일어나자마자 이 글을 쓴다. 오늘 할 이야기는 아빠가 너희들에게 생각날 때마다 앵무새처럼 이야기한 것이지만, 다시 한 번 더 강조해서 이야기하는 것이니 꼭 명심해라. 물론 아빠는 앞으로도 또 이야기 할 것이다. 너무나도 중요한 일이기에 …

어제 가족 단톡방에 올린 '졸업식장을 웃음과 눈물바다로 만든 한 남자의 사연' 유튜브 영상 봤지? 아마 너희들도 봤던 영상일 것이다. 어느 성공한 흑인 선배가 졸업하는 후배들에게 축사하는 자리에서 세상 살아가는 지혜에 대해 이야기하는데, 유튜브 제목처럼 정말 졸업식장을 웃음과 눈물바다로 만들어 놓는다. 그 연설자가 만났던 가장 현명하고 지혜로웠던 사람은 초등학교 3학년 중퇴자인 아버지였다. 그는 그의 아버지의 말을 인용해서 후배들에게 가슴을 울리는 말을 한다.

아들아, 1분 늦는 것 보다, 1시간 서두르는 것이 낫다.

아리스토텔레스는 말했습니다. '당신은 당신이 반복한 행동의 결과다. 그러므로 탁월함은 습관에 달려있다.' 행동이 아닙니다. 절대 잊지마세요.

존 우든(John Robert Wooden)은 평생을 UCLA대학에서 농구감독으로 재직했습니다. 하지만, 그의 소명은 사람들을 움직였습니다. 그가 전국대회에서 우승을 하고, 1주일도 안돼서 뭘 찾는지 아세요? 청소도구함으로 가서 빗자루를 쥐더니, 체육관을 혼자 쓸기 시작했어요. 사람들에게 영향을 미치고 싶은가요? 당신의 비를 찾으세요. 여러분 인생의 모든 순간, 비를 찾아야 합니다. 그것이 영향력을 성장시키는 방법입니다.

※ 연설자가 말하는 "비를 찾으라"는 말은 사람을 움직이는 것은 청소와 같은 아주 작고 사소한 일, 사소한 감동에서부터 비롯된다는 뜻 아닐까?

아들아, 너는 일을 하게 될 것이다. 똑바로 해라.

아버지가 전해준 지혜의 세 단어, 그 말은 제 인생을 바꿔놓았습니다. 아들아, 그냥 서있어라. 계속 서있어라. 계속 서있어라. 바다가 어떻게 널 치던지, 그냥 서있어라. You keep standing!

매일 자신에게 질문하세요. 어떻게 살 것인가? How I live?

한 요리사(아버지)가 여러분에게 제안합니다.
① 남은 판단하지 마라.
② 일찍 일어나라.
③ 친절해라.
④ 하인의 수건을 자존심보다 크게 해라.
⑤ 무언가를 한다면 똑바로 해라.
⑥ 옳은 일을 하기 위한 잘못된 때란 없다.
⑦ 사소한 일을 대하는 태도가 여러분의 모든 것을 말합니다."

※ 하인의 수건을 자존심보다 크게 해라는 말은 나보다 약자 또는 아랫사람에게 자존심을 내세우지 말고, 겸손하라는 뜻이란다.

어젯밤 아빠가 밤기도회 다녀와서(21:40) 아들에게 보낸 뚜껑이 씻겨지지 않은 국그릇 사진과 문자 기억나지?

뚜껑을 찾아서 씻어놔야 한다. 작은 일이지만 꼼꼼히 처리해라!

아들이 설거지를 하고, 주말마다 함께 청소를 하고, 재활용 쓰레기와 음식물 쓰레기를 비워주는 것에 대해 고맙게 생각한다. 그렇지만, 연설자 아버지의 조언대로 "무언가를 한다면 똑바로 해야 한다." 아빠가 아들에게 "음식물 쓰레기를 비운 후 음식물 쓰레기통을 깨끗이 씻으라"고 강조하고, "강의시간 늦지 말라"고 강조한 이유는 연설자의 아버지가 말씀하신 것처럼 사소한 일을 대하는 태도가 그 사람의 모든 것을 말하기 때문이다. 누가복음 16장 10절 말씀과 골로새서 3장 23절 말씀은 우리 은혜·은철이가 평생 가슴에 새기고 이 세상을 살아갔으면 좋겠다. 작은 일은 세상살이에서 정말 중요한 일이다. 아빠의 잔소리를 끝까지 들어줘서 고맙다. 사랑하고 축복한다.

지극히 작은 것에 충성된 자는 큰 것에도 충성되고 지극히 작은 것에 불의한 자는 큰 것에도 불의하니라(누가복음 16장 10절)

무슨 일을 하든지 마음을 다하여 주께 하듯 하고 사람에게 하듯 하지 말라(골로새서 3장 23절)

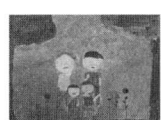

04
내일 일은 난 몰라요

아내 : 사는 게 뭘까요?
남편 : 그냥 하루하루 잘 사는 거죠. 우리에겐 내일이 보장되어 있지 않잖아요.
아내 : 맞아요. 그런데 사람들은 영원히 살 것처럼 사는 것 같아요.

어젯밤 잠들기 전 저희 부부의 대화입니다. "내일 일을 자랑하지 말라 하루 동안에 무슨 일이 일어날는지 네가 알 수 없음이니라(잠언 27장 1절)"이라는 성경말씀이 있습니다. 정말 우리에게는 내일이 보장되어 있지 않습니다. 그렇기 때문에 하나님이 우리에게 주신 오늘 하루를 잘 살아야 합니다. 그럼 어떻게 사는 것이 하루를 잘 사는 것일까요? '내일 일은 난 몰라요'라는 찬송가가 있습니다. 그 가사대로 내일 일도 모르고, 장래 일도 모르기 때문에 주님 손 붙잡고, 하나님이 각자에게 주신 소명 이루면서, 믿음 지키고, 복음 전하면서, 천국 가는 것이 잘 사는 것 아닐까요? 오늘도 꼬옥 행복해주세요!!

ⓐ 천안성결교회
류창기 장로님 부부 사진

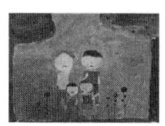

05
꿈속에서도 변호하는 변호사가 되고 싶습니다

주말 아침 눈이 살포시 내리고 있습니다. 아내가 아침에 일어나자마자 어젯밤 꿈속에서 환자를 치료한 이야기를 했습니다. 그래서 저는 아내에게 "참 부럽습니다"라고 했습니다. 평소에 얼마나 환자를 많이 생각했으면, 꿈속에서도 환자를 돌보는 꿈을 꿀까요? 아내는 의사가 된 지 27년이 되었는데, 그동안 꿈속에서 환자를 치료한 이야기를 여러 번 했었습니다.

저는 1993년 군법무관시보가 되어 사법연수원을 1995년에 수료했기 때문에 법조인이 된 지는 아내와 동일하게 27년이 되었음에도 불구하고 그동안 꿈속에서 의뢰인을 변호하는 꿈을 꿔본 적이 없습니다. 저도 아내처럼 꿈속에서도 의뢰인을 변호하는 변호사가 되고 싶습니다.

06
당신은 파를 써시요~
나는 글을 읽겠오~

   2022년 10월 마지막 주말 늦은 저녁 저의 아들이 내일 이수교회 중고청에서 처음으로 피아노 반주를 하게 되었다면서 연습을 하고 있습니다. 때마침 아내가 저에게 대파를 다듬어서 썰어달라고 하여 대파를 썰다가 눈물이 나서 소파에 잠시 앉았더니 아내가 대뜸 "당신은 파를 써시요~ 나는 글을 읽겠오~"라고 했습니다. 제가 갑자기 글 대신 대파를 써는 한석봉(韓石峰)이 되었습니다. 아들의 피아노 반주 소리는 대파를 써는 배경음악으로는 최고인 것 같습니다. 흘러내리는 눈물은 대파 때문만은 아닌 것 같습니다. 한석봉 어머님은 떡을 썰면서 글을 쓰는 아들의 모습이 참 대견스러워 하셨을텐데, 저도 대파를 썰면서 피아노 반주 연습하는 아들의 모습이 참 대견스럽습니다. 가을밤은 아름다운 작은 피아노 소리와 함께 깊어 갑니다.

07
1대3을 4대3으로

어제 쇼트트랙 국가대표 황대헌 선수가 2022년 베이징 동계올림픽 쇼트트랙 남자 1,500m 결승에서 금메달을 딸 때 저희 가족 모두는 TV 앞에서 환호성을 질렀습니다. 지난 7일 쇼트트랙 남자 1,000m 준결승에서 황대헌 선수가 다른 선수와 충돌이 없었음에도 추월하는 과정에서 레인 변경을 늦게 했다는 석연찮은 이유로 실격 판정을 받아 결승 진출을 못했는데, 황대헌 선수는 그 경기 직후 자신의 인스타그램에 농구 스타 마이클 조던이 남긴 명언을 남겼다고 합니다.

장애물을 만났다고 멈춰야 하는 건 아니다.
벽에 부딪힌다면 돌아서서 포기하지 마라.
어떻게 벽에 오를지, 벽을 뚫고 나갈 수 있을지,
돌아갈 방법은 없는지 생각하라.

황대헌 선수가 마이클 조던의 위 명언대로 장애물을 뚫고 당당히 1,500m 결승에서 금메달을 딴 것에 대해 다시금 축하하고 축하합니다. 저희 가족은 어젯밤처럼 국가대항전에서 우리나라 선수를 응원하고, 하나님을 믿는 신앙적인 면에서는 한 마음 한 뜻으로 의견의 일치를 보는데, 정치적인 면에서는 늘 입장이 다릅니다. 특히 저희 집 아침 밥상에서는 정치적 주제를 가지고 아이들과 논쟁을 하는 날이 많은데, 저희 집에서 캐스팅 보트(casting vote)를 쥐고 있는 딸이 요즘에는 아들 편에 서는 바람에 제가 수적으로 수세에 몰려있습니다. 더군다나 아내도 아들과 정치적인 견해가 일치하기 때문에 현재 저희 집의 정치지형도는 1:3입니다. 그동안 아내와 제가 각종 선거에서 같은 후보를 투표한 때는 딱 한 번 있었습니다(섬기는 교회 성가대 지휘자님이 제3

당으로 시의원 출마했을 때). 그래서 이번 대통령선거 때까지 딸의 마음이라도 돌려보고, 만약 그렇게 되지 않으면 빨리 아이들을 시집장가 보내서 손자들을 낳으면 그 손자들을 저의 편으로 만드는 수밖에 없을 것 같습니다. 시간이 걸리더라도 1:3을 4:3으로 만들어 우리 조국 대한민국이 더 나은 대한민국이 되는데 저의 마음과 정성을 보태도록 하겠습니다. 언젠가는 그 날이 올 것으로 믿습니다.

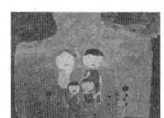
08
배우자 선택 기준

1. 성품이 좋은 사람

2. 자신보다 더 지혜로운 사람
집과 재물은 조상에게서 상속하거니와 슬기로운 아내는 여호와께로서 말미암느니라(잠언 19장 14절)

3. 믿음이 좋은 사람
너희는 믿지 않는 자와 멍에를 함께 메지 말라 의와 불법이 어찌 함께 하며 빛과 어둠이 어찌 사귀며(고린도후서 6장 14절)

제가 오늘 아침 밥상머리에서 아들에게 제시한 배우자 선택 기준입니다. 위 3가지 중 한 가지만 갖춰야 한다면 '성품이 좋은 사람'입니다. 인생은 선택의 연속이고, 인생에서 가장 중요한 선택이 배우자 선택일 텐데, 성경은 배우자 선택에 대한 방법을 제시하지 않고 있습니다. 단지 고린도후서 6장 14절에서 '믿지 않는 자와 멍에를 함께 메지 말라'고 하고 있을 뿐입니다. 좋은 배우자를 선택을 하기 위해서 가장 중요한 것은 자기 스스로 좋은 배우자가 되어야 한다는 것입니다. 자기 자신이 먼저 위 조건 중 갖출 수 있는 것을 모두 갖추도록 노력해야 합니다. 복은 받는 것이 아니라 짓는 것입니다. 평소에 만남의 축복을 받을 언행(言行)을 많이 합시다. 저의 딸·아들뿐만 아니라 결혼을 앞둔 미혼 남녀 모두에게 만남의 축복이 임하기를 기원합니다. 뭐니 뭐니 해도 최고의 복은 만남의 축복입니다.

09
또 졌잖아~

   창밖으로 남산서울타워가 더 가까이 보이는 주말 오전에 아내, 아들과 함께 집안 청소를 했습니다(딸은 천안에). 늘 그렇게 했듯이 오늘도 큰 방 화장실은 제가, 작은 방 화장실은 아내가, 진공기 청소와 물걸레 청소는 아들이 했습니다. 청소를 마치고, 아들은 친구랑 약속 때문에 나가고 아내와 단 둘이만 점심식사를 해서 그냥 감자와 단호박을 쪄서 먹기로 했습니다. 그런데 아내가 침대에서 누워 쉬고 있는 저에게 "감자와 단호박을 쪄달라"고 부탁을 했습니다. 평상시에는 저의 직속상관(?)의 명령이기에 즉각 복종을 했을 텐데, 갑자기 피곤함이 밀려와 "안 하겠다"고 거부했더니, 아내가 "가위바위보로 결정하자"고 했습니다. 그래서 저는 어차피 떠밀려서 해야 할 판이기에 "단 판 승부로 결정짓자"고 하고, 저는 바위를 아내는 가위를 내서 제가 이겼습니다.

   승리의 밥상이기에 더 맛있는 점심식사를 했습니다. 아내가 방금 찐 감자와 단호박 샐러드, 과일 그리고 어제 아들이 남긴 1개 샌드위치를 준비해줘서 정말 맛있게 먹었습니다. 평상시 저희 집 설거지는 아들 몫인데, 아내는 "아들이 집에 없는 관계로 저보고 설거지를 하라"고 했습니다. 아내가 아무 말 안 했으면 당연히 제가 설거지를 했을 텐데, 제가 다시 "가위바위보로 결정하자"고 제안했습니다. 그 결과는 어떻게 되었을까요? 제가 보를 아내가 주먹을 내서 제가 또 이겼습니다. 아내는 "또 졌잖아~"라고 하면서 아쉬워했습니다.

   사랑하는 가족이기에 져도 기분이 좋습니다. 사랑하는 사이일수록 지게 되어 있습니다. 그래서 엄마는 언제나 자식들에게 질 수 밖에 없습니다. 더 사랑하기 때문에 늘 지는 것입니다. 저희 딸과 아들도 배우자에게 늘 져주는 사람이 되기를 소망합니다. 이기는 사람보다도 져주는 사람의 사랑이 더 크기 때문입니다. "또 졌잖아~"는 "또 사랑해~"와 같은 말입니다. 사랑은 이기는 것이 아니라 져주는 것입니다.

정말 행복한 나날이란 멋지고 놀라운 일만 일어나는 날이 아니라 소박하고 자잘한 기쁨들이 조용히 이어지는 날들인 것 같아요
- 애니메이션 '빨간머리 앤' 명대사 -

10
숙제가 주는 기쁨

　지난 주일 이수교회 박정수 담임목사님께서 설교 중에 "추수감사주일을 맞이하면서 가족들과 함께 올해 하나님이 주신 감사거리를 나누는 시간을 가져보라"는 숙제를 내주셨습니다. 그래서 가족들이 다 모인 주말 저녁에 급하게 만든 가정예배 순서지(사도신경, 찬송 365장 마음속에 근심 있는 사람, 대표기도 김은혜, 성경 창세기 46장 1~8절 교독, 추수감사주일 담임목사님 설교 요약문 교독, 2022년 감사거리 나눔, 찬송 날 구원하진 주 감사, 주기도문)에 따라 가정예배를 드렸습니다.

　저는 "오늘밤 가족들이 함께 모여 가정예배를 드릴 수 있는 믿음의 가정을 주신 것과 은혜은철이가 건강하게 학업에 정진하게 해주신 것 그리고 아빠의 자리, 남편의 자리, 이수교회 장로의 자리, 법무법인 서호 대표변호사의 자리를 나름대로 잘 지키게 해주신 것이 감사거리"라고 했고, 아내는 저와 은혜은철이, 본인 각자에 대한 많은 감사거리를 신나게 나열했습니다.

　딸 은혜의 첫 번째 감사거리가 저와 같이 "믿음의 가정을 주신 것"이라고 해서 참 감사했고, "은철이가 내 동생이어서 감사"라는 말을 할 때는 온 가족이 박수를 쳤습니다. 특히 딸은 오늘 저녁 아들과 함께 이번에 수능을 본 이종 사촌동생 석현이를 격려해주시기 위해 석현이와 석현이의 형 명현이를 만나 저녁식사를 대접하고 왔습니다. 형제들의 우애를 소중히 여기는 딸의 모습에 큰 박수를 보냈습니다. 아들 은철이도 하나님이 함께 해주신 것을 첫 번째 감사거리라고 했습니다.

　각자의 감사거리를 나눈 후 딸이 "서로의 기도제목도 나누자"고 제안하였습니다. 그래서 아내가 먼저 '은총(저의 첫째 여동생의 딸인 은총이가 코로나에 감염되어 중환자실에 입원 치료 중에 있습니다)이가 얼른 회복되는 것과 신○ 선생님(내과 1년차 전공의)이 얼른 복귀하는 것'을 기도제목으로 내놨고, 저는 '은총이가 얼른 회복되는 것과 내일도 모레도 오늘의 감사거리가 계속 되는 것'을 기도제목으로 내놨습니다. 딸은 '자신을 사랑하고, 남들을 살펴보는 사람이 되는 것과 참공부(미리 공부하는 것)를 해서 기말고사에서는 재시험에 걸리지 않는 것'을, 아들은 '남은 학기 잘 보내는 것과 학교 친구 잘 사귀는 것'을 기도제목으로 내놨습니다. 제가 마무리 기도하고, 주기도문으로 오늘 가정예배를 마쳤는데, 참 행복했습니다. 숙제를 부담이 아닌 기쁨으로 만들어 주신 하나님 아버지께 감사합니다. 이 또한 2022년 추수감사주일이 저희 가정에 준 또 하나의 선물입니다.

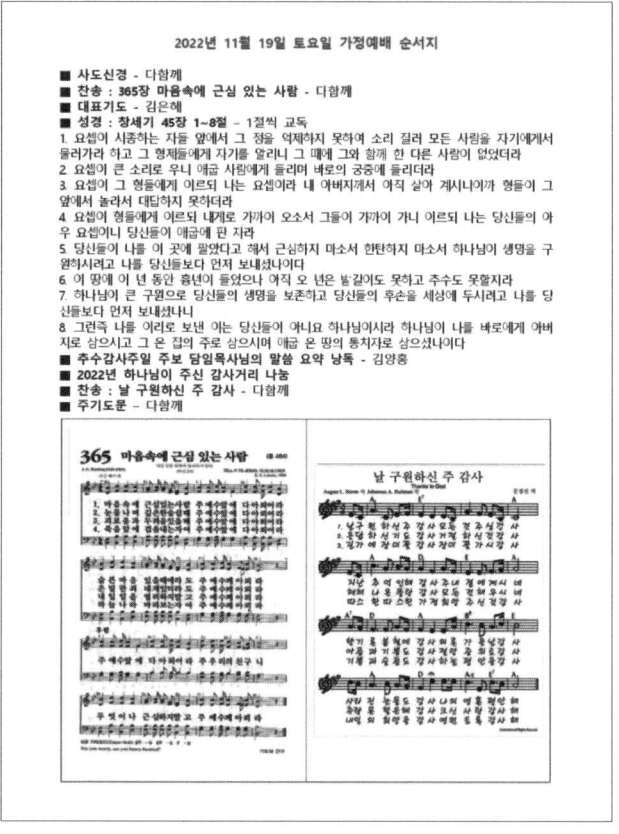

11
까다로운 우리 집 중전마마의 식성

　봄의 전령(傳令) 벚꽃이 서로 경쟁하듯 피고 있는 주말(2022. 4. 9.)에 1박 2일 학회를 간 아내가 핸드폰으로 "집에서 저녁식사를 하겠다"고 해서 중전마마(中殿媽媽)의 밥상 준비가 걱정되었습니다(딸과 아들은 밖에서 식사). 그래서 새로 옥수수 알갱이를 넣은 냄비밥을 하고, 아침에 끓인 김치찌개에 콩나물을 추가해서 시원하게 더 맛있게 끓이고, 굴비 2마리를 에어 프라이어(air fryer)로 굽고, 마트에 가서 아내가 좋아하는 게장과 참외를 샀습니다. 저는 마트에서 양념게장과 간장게장을 시식해보고 더 맛있는 간장게장을 샀는데, 아내는 "나는 양념게장을 더 좋아하는데 …"라고 하면서 맛있게 먹었습니다. 어제는 참외를 깜박하고 내놓지 못했습니다.

　주일인 오늘 저녁식사 후 참외를 깎아서 내놨는데, 아내가 "참 달고 맛있네요"라고 했습니다. 그래서 제가 아내에게 "간장게장도 참외처럼 그냥 맛있다고 해주지 …"라고 하면서 말끝을 흐렸더니, 아내는 자신은 솔직하게 말했다고 하면서 "나는 1+1은 2지만, 당신은 1+1은 11이지 않냐?"고 반문했습니다. 아내가 저를 칭찬하는 것 같기도 하고, 아닌 것 같기도 하지만, 그냥 저는 '1+1를 2가 아닌 11을 만드는 사람'으로 좋게 해석하기로 했습니다. 암튼 다음부터는 까다로운 우리 집 중전마마의 식성(食性)을 좀 더 살펴야겠습니다.

12
천안행 06시 45분 KTX

　오늘(2022. 1. 18.) 아침은 영하 10도(천안은 영하 12도)로 올해 들어 가장 추운 날 같습니다. 오늘은 제가 아침 8시에 저의 아내가 근무하는 천안순천향병원에서 건강검진이 예약되어 있어 아내와 함께 천안행 06:45 KTX를 탔습니다. 아내는 10년째 서울-천안을 출퇴근하고 있습니다. 집에서 나와 서울역 가는 길에 아내가 자신은 "걸으면서 기도한다"고 하여 서로 아무 말을 하지 않고 각자 기도를 하면서 걸었습니다. KTX를 탄 후에도 가족 성경통독방에서 정해준 오늘 통독할 성경말씀 창세기 29장~31절을 읽고, 묵상내용을 통독방에 올리고 나니 천안아산역에 도착했습니다.

　창세기 29장~31장은 아버지 이삭과 형 에서를 속인 야곱이 형의 보복이 두려워 집을 떠난 후 외삼촌 라반의 집에서 20년간 처가살이하며, 고난 속에서도 두 아내와 두 첩을 통해 11명의 아들을 낳고 부자가 되지만, 욕심 많은 삼촌 라반으로부터 본인의 것을 빼앗길까봐 야반도주하여 아버지 이삭이 살던 고향 헤브론으로 떠나는 이야기입니다. 야곱은 자신보다 더 잘 속이는 외삼촌 라반을 만나 사기 결혼과 품삯을 열 번이나 탈취 당하는 속임의 댓가를 톡톡히 치르지만, 그곳은 하나님이 야곱을 통해 아브라함에게 약속하신 큰 민족을 이루게 하시려고, 12지파의 조상 12명의 아들을 낳는 훈련장소였습니다. 모든 것이 하나님의 섭리였습니다. 특히 창세기 29장에는 이런 말씀이 있습니다.

　야곱이 라헬을 위하여 칠 년 동안 라반을 섬겼으나 그를 사랑하는 까닭에 칠 년을 며칠 같이 여겼더라(창세기 29장 20절)

저희 부부도 엊그제 만난 것 같은데 벌써 24년이 되었습니다. 정말 며칠처럼 느껴집니다. 아내도 저와 같은 마음일까요? 수면 위내시경 등 건강검진을 마치고, 병원 근처 맛집인 '다사랑 칼국수' 집에서 들깨 칼국수를 먹고 상경했습니다.

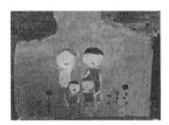

13
제자들이 찾아오는
스승의 삶을 살자

　낙엽이 떨어질까 말까 고민하는 때에 아내의 스승인 고윤석 교수님의 세컨 하우스에 초대 받아서 다녀왔습니다. 저희 부부는 결혼하기 전에 교수님 부부를 만나 뵙고 인사드렸었는데, 25년 전 그 때가 엊그제 같습니다. 아내는 교수님의 1호 석사와 박사 제자입니다. 교수님은 아내가 아산병원에서 전임의(Fellow) 과정을 마치고 고려대학교 안산병원에 면접 보러 갈 때 손수 운전하셔서 동행해주시는 등 늘 친정아버지처럼 아내를 돌봐주신 분입니다. 저희 부부는 작년 봄에도 교수님 부부를 뵌 적이 있고, 아내는 올 봄 배꽃이 필 때 교수님의 박사 제자 4명과 함께 이 세컨 하우스를 방문했었습니다.

　교수님의 세컨 하우스는 한강이 보이는 팔당댐 주변에 위치하는데, 저희는 차가 막힐까봐 아침 일찍 출발해서 9시가 조금 넘어서 도착했습니다. 가는 길에 보이는 한강 풍경과 깊어가는 가을을 느끼게 해주는 색색의 나무들이 그림 같았습니다. 집 텃밭에는 배나무들이 많이 심겨져 있었고, 자두나무와 복숭아나무, 밤나무, 은행나무도 있었습니다. 밤나무 아래에 떨어진 밤 23개를 주워 집에 갖고 와서 쪄서 먹었는데, 공주밤처럼 맛있습니다. 유실수 외에도 진한 자주색 물감으로 색칠한 것 같은 국화꽃과 사계절 핀다는 사계 장미꽃이 피어 있었습니다. 특히, 별채 식당 입구에는 으름덩굴이 있는데, 한국산 바나나인 으름(저희 고향에서는 '으름'을 '어름'이라고 불렀습니다) 열매가 주렁주렁 달려 있어서 거의 50년 만에 으름열매를 따 먹고, 2개는 아이들에게 보여주기 위해 갖고 왔습니다. 으름의 부활을 위해 화분에 으름의 씨앗을 심어놨습니다. 교수님 부부는 배 농사짓는데 한 해 350만원 정도 소요

되는데, 내년부터는 배 농사는 안 짓고 꽃들만 보기로 결정하셨답니다.

클래식 음악 애호가이신 교수님은 음악을 더 잘 듣기 위해 2층 높이로 천정을 높게 만들고, 극장에서 사용되는 스피커와 4,000여 장의 LP 음반을 소장하고 계셨습니다. 저의 귀가 호강하게끔 다양한 장르의 노래를 틀어주셨는데, 제가 좋아하는 등려군(鄧麗君)의 월야대표아적심(月亮代表我的心) 노래를 남자 가수가 부르는 것을 틀어주셔서 따라 부르기도 했습니다. 교수님이 손수 내려주신 파나마 게이샤(PANAMA GESHA) 커피와 사모님이 따라주신 사과차, 그 지역에서 생산되는 감처럼 큰 대추와 대봉 홍시도 참 맛있었습니다.

점심식사는 한강이 보이는 이탈리안 레스토랑('가람')에서 먹기로 하고 주말이라서 기다릴까봐 식당 오픈 시간 보다 30분 일찍 도착해서 교수님과 '팔당 호반 둘레길'을 걸으면서 교수님의 즐거운 귀촌 생활 이야기를 듣고, 근처에 있는 '경기도 팔당전망대'에 올라 멀리 보이는 두물머리 등 한강 풍경을 보는 즐거움이 있었습니다. 식당은 맛집답게 주문한 샐러드, 피자, 리조또, 안심스테이크의 맛이 일품이었습니다. 식당 바로 앞은 철새 사진을 찍으려는 여러 명의 전문 사진작가들이 철새들을 바라보고 있었습니다. 모델들인 철새들은 자신이 모델이라는 것을 아는지 사진작가들이 보이는 곳에만 잔뜩 모여 있었습니다.

점심식사 후 다시 교수님 댁으로 와서 차를 마시면서 음악을 듣고, 이런 저런 삶에 대한 대화를 나눴습니다. 교수님은 세컨 하우스에 와서 좋은 점이 2가지인데, 첫 번째는 공기가 좋다는 것이고, 두 번째는 잠이 편안하다는 것이라고 하셨습니다. 2층 침대에서 보이는 한강과 교수님이 혼자 쓰시는 방에서 보이는 텃밭의 과일나무들을 보는 것만으로도 행복할 것 같았습니다.

저는 오늘 고윤석 교수님처럼 '제자들이 찾아오는 스승의 삶을 살자'는 다짐을 했습니다. 자식들에게 본이 되는 삶을 살고 싶습니다. 그리고 오늘 교수님의 말씀처럼, "자기 자리를 잘 지키는 것이 곧 나라 사랑하는 것"임을 자녀들에게 다시금 강조해야겠습니다. 사모님은 "봄만 되면 나무를 심고 싶다"고 하셨고, 교수님은 "나무는 가을에 심어야 잘 산다"고 하셨습니다. 두 분의 말씀에 공감합니다. 암튼 추운 겨울을 지낼 수 있어야 진짜 나무이고, 진짜 사람입니다.

아내가 귀가하면서 훌륭한 고윤석 교수님을 지도교수님으로 만나게 된 것도, 저를 만나 한 가정을 이루게 된 것도 참 감사하다는 말을 했습니다. 그래서 저도 "감사합니다"라고 대답했습니다. 모든 것이 하나님의 은혜요, 모든 것이 참 감사한 일입니다. 고윤석 교수님 부부의 건강과 평안을 두 손 모아 기도합니다. 사랑하고 축복합니다.

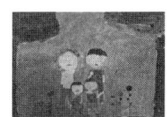
14
가족오락관 2

　베이징 2022년 동계올림픽 개막일(2022. 2. 4.)에 강원도 횡성에 있는 웰리힐리파크로 1박 2일 가족여행을 다녀왔습니다. 가족들은 승용차로 출발했고, 저는 서울역에서 18:31 둔내역행 KTX를 탔습니다. 가족들은 야간 스키를 타고 있어서 둔내역에서 택시를 타고 스키장에 도착해서 스키장 안 식당에서 7,000원짜리 라면을 먹었는데, 비싸서 그런지 너무 맛있었습니다. 그래서 아이들에게도 스키 타고 오면 끓여주려고 편의점에서 라면 2개를 샀고, 포커(poker) 게임을 하기 위해 트럼프(서양식 놀이용 딱지)도 1개 샀습니다. 지난해 12월 어느 날 가족 4명이 생애 처음으로 함께 트럼프로 하는 '훌라' 게임을 했었는데, 이번에는 '포커'와 '하이로우' 게임을 가르쳐서 함께 하려고 했습니다.

　올림픽 개막식이 마쳐질 무렵 아이들이 돌아와서 라면을 끓였는데, 그 라면은 식당에서 먹은 것 보다 10배는 더 맛있었습니다(아들이 라면을 안 먹는다고 해서 제가 아들 몫의 라면을 먹었습니다). 아내와 딸은 피곤하다고 하여 아들에게만 '포커' 게임을 가르쳐주었습니다. '포커' 족보를 메모지에 적어서 가르쳐 주고, 몇 번 연습게임을 하다가 실제로 돈을 걸고 게임을 했습니다. 밤 10시부터 자정까지 게임을 했는데, 제가 포카드를 잡는 등 아들을 압도해서 돈을 많이(?) 땄지만, 한 푼도 안 돌려줬습니다. 아무리 아들이라 해도 수업료는 받아야 하지 않겠습니까?

　아침에 늦잠을 잤습니다. 아침 햇살은 참 따스했으나, 강원도라서 그런지 바깥 온도가 영하 12도였습니다. 스키장 뷔페에서 아침식사를 마친 후 모두 춥다면서 스키를 타지 않겠다고 했습니다. 저도 스키는 탈 줄 아는데, 겁이 많아 A자로만 내려가고 몸이 뻣뻣해서 다칠 염려가 있어서 어느 때부터 스키장에 가더라도 저는 스키는 타지 않고 운전기사 역할만 하고 있습니다.

그래서 숙소에서 쉴 때 저는 아들에게 오전 9시40분경부터 10시30분경까지 짧은 시간에 '하이로우' 규칙을 가르쳐 주고, 실제 돈을 걸고 게임을 해서 짧은 시간에 어제 보다 돈을 더 많이(?) 추수(秋收)했습니다. 아들의 돈은 눈 먼 돈이라서 황금어장(黃金漁場)인데 숙소에서 11시전에는 퇴실해야 해서 부득이 게임을 중단 것이 너무 아쉬웠습니다. 저는 아들에게 서양화(포커와 하이로우, 훌라)는 모두 전수(傳受)해줬고, 다음에는 대한민국의 국기(國技)인 동양화(고스톱)도 전수해 줄 생각입니다. 앞으로 저의 용돈은 아들 지갑에서 마련할 수 있을 것 같습니다.

참고로 형법 제246조 제1항은 '도박을 한 사람은 1천만원 이하의 벌금에 처한다'고 규정하고 있지만, 그 조항에서 '일시적인 오락에 불과한 경우에는 예외로 한다'는 단서를 두고 있습니다. 그러므로 아래 관련 판례에서 보는 바와 같이 아빠와 아들 사이의 카드게임은 일시적인 오락에 불과하여 도박죄의 구성요건에 해당하지 않습니다.

※ 도박죄에 관한 판례

공영주차장 관리사무실에서, 면식 있는 사람들과 카드 52장을 사용하여 1회에 1,000원 내지 4,000원을 걸고 30여 회에 걸쳐 속칭 '훌라'라는 도박을 한 사안에서, 도박의 시간 및 장소, 도박자의 직업, 판돈의 규모, 도박에 이르게 된 경위 등을 모두 종합하여 보아, 피고인의 위 도박행위는 일시 오락의 정도에 불과하다 (부산지방법원 2008. 1. 28. 선고 2007고정4739 판결)

이번 가족여행은 4인 '숙박과 스키, 조식' 패키지 여행상품이라서 어제 사용하지 않은 리프트권 3장으로도 곤돌라를 탈 수 있기 때문에 함께 곤돌라를 타고 스키장 정상에 가보려고 했는데, 갑자기 딸이 가기 싫다고 해서 스키장 입구에서 사진만 찍고 나왔습니다. 제가 나오는 길에 "리프트권이 너무 아깝다."고 했더니, 딸이 그것은 '매몰비용(Sunk Cost)'이라면서 잊어버리라고 했습니다. 저는 '매몰비용'이라는 단어를 처음 들었는데, 다시 되돌릴 수 없는 비용 즉, 의사결정을 하고 실행한 이후에 발생하는 비용 중 회수할 수 없는 비용을 매몰비용이라고 한답니다. 딸의 말대로 매몰비용은 깨끗이 잊어버리는 것이 지혜로운 태도인 것 같습니다.

 스키장에서 바로 집으로 갈 것인지 아니면 동해바다를 보고 갈 것인지 투표를 했는데, 2:2 동율(아내와 아들은 동해안으로, 저와 딸은 집으로)이 나왔습니다. 그래서 딸과 아들의 가위바위보 단판 승부로 어디로 갈 지를 정하기로 했는데, 딸이 이겨서 우리 팀(?) 뜻대로 상경했습니다. 짧은 여행이었지만, 사랑만큼은 짧지 않아 더 행복한 겨울여행이었습니다.

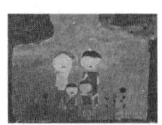

15
가족사진 2

저의 아버지께서 2019년 8월 소천하신 이후 작년(2021년)에 처음으로 광주 송정역시장 근처 '서봄사진관'에서 직계 가족사진을 찍었습니다. 가족들의 나이 들어감을 사진으로 남기기 위해 매년 어머니 생신 때마다 같은 사진관에서 가족사진을 찍기로 해서 올해도 어머니 생신을 맞이하여 그 사진관에서 사진을 찍었습니다. 작년에는 코로나19가 창궐한 때라서 직계가족만 모였는데, 올해는 남동생 가족과 저의 딸이 합류해서 더 좋았습니다. 벌써 1년이라는 시간이 흘렀는데, 그 시간이 엊그제 같고, 어머니와 동생들의 모습은 하나도 변함이 없는 것 같습니다. 같이 늙어가서 그런가 봅니다.

이제 저는 그동안 살아온 날보다 앞으로 살아갈 날이 적게 남은 것 같습니다. 그렇지만, 부모님 덕분에 이 땅에 태어나서 좋은 형제들 만나고, 지혜로운 아내를 만나 귀한 딸·아들도 만나고, 앞으로 만날 미래의 손자손녀를 생각하니 그저 감사한 마음뿐입니다.

어머니가 작년에는 "너희는 늙지 마라"고 하셨고, 올해는 "너희는 주름지지 마라"고 하셨지만, 저는 늙어가는 것이 좋습니다. 성경도 "백발은 영화의 면류관(잠언 16장 31절)이요, 손자는 노인의 면류관(잠언 17장 6절)"이라고 하고 있습니다. 그렇지만, 그냥 늙어가는 것이 아니라 잘 늙어가고 싶습니다.

삶은 만남의 연속이기도 하지만 헤어짐의 연속이기도 합니다. 그렇기 때문에 앞모습보다 뒷모습이 더 좋아야 합니다. 참 좋은 할아버지가 되는 것이야말로 하나님이 주시는 복 중에서 최고의 복이 아닐까요? 그래서 늙음은 슬픔이 아니라 기쁨이고, 축복이고, 행복입니다.

16
아버지 덕분에

저희 형제는 2남 2녀이고, 제가 장남입니다. 저희 아버지는 2019년 8월 8일 소천하셨는데, 그 이후 추석이나 설 명절 때마다 둘째 여동생이 내려올 수 없는 사정이 있어서 4형제 모두가 함께 아버지 산소에 간 적이 없었습니다. 그래서 올해부터는 아버지 기일 전에 4형제가 함께 저의 고향(전남 장흥군 유치면 조양리 상촌)에 모신 아버지 산소에서 모여 추모예배를 드리기로 했습니다. 그래서, 오늘 어머니를 모시고 4형제가 아버지 산소 앞에서 돗자리를 깔고 앉아 추모예배를 드렸습니다. 먼저 찬송가 559장 '사철에 봄바람 불어 잇고' 찬양을 하고, 남동생이 아래 내용으로 저희 형제들의 마음을 담은 기도를 했습니다.

하나님 아버지 감사합니다. 아버지 기일을 맞이하여 우리 식구들 건강한 모습으로 한 자리에 모이게 하시고, 행복한 시간 갖게 해주심에 감사합니다. 또한 아버지를 통해 성실함, 가족에 대한 사랑을 배울 수 있게 해주심에 감사합니다. 매일 새벽에 일 나가시는 모습, 자식들을 위해 항상 과일을 사다주시는 모습, 항상 자식 걱정에 당신께서 먼저 전화하시며 '몸 건강해라. 공부도 중요하지만 몸이 아프면 죽도 밥도 안 된다.'라며 걱정하시는 모습 등 가장으로서 모범이 되는 추억들만 기억하게 하심을 감사합니다. 남은 우리 가족은 아버지와의 기억 소중히 간직하며 세상에 사랑을 베풀며 살아가겠습니다. 이곳에 오지 않은 가족들도 은혜 주시길 바라며, 이 모든 말씀 예수 그리스도의 이름으로 기도합니다.

제가 성경 66권 중에서 가장 좋아하는 성경구절이 마태복음 6장 33~34절이기 때문에, 오늘 가족들과 나눌 하나님의 말씀을 마태복음 6장 19~34절로 정했습니다. 우리가 먼저 하나님의 나라를 구하면 하나님께서 모든 것을 책임져 주실 것이기 때문에 내일 일은 내일 염려하지 않고 살아갈 수 있다는 것을 강조했습니다. 그런데, 참 신기하게도 《변호사 김양홍의 행복한 동행》 1~3권을 출간해주신 도서출판 모리슨 대표 최순환 목사님께서 '노래로 외우는 중국어성경' 유튜브를 개설해서 오늘 오후에 저에게 보내주신 성경구절이 '마태복음 6장 33절'이었습니다. 사도신경으로 신앙고백을 드리는 것으로 추모예배를 마치고, 엄마와 첫째 여동생이 준비해온 찰밥과 복숭아를 먹으면서 행복한 시간을 보냈습니다. 내년에도 오늘과 같은 방법으로 추모예배를 드리기로 했습니다. 산소 주변에서 자생하고 있는 노란색이 예쁜 '루드베키아꽃'을 꺾어서 산소 옆 화병에 꽂아놓고 왔습니다.

이후 할머니 산소에 들렀다가 광주로 가는 길목에 저와 둘째 여동생, 남동생이 고향에서 가까운 곳에 있는 '보림사(寶林寺)'에 가보질 않아 잠깐 보림사에 들렀습니다. 보림사는 신라 860년에 창건된 고찰인데, 국보 제44호인 3층 석탑과 석등은 보수 중이었고, 사람들이 거의 찾지 않아 을씨년스러웠습니다.

광주에 들어서자마자 처가에 들러 장모님과 처남 얼굴을 잠깐 뵙고, 엄마 지인이 운영하는 식당에서 맛있는 점심식사를 하고 상경했습니다. 둘째 여동생의 둘째 딸이 컴포즈 블랙엣지(COMPOSE BLACK EDGE)에서 아르바이트를 하고 있는데, 기특하게도 큰삼촌을 위해 그곳에 판매

하는 커피를 선물로 보내왔습니다. 둘째 여동생이 동화작가인데, 그 커피 선물 봉투에 다음과 같은 감동적인 엽서를 넣어놨습니다.

To. 양홍 오빠

오빠는 저에게 물을 아끼지 않고 부어주셨어요. 덕분에 목마르지 않고 조금씩 잘 자라고 있습니다. 올 여름 건강 잘 챙기시고 앞으로도 '행복한 동행' 계속 이어가시길 응원합니다.

본인 가족 돌보기에도 벅찰텐데 친정엄마처럼 엄마 곁에서 언제나 헌신적으로 엄마를 돌보고 있는 첫째 여동생, 평택에서 오늘 모임을 위해 한 걸음에 와준 둘째 여동생, 늘 유머로서 웃음을 짓게 하는 남동생 그리고 저희 4형제를 낳아주신 엄마와 함께 한 오늘 하루는 행복 그 자체였습니다. 우리 가족들 모두가 하나님 사랑 안에서 항상 강건하고, 날마다 행복하기를 간절히 기도합니다. 천국에 계시는 저희 아버지도 오늘 행복하셨을 것입니다. 아버지가 저의 아버지여서 감사합니다. 제가 아버지 살아생전에는 하지 못한 말을 오늘은 꼭 하고 싶습니다.

아버지 사랑합니다.
아버지 보고 싶습니다.

※ 코람데오닷컴 2022. 8. 7.자 김양홍 변호사의 행복칼럼에 게재된 글입니다.

17
아버지도 늘 건강하세요

지하선 4호선 서울역 스크린 도어에 있는 노영배님의 '첫눈'이라는 시입니다. 저의 아버지는 아들에게 전화하고 싶으실 때는 전화를 잘못거신 것처럼 전화신호 2~3번 만에 끊으셨고, 저는 그 때마다 "무슨 있으세요?"라고 물었습니다. 아버지는 무슨 일이 있어 전화를 하신 것이 아니고, 아들 목소리가 듣고 싶으셨던 것입니다. 아버지는 늘 텔레토비처럼, "애들은 잘 있냐? 건강해야 한다."라는 말씀을 하셨습니다. 지금은 아버지와 전화통화하고 싶어도 할 수가 없습니다. 아버지는 천국에서 저를 보고 계시겠지요. 저의 아들이 전화 받을 때 하는 "여보세요?"라는 말투는 신기할 정도로 저의 아버지의 목소리와 똑같아서 놀라곤 합니다. 아들에게 전화해서 아들을 아버지라고 생각하고, 다음과 같은 말을 해볼까요?

아버지, 애들은 잘 있습니다.
아버지도 잘 계시죠?
아버지도 늘 건강하세요.

18
55세 생일 선물

어제는 저의 55번째 생일이었습니다. 저의 부모님이 꽃피는 좋은 봄날에 낳아주셔서 참말로 감사합니다. 저는 생일을 음력으로 세기 때문에 어느 생일날은 가족과 이웃 중에 그 누구도 저의 생일을 모르고 지나간 적도 있었습니다. 어제도 제가 사무실에 출근한 이후 장모님이 '처가 성경통독방'에 생일 축하한다는 글을 올리시기 전까지 저도, 저의 아내와 딸·아들도 몰랐습니다. 나중에 둘째 여동생과 임희정 공증팀장이 생일을 축하해줘서 처가와 본가, 사무실 식구들이 저의 생일을 축하해줬습니다.

저녁에 장모님이 보내주신 생일축하금으로 가족끼리 밖에서 저녁식사를 하려고 했는데, 천안에서 공부하고 있는 딸의 실습이 늦게 끝났고, 다음날 중간고사 시험도 있어서 함께 식사하는 것을 미뤘습니다. 이수교회 밤기도회를 마치고 돌아와 밤 10시가 다 되어서 남동생이 보내준 아이스크림 생일 케이크(둘째 여동생도 남동생과 거의 동시에 아이스크림 생일 케이크를 보내줬으나, 그 케이크는 제가 둘째 여동생 딸들에게 선물했습니다)로 생일 축하시간을 가졌습니다. 생일 선물로 아내가 검정색 여름 골프복과 편지를, 아들이 편지를 내놨습니다.

저는 아내와 결혼한 후 23년 내내 "다시 태어나도 당신과 결혼하겠다"고 말하고 있지만, 아내는 겉과 속이 같은 사람이라서 "다른 사람과 결혼하겠다"는 입장이었는데, 드디어 '다시 태어나도 당신과 결혼할래요'라는 글을 생일 축하 편지에 담았습니다. 아내의 편지에 있는 바와 같이, 둘이 같이 주님 바라보며 더 나이 들어 천국 갈 때까지 즐겁고 행복하게 살다 예수님 곁으로 가면 좋겠습니다. 아들은 생긴 것과 다르게 아주 작은 편지지에 깨알 같은 글씨로 다음과 같은 생일 축하 글을 써줬습니다.

아빠께

아빠! 생신 축하드려요!!
언제나 건강하시고, 행복하시길 기도할께요.
아버지랑 이야기하고 있으면 정말 즐거워요!
비록 정치 성향은 다르지만, 아빠랑 이야기하다 보면 생각이 넓어지는 기분이에요. 기숙사 가게 되면 아빠랑 먹는 아침이 그리워질 것만 같네요!
항상 감사하고, 사랑해요!

2022. 4. 18.
사랑하는 아들이 올림

올해 저는 아들 생일날 편지를 써주지 못했는데, 아들의 편지를 받으니 아내의 편지만큼 저를 행복하게 합니다. 딸도 중간고사 끝나고 주말에 올라와서 감동적인 생일 축하 편지를 줄 것으로 기대합니다.

하나님과 예수님, 저의 아내와 딸·아들, 본가와 처가 가족, 친구들과 법무법인 서호 식구들, 이수교회 성도님들과 이웃들 모두가 저의 생일 선물입니다. 변호사 자격과 집은 선물 순위에서 한참 뒤입니다. 저는 사랑받기 위해 태어난 사람입니다. 저는 그 사랑 감사히 받고, 또한 그 사랑을 기쁨으로 흘러 보내면서 늙어가고 싶습니다. 저는 이렇게 하루하루 늙어감이 너무 좋습니다. 그래서 언젠가는 저의 꿈인 좋은 할아버지가 되어 있을 것입니다.

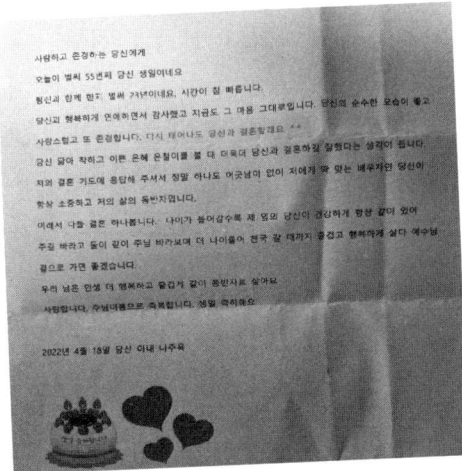

19
위드 코로나(with COVID-19)

1. 첫째 날 : 凡事에 感謝하라

어제(2022. 3. 18.) 저녁식사 후 TV를 보고 있는데, 목이 간질간질하고, 콧물이 나고, 어깨가 쑤시는 등 감기몸살 기운이 있어서 아내에게 각방을 쓰자고 했습니다. 자정 무렵 몸 상태가 좋지 않아 제가 의사 남편으로 산 지 24년차라서 스스로 집에 있는 상비약 중에서 '코싹(코감기 약)과 타이레놀, 코대원 포르테 시럽(기침가래 약)'을 먹고 잠을 청했는데, 밤새 콧물이 나고 온 몸이 쑤셔서 자다 깨다를 반복했습니다.

아침에 눈을 떠보니 하얀 눈이 마구 내리고 있었습니다. 혹시 제가 코로나 감염되었을지 모르기 때문에 저 혼자 누룽지를 끓여 먹고, 아들이 사온 자가진단키트로 아내가 검사를 해줬는데 두 줄 '양성'이 나왔습니다. 그 순간 모두에게 미안한 마음이 들었습니다. 가족들에게, 회사 식구들에게, 제가 섬기는 교회 담임목사님과 성도님들에게 죄송했습니다. 다만, 코로나 감염으로 좋은 점(?)은 매주 제가 해야 하는 화장실 청소가 면제되었고, 한창용 친구가 과일(사과/한라봉/참외)을, '반포중 부자유친' 모임의 김양림 동생이 '통닭과 콜라'를 보내오고, 김용직 형님과 홍창식 형님, 윤철수 교수님, 첫째 여동생이 위로전화를 해줬습니다. 최근에 대한백신학회 부회장이 "미감염자는 대인관계에 문제가 있다."고 말했다고 하는데, 다행히 저는 대인관계만큼은 문제가 없음이 입증되었습니다.

점심 때 아내가 만들어준 우동 한 그릇을 깨끗이 비웠고, 오후에는 아내가 남대문시장에서 사온 '팥이 든 호떡, 호박시루떡과 쑥떡, 체리'를 맛있게 먹었습니다. 저녁에는 밥맛이 떨어져(저에게는 아주 이례적인 일입니다) 누룽지로 저녁식사를 했고, 아내가 때때로 챙겨주는 과일과 따뜻한 물을 먹었습니다. 자고로 주문하지도 않았는데도 갖다 주는 음식이 최고의 음식입니다. 사랑이 듬뿍 담긴 음식이기에 …

아침부터 저녁까지 저와 침대는 혼연일체(渾然一體)가 되어 있고, 누워서 핸드폰을 보거나 CBS 음악FM 라디오방송을 듣는 것이 일입니다. 그렇게 1주일을 보내야 한다고 생각하니까 막막합니다만, 다음 주 재판은 연기하고, 윤철수 교수님 말씀대로 넷플릭스(netflix)에서 하는 드라마나 영화를 실컷 봐야할 것 같습니다.

저희 아파트에서는 남산서울타워가 보입니다. 창가에 있는 '사랑초'가 자신을 봐달라는 듯이 활짝 피었습니다. 아내가 남대문시장에서 본인이 참 좋아하는 '프리지어'('후리지아'는 비표준어) 꽃을 한 다발 사와서 거실에 놨는데, 꽃향기가 참말로 좋습니다. 코로나 후유증으로 후각과 미각을 상실하는 경우가 있다는데, 저는 아직까지는 멀쩡하니 참 감사합니다. 거실에 걸린 저희 집 가훈(家訓)으로, 하나님이 오늘 저에게 주신 '1주일의 쉼'을 갖고자 합니다.

恒常 기뻐하라
쉬지 말고 祈禱하라
凡事에 感謝하라

2. 둘째 날 : 가장 평범한 하루가 가장 행복한 하루

저는 섬기는 이수교회 1부 예배(08:00)와 2부 예배(10:50) 안내를 맡고 있기 때문에 보통 주일에는 06:30경 기상해서 간단히 식사하고 07:20경 집에서 나섭니다. 그런데 오늘은 일어난 시간은 비슷했지만, 예배시간에 예배드리지 못하고(온라인 예배는 2부예배만 드립니다) 아내가 큰 방 책상으로 갖다 준 '부세조기, 샐러드, 김치찌개'에다 아침식사를 했습니다. 몸 상태가 어제보다는 좀 나아진 것 같지만, 두통과 인후통은 여전합니다. 저의 딸은 치과 실습 때문에 천안에서 혼자 지내고 있는데, 2주 전에 코로나 확진을 받고 혼자서 어떻게 견디었지 모르겠습니다. 많이 아팠을텐데 ... 사랑하는 딸의 전화를 받는 것만으로도 행복합니다.

2년 전 코로나 때문에 교회에서 예배를 드리지 못하고, 집에서 온라인으로 처음으로 예배를 드렸을 때 아내와 함께 눈물을 흘렸던 기억이 있습니다. 당연하게 여겼던 모든 것이 하나님의 은혜였습니다. 오늘은 저 혼자 큰 방에서 핸드폰으로 온라인으로 예배를 드렸습니다. 오늘 박정수 담임목사님의 설교 말씀 주제는 '예수의 흔적'(갈라디아서 6장 11~18절)입니다. 예수님 때문에 사랑하고 희생한 흔적이 있어야 하는데, 저에게는 그러한 흔적이 없는 것 같습니다. 반성하고 반성합니다. 하나님께서는 제가 예수님의 제자로 살아가도록 저의 마음을, 저의 입술을, 저의 발걸음을 인도해주실 것으로 믿습니다.

점심식사는 '떡국과 고구마'로, 저녁식사는 '소고기 청경채볶음'으로 맛있게 먹었습니다. 한창용 친구가 보내준 과일은 더 맛있었습니다. 매끼 이렇게 먹다가는 확진자가 아닌 '확찐자'가 될 것 같습니다.

오늘도 CBS 음악FM 라디오방송{한동준의 FM POPS (14:00~16:00), 박승화의 가요 속으로(16:00~18:00), 배미향의 저녁스케치 (18:00~20:00), 김현주의 행복한 동행(20:00~22:00), 허윤희의 꿈과 음악 사이에서(22:00~24:00)}을 들으면서 긴 하루를 마감합니다. 가장 평범한 하루가 가장 행복한 하루입니다.

3. 셋째 날 : 코로나는 전화로도 감염?

출근해야 하는 월요일 아침 일어났다가 그냥 다시 눈을 감았습니다. 인후통이 여전해서 침대에 누워있는 것도 편치 않았습니다. 아침 9시경 아들이 갖다준 소고기죽으로 아침식사를 하고, 그냥 또 누웠습니다. 오전에 이수교회 박정수 담임목사님이 전화주셔서 기도까지 해주셨고, 목사님께서 "주일에 장로님이 안 계셔서 교회가 텅 빈 것 같았습니다." 는 말씀을 해주셔서 미안한 마음과 감사한 마음이 들었습니다.
저희 사무실 한성모 실장님은 지난주 목요일에, 저는 지난주 토요일에, 이재철 국장님은 주일에 코로나에 확진되었는데, 저희 사무실 식구들 단톡방에 김정현 변호사님이 올리신 글이 저를 감동케 했습니다. 이재철 국장님도 같은 취지로 말씀하셨는데, 제가 말렸습니다. 저는 참 인복(人福)이 많은 사람입니다.

저는 세 분 복귀하실때까지 검사 안하려구요..
사무실 지켜야죠
이 기회에 푹 쉰다 생각하시고 즐기세요!

점심 때 아들이 토스트 만들어 준다고 했는데, 제가 라면이 먹고 싶어 라면을 끓여달라고 해서 라면을 먹었는데, 생각보다 맛이 없었습니다. 코로나가 입맛을 떨어뜨리는 것은 확실합니다. 오늘은 CBS 라디오 방송도 듣지 않았습니다. 작년부터 저의 장모님과 처제, 처남 그리고 저의 부부가 함께 성경통독을 하고 있는데, 오늘 묵상해야 하는 사사기 1~5장이 이해가 잘 안 되어서 세 번이나 읽었습니다. 코로나가 이해도도 떨어뜨리나 봅니다.

저녁식사는 박정수 담임목사님이 아들 핸드폰으로 보내주신 '본죽' 선물로 아들이 갖다 준 녹두죽으로 맛있게 식사를 했습니다. 특히 오늘 점심 때는 김용직 형님이 조선호텔 초밥과 냉모밀을 보내주시겠다고 한 것을 제가 마음만 받겠다고 거절하기도 했습니다. 제가 특별히 해드린 것도 없는데, 과분한 사랑을 받는 것 같습니다.

저녁식사를 하고 있을 때 매일같이 안부전화를 해주던 윤철수 교수님이 코로나 확진되었다는 소식을 듣고 전화드렸더니 윤교수님이 대뜸 "전화로도 코로나가 감염되는 것 같다."는 말을 했습니다. 정말 그럴 수도 있겠다는 생각이 들 정도로 코로나가 널리 퍼져있는 것 같습니다. 윤교수님과 저 그리고 코로나에 감염된 여러분 모두가 무사히 건강을 회복하기를 기도합니다.

'돈을 위해 군검사가 된 도배만과 복수를 위해 군검사가 된 차우인이 만나 군대 내의 검고 썩은 악을 타파하며 진짜 군검사로 성장하는 이야기를 그린다' (드라마 소개 글)고 하는 tvN 월화드라마(오후 10시

30분) '군검사 도베르만'이 곧 시작됩니다. 제가 군에서 군검사와 군판사, 법무참모 등의 업무를 맡고 있는 군법무관 출신이라서 그런지 드라마를 보면 볼수록 재미가 더 해지는 것 같습니다. 2명의 군검사가 악당을 물리치는 장면을 본다고 생각하니까 인후통이 사라지는 것 같습니다(조금 전 진통제를 먹기도 했습니다만). 함께 보시지요!!

4. 넷째 날 : 미리 보는 할아버지 김양홍

　어젯밤 진통제를 먹어서 그런지 오늘 새벽은 잠을 깨지 않고 푹 잘 잤습니다. 오늘 같으면 정말 살 것 같고, 석 달 열흘도 쉴 수 있을 것 같습니다. 아침 7시경 눈을 떠서 아들이 차려줄 아침식사를 기다리고 있는데, 아들이 밤새 게임을 하느라 늦게 잤는지 감감무소식이었습니다. 결국 오전 10시가 다 되어서 아침식사를 하게 되었고, 점심식사는 아들이 미안했는지 12시30분경 챙겨줘서 잘 먹었습니다. 제가 격리생활을 하고 있는 큰 방에서도 남산이 보이는데, 점심식사를 마치고 아들이 갖다 준 과일을 먹으면서 라디오에서 흘러나오는 가요를 듣는 것도 나름 운치(韻致)가 있습니다.

　오늘은 한국 최초의 밀리언셀러 소설가 김홍신 선생님, 싱글 맘을 섬기는 다비다자매회 신임 회장으로 취임하실 이주은 목사님, 경기도화물협회 염상빈 전무님의 격려 전화와 여러분의 카톡 문자를 받았습니다. 특히 저희 법무법인 서호 김정현 변호사님의 부친께서 '안상규벌꿀' 선물을 보내주셨습니다. 제가 주위 분들로부터 과분한 사랑을 받고 있다는 생각에 참 행복합니다. 사람은 '사랑'만 있으면 살 수 있습니다. 우리 아무리 힘들어도 서로 사랑하면서 살아갑시다.

오후에는 저의 딸이 천안에서 생활하던 중 코로나에 감염되어 혼자 격리되어 지내다가 오늘 오랜만에 집에 왔는데, 제가 좋아하는 회를 사 가지고 왔습니다. 참 마음이 고운 딸입니다. 저녁 무렵 저의 남동생이 저의 4형제 단톡방에 지금의 사진을 나이든 사진으로 바꿔주는 FaceApp을 통해 미래 할아버지 남동생의 사진을 보내왔는데, 그 사진에 소천하신 아버지의 모습이 보여서 깜짝 놀랐습니다. 그래서 저도 따라서 해봤습니다. 저의 미래 할아버지 김양홍의 모습을 보니 참 신기했습니다. 또한 저의 꿈이 할아버지인데, 그 꿈을 이룬 저의 모습을 미리 보니 무척 반가웠습니다. 물론 저는 지금도 좋지만 얼른 할아버지가 되고픈 마음은 변함이 없습니다. 그 사진을 보고 아들이 "장로님 같다"고 하고, 아내도 "나이가 드시니 정말 인자한 장로님 얼굴이네요"이라고 하니까 기분이 좋았습니다. 저의 얼굴에도 저의 아버지의 모습이 보입니다. 그래서 기분이 더 좋습니다. 아버지가 많이 보고픈 밤입니다.

5. 다섯째 날 : 사랑받기 위해 태어난 사람

전날 낮잠을 많이 자서 그런지 밤새 잠을 설치다가 새벽 4시가 넘어 겨우 잠이 들었습니다. 딸이 아침 9시경 아침식사 하라고 깨워서 세수도 하지 않은 채 저의 밥상인 큰 방 책상에 앉았습니다. CBC 음악FM '아름다운 당신에게(09:00~11:00)'에서 흘러나오는 클래식 음악을 들으면서 아내가 어제 저녁 만들어 놓은 김치찜과 미역국에 아침식사를 했습니다. 딸이 과일을 갖다 주면서 저의 모습을 보고 "너무 고급진데요"라고 했습니다. 오늘 바깥 날씨는 조금 흐리지만, 저를 사랑하는 하나님과 가족, 이웃이 있어서 오늘도 저의 마음은 맑습니다.

저는 보통 사무실에 출근하면 습관적으로 커피를 마시는데, 지난주 토요일부터 수요일인 오늘까지 커피 한 잔을 안 마셨습니다. 그래서 오늘 아침은 아들에게 커피를 주문하려고 아들을 불렀는데, 온라인 강의 듣는 중이라서 그냥 포기했습니다.

이수교회 박정수 담임목사님이 매일 아침 보내주시는 아침 QT의 오늘 성경말씀은 출애굽기 32장 7~14절인데, 클래식 음악을 들으면서 묵상하는 것도 좋은 것 같습니다. 오늘 말씀은 하나님의 계시를 받기 위해 시내산에 올라간 모세가 40여일이 지나도록 내려오지 않자, 이스라엘 백성들이 그 새를 못 참고 금으로 송아지 형상을 만들어 신으로 숭배를 하는 것에 대해 하나님이 이스라엘 백성들을 모두 진멸하시겠다고 합니다. 그러자 모세가 하나님께 논리적인 제안을 드리면서 이스라엘 백성들을 살려달라고 간절한 중보기도를 하였고, 그 결과 하나님께서 분노를 그치신다는 내용입니다. 저 자신부터 앞으로 어떠한 경우에도 하나님을 대신 할 금송아지(우상숭배 대상)를 만들지 않고, 가족과 이웃을 위해 중보기도(仲保祈禱)하는 삶을 살도록 마음을 다하겠습니다.

처가 식구들과 함께 하는 성경통독방에서 오늘 묵상해야하는 성경말씀은 사사기 10~16장인데, 당시 이스라엘 백성들은 우상숭배를 정말 밥 먹듯이 했습니다. 그렇지만 지금 우리들의 모습도 그들과 다를 바는 없는 것 같습니다. 우상숭배의 대상이 바알신과 금송아지에서 돈, 명예, 자식 등으로 바뀌었을 뿐 ...

　어제 잠을 제대로 자지 못해서 그런지 오늘은 거의 하루 종일 무기력하게 침대에 누워있다시피 했습니다. 그래도 오늘 제가 섬기는 이수교회 새가족인 양호석・윤자연 부부가 도라지배즙 50포(10포×5박스)를 보내주셨고, 이수교회 밤기도회(20:00) 피아노 반주를 해주고 계시는 정성희 권사님이 홍삼을 보내주셨습니다. 저는 '당신은 사랑받기 위해 태어난 사람' 찬양가사 그대로 저의 삶 속에서 그 사랑을 받고 있습니다. 저는 사랑받기 위해 태어난 대한민국에서 가장 사랑을 많이 받는 장로입니다. 감사하고 감사합니다.

　또한 저녁에는 딸이 삼겹살을 사가지고 와 맛깔나게 구워줘서 저녁 식사를 맛있게 하고 나니, 전기차에 전기가 충전된 것 같습니다. 딸은 오늘 넷플릭스 드라마 보조출연 아르바이트 갔다 와서 피곤할텐데 저의 밥상을 차려주고 천안으로 내려갔고, 아들은 오후에 학원 아르바이트 가서 밤늦게 들어오고, 아내는 오늘 저녁 당직이라서 병원에 있어서 지금 집에는 저 혼자 밖에 없는데, 혼자 있으니까 TV 보는 것도 재미가 없습니다.

　코로나 감염 때문에 5일 동안 방에 갇혀서 거의 먹고 자고만 반복했더니 예배드릴 수 있고, 일할 수 있고, 만날 수 있는 것이 하나님의 큰 은혜라는 것을 절실히 느낄 수 있었습니다. 저의 위드 코로나 이야기는 오늘 마감하고자 합니다. 함께 해주신 여러분을 사랑하고 축복합니다. 코로나에 감염되지 않도록 조심하시고, 늘 하나님 사랑 안에서 강건하소서♡

20
콘푸레이크가 뭔 죄냐?

밤기도회 다녀와서 그렇게 먹을 거면 밤기도회에 가지 말아요!

아빠의 아내이자 너희들 엄마의 뼈아픈 지적이다.
아빠가 너희들 앞에서 본이 되지 못해 미안하다.
아빠는 오늘부터 밤기도회 다녀와서 물 외에는 먹지 않도록 할게.
은혜은철이도 건강을 위해서 밤 9시 이후에는 먹지마라.
누구든지 밤 9시 이후에 먹으려고 하면 우리 서로 뜯어 말리자!!
콘푸레이크가 뭔 죄냐?(어젯밤 아내가 콘푸레이크를 버림)
아빠 닮아서 너희들도 그렇다는 말을 더 이상 듣고 싶지 않다.
아빠처럼 너희들도 밤 9시 이후에는 먹지마라.
아빠는 너희들의 본이 되고 싶다.
너희들도 나처럼 해라!

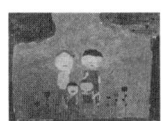
21
딸 셰프의 첫 냉이된장국

서울에 눈이 조금 쌓일 정도로 내린 오늘(2022. 1. 17.) 저녁 저의 딸 은혜 셰프가 엄마를 돕겠다면서 저녁식사 후 생애 처음으로 냉이된장국을 끓였습니다. 비록 엄마 셰프의 도움을 받았기는 했지만, 완벽한 냉이된장국을 만들어 냈습니다. 맛은 두말할 필요 없이 맛있습니다.

그런데 아쉽게도 저는 내일 아침 건강검진이 예약되어 있어서 그 맛있는 국을 내일 아침에는 먹지 못합니다. 엄마를 위해서 앞으로도 요리를 하겠다는 은혜 셰프가 참 은혜스럽죠? 저는 그 맛을 하루 24시간 온전히 저축해 두겠습니다. 아마 그 맛은 복리(複利)로 늘어나 있을 것입니다.

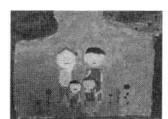
22
은혜의 밥상

  오늘 저녁식사는 저의 딸 은혜가 혼자서 생애 처음으로 냄비밥을 하고, 직접 삼겹살에 고추장을 버무린 고추장 삼겹살을 준비하고, 집 근처 후암시장에 직접 가서 사온 싱싱한 상추로 상추쌈을 했습니다. 또한 저는 누룽지를 참 좋아하는데, 누룽지가 구수하게 잘 눌러서 참말로 맛있었습니다. 제가 지난 주말에 감기에 걸렸는데(코로나 신속항원검사 결과는 음성), 그 감기가 다 나은 기분입니다. 특히 오늘 식사기도를 딸에게 시켰는데, "오늘 하루를 주셔서 감사합니다."라는 기도를 했습니다. 그리고 식사하면서 제가 가장 좋아하는 성경구절 마태복음 6장 33~34절을 함께 외웠습니다. 저의 딸 은혜의 은혜로운 밥상을 받게 해주신 하나님께 감사합니다. 모든 것이 하나님의 은혜입니다.

> 그런즉 너희는 먼저 그의 나라와 그의 의를 구하라 그리하면 이 모든 것을 너희에게 더하시리라 그러므로 내일 일을 위하여 염려하지 말라 내일 일은 내일이 염려할 것이요 한 날의 괴로움은 그 날로 족하니라(마태복음 6장 33~34절)

23
은혜의 스물네 번째 생일 축하 편지

사랑하는 나의 딸 은혜에게
가을 하늘 보다 더 예쁜
나의 딸 은혜의 스물네 번째 생일을
미리 축하하고 축하한다.
가을 하늘 보다 더 고운 나의 딸 은혜의 삶을
미리 축복하고 축복한다.
가을 하늘 보다 더 사랑스러운
나의 딸 은혜의 행복한 내일을
미리 감사하고 감사한다.

우리 은혜가 엄마아빠 딸이라서 참 감사하다.
우리 은혜가 엄마아빠 딸이라서 참 기분좋다.
우리 은혜가 엄마아빠 딸이라서 참 행복하다.
우리 은혜가 엄마아빠의 기쁨이라서 너무 좋다.
우리 은혜가 엄마아빠의 희망이라서 너무 좋다.
우리 은혜가 엄마아빠를 사랑해줘서 너무 좋다.

사랑하고 사랑한다.
축복하고 축복한다.

2022년 10월 마지막 주말 오후

어느 카페에서 따뜻한 커피를 마시면서
나의 딸 은혜를 생각하면서 위 글을 쓰다.

사랑하는 나의 딸 은혜에게

가을 하늘 보다 더 예쁜
나의 딸 은혜의 스물네 번째 생일을
미리 축하하고 축하한다.
가을 하늘 보다 더 고운
나의 딸 은혜의 삶을
미리 축복하고 축복한다.
가을 하늘 보다 더 사랑스러운
나의 딸 은혜의 행복한 내일을
미리 감사하고 감사한다.

우리 은혜가 엄마아빠 딸이라서 참 감사하다.
우리 은혜가 엄마아빠 딸이라서 참 기분좋다.
우리 은혜가 엄마아빠 딸이라서 참 행복하다.

우리 은혜가 엄마아빠의 기쁨이라서 너무 좋다.
우리 은혜가 엄마아빠의 희망이라서 너무 좋다.
우리 은혜가 엄마아빠를 사랑해줘서 너무 좋다.

사랑하고 사랑한다.
축복하고 축복한다.

2022년 10월 마지막 주말 오후

어느 카페에서 따뜻한 커피를 마시면서
나의 딸 은혜를 생각하면서 위 글을 쓰다.

사랑하는 나의 딸 은혜에게

사랑하고 축복한다.
날마다 하나님 사랑 안에서
행복하고 행복해라.
2022. 11. 2.
김은혜 아빠

24
마땅히 해야 할 일

　제가 섬기는 이수교회는 월요일부터 금요일까지 밤 8시부터 밤기도회가 있습니다. 피아노 반주는 다른 교회를 섬기시는 권사님이 지난해 12월부터 이수교회 자매님과 번갈아가면서 하고 계시고, 제가 모르는 다른 교회 성도님 몇 분도 밤기도회에 참여하고 계십니다. 저도 피곤하여 쉬고 싶을 때도 있지만 불가피하게 밤기도회에 참여하지 못하는 때 외에는 하나님께 예배드릴 수 있고, 기도할 수 있는 밤기도회에 빠지지 않도록 노력하고 있습니다. 이는 제가 '마땅히 해야 할 일'이기 때문입니다.

　어젯밤 밤기도회를 마치고 귀가하기 위해 시원한 밤바람을 맞으며 동작역으로 걸어가고 있는데, 병원 당직 근무 때문에 천안에 있는 아내로부터 전화가 왔습니다. 본인이 환자로부터 선물 받은 맛있고 큰 사과 3개와 사과주스 3~4개를 딸이 있는 오피스텔로 갖고 왔는데, 딸이 곧장 같은 오피스텔 건물에 있는 친구에게 사과 1개와 사과주스 2개를 갖다 준 것에 대해 어떻게 생각하느냐는 전화였습니다. 제가 전화기에 딸의 목소리가 들려 "역시 내 딸 답다, 잘 했다"라고 대답했더니, 아내는 "그렇게 대답할 줄 알았다"고 했습니다. 딸이 친구를 생각하는 마음은 분명 사랑하는 마음입니다. 딸처럼 사랑하는 것이 마땅하고, 남의 유익을 구하는 것이 마땅합니다. 3일 동안 세탁을 하지 않아서 빨래거리가 가득해 세탁기를 밤늦게 돌렸더니 새벽 2시가 넘어야만 건조가 끝나게 되었습니다. 그래서 아들에게 뒷정리를 맡기려다가 너무 늦은 시간이라서 제가 하겠다고 말을 해놓고 깜박 잠이 들었습니다. 아침 6시경 일어나보니 빨래가 차곡차곡 정리되어 있었고, 세탁기 먼지 수집기까지 깨끗이 씻어놨습니다. 종전에는 아들에게 세탁을 맡기면 깜박하는 경우가 많아 건조를 한 참 후에 하다 보니 구겨진 세탁물을 다려야하는 경우가 많았는데, 이제 아들이 세탁은 자신이 마땅히 해야 할 일로 안 것입니다. 앞으로는 아들에게 세탁을 믿고 맡겨도 될 것 같습니다. '마땅히 해야 할 일'을 하고 있는 사랑하는 저의 딸과 아들 때문에 오늘은 더 행복할 것 같습니다.

사랑하는 자들아 하나님이 이같이 우리를 사랑하셨은즉 우리도 서로 사랑하는 것이 마땅하도다(요한복음 4장 11절)

25
딸 이삿집 옮긴 날

　오늘은 저의 딸 은혜가 천안에서 4년 동안 따로 생활해야 해서 아이들과 함께 옷, 이불 등 살림살이 도구를 승용차로 옮겼습니다. 저는 새벽 2시경 겨우 잠들었는데, 새벽 4시35분경 잠에서 깼습니다. 딸이 시집가는 것도 아닌데 … 저는 아이들과 식사할 때는 항상 함께 기도하는데, 운전할 때는 생략할 때가 많았습니다. 그렇지만, 오늘은 출발할 때 함께 기도하자고 하면서 제가 기도했습니다.

하나님 아버지
오늘 하나님의 귀한 딸 은혜가 4년 동안의 천안생활을 위해 이사짐을 옮깁니다. 오늘 오가는 길을 지켜주시고, 은혜가 천안에서 생활하는 동안 매일 주님과 동행하게 하시고, 건강을 지켜주시고, 좋은 식생활습관을 갖게 하시고, 하루하루를 감사함으로 채우게 하옵소서. 항상 감사하는 마음 주시옵소서, 모든 것을 감사드리며, 예수님의 이름으로 간절히 기도합니다.

아침식사도 하지 않은 채 06:30경 집을 나섰는데, 딸은 밤새 설레서 잠을 자지 못했다고 하고, 아들은 꼭 여행가는 것 같다고 했습니다. 천안으로 내려가는 승용차 안에서 딸과 이런 저런 이야기를 하는 과정에서 딸은 남사친(남자 사람 친구)이든 미래의 남자친구든 남자는 그 누구라도 가족 외에는 딸 오피스텔에 발을 들여 놓지 않게 하고, 딸도 남자 집에 방문하지 않을 것을 저와 굳게 약속했습니다. 2019년 아내가 성경 1독하고 교회에서 받은 탁상용 십자가와 제가 작년에 성경 1독하고 교회에서 받은 벽시계를 갖고 가 딸 책상 위에 두고, 벽에 걸어놨습니다. 우리 은혜가 4년 동안 일상에서 주님과 동행하면서 학업에도 정진하여 하나님께 인정받는 치과의사로 거듭나길 간절히 기도합니다.

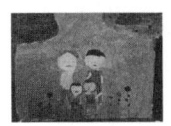

26
딸이 닮고 싶은 사람

　천안에서 공부하고 있는 저의 딸이 오늘 이수교회 특별 밤기도회 참석하기 위해 왔고, 아들도 평상시 밤기도회는 1주일에 한 번 정도만 참석하는데 오늘 두 번째로 참석해서 함께 은혜 받아 참말로 좋았습니다. 특히 저의 첫째 여동생이 오늘 제가 쓴 글('아빠와 아들의 꿈')에 첨부한 2005년도 저의 딸과 아들 사진이 너무 예뻐서 전화했는데, 예배 마치고 귀가하는 길에 아이들과 함께 승용차 안에서 스피커폰으로 기쁘게 전화통화했습니다. 딸이 전화통화 후 갑자기 "미란이 고모(첫째 여동생)는 제가 닮고 싶은 사람"이라고 했습니다. 딸의 눈에는 힘든 삶 가운데서도 늘 밝게 살아가는 첫째 여동생의 모습이 너무 좋았나 봅니다. 그래서 제가 다시 첫째 여동생에게 전화해서 딸이 해준 말을 전했더니 너무나 행복해 했습니다. 이후 딸이 전화통화 중 "고모는 비타민 같은 사람이에요"라는 칭찬도 했습니다. 첫째 여동생은 아마 오늘 기뻐서 잠을 못 잘 것 같습니다.
　이후 장모님께 전화가 왔는데, 딸이 외할머니에게 "믿고 기도 부탁할 수 있는 분"이라고 하면서 자신의 기도제목을 외할머니에게 말했습니다. 오늘밤은 참 예쁜 딸의 모습을 통해 더 행복합니다. 오늘밤처럼 저희 아이들과 함께 주님과 동행하면서 늙어가고 싶습니다. 평안한 밤 보내소서♡

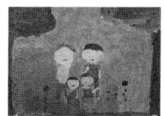
27
사랑하는 딸

사랑하는 나의 딸 은혜에게

너는 하나님이 사랑하시는 귀한 딸이다.
너는 엄마아빠의 보물이다.
너는 엄마아빠의 자랑이다.
너는 엄마아빠의 기쁨이다.
너는 엄마아빠의 행복이다.
너는 엄마아빠의 전부이다.

너도 하나님이 사랑하시는 딸처럼 살아라.
너도 엄마아빠의 보물임을 잊지 말아라.
너도 엄마아빠의 자랑임을 잊지 말아라.
너도 엄마아빠의 기쁨임을 잊지 말아라.
너도 엄마아빠의 행복임을 잊지 말아라.
너도 엄마아빠의 전부임을 잊지 말아라.

삶은 해석이다.
하나님께서 주신 너의 삶을 감사함으로 해석하길 바란다.
그래서 너는 오늘도 행복해야 한다.
너는 소중한 하나님의 딸이고, 너는 소중한 나의 딸이다.
사랑하고 사랑한다.
축복하고 축복한다.

28
사랑하는 아들

사랑하는 나의 아들 은철에게

아빠는 늘 아들의 편이다.
아빠는 늘 아들의 편일수밖에 없다
(정치적인 견해만 빼고).
아빠는 늘 아들을 믿는다.

아빠는 늘 아들이
성품 좋은 믿음의 배우자를 만나길 기도한다.
아빠는 늘 아들이
행복한 가정을 이루길 기도한다.
아빠는 늘 아들이
하나님과 행복한 동행하기를 기도한다.

아빠는 늘 아들을 응원한다.
아빠는 늘 아들을 축복한다.
아빠는 늘 아들을 사랑한다.

29
아빠와 아들의 꿈

오늘 아침 밥상머리에서 아들과 함께 각자의 꿈에 대해서 이야기했습니다(아내는 일찍 출근, 딸은 학업을 위해 주중에는 천안에 거주). 저의 꿈은 "좋은 하나님의 성도, 좋은 남편, 좋은 아빠, 좋은 아들, 좋은 변호사가 되는 것"이라고 했고, 아들은 "잘 사는 것(돈 잘 버는 것이 아니라)"이라고 했습니다. 제가 아들에게 삶의 우선순위는 "① 좋은 하나님의 성도, ② 좋은 남편, ③ 좋은 아빠, ④ 좋은 아들"이 되도록 하라고 조언했습니다. 저는 아들이 초등학교 저학년일 때 역사에 심취해서 "역사학자가 되고 싶다"고 하자 제가 일언지하(一言之下)에 "뭐 먹고 사냐?"고 반문하면서 어린 아들의 꿈을 꺾은 적이 있습니다. 지금 생각해도 너무나도 어리석고 부끄러운 저의 모습입니다. 그런데, 그 아들이 22살이 되어 자신의 꿈이 "잘 사는 것"이라고 대답하는 것을 보니 참 대견스러웠습니다. 저의 꿈과 아들의 꿈이 비슷하지 않나요? 제가 아들에게 "너도 너의 자식들에게 의사가 되라고 할 것이냐?"고 물었는데, 아들은 "제가 아직 경험해 보지 않아 모르겠습니다."라고 대답했습니다. 아들의 생각이 저보다 더 깊은 것 같습니다. 아내는 자신의 직업에 대한 만족도가 매우 높은데(저도 나름 저의 직업에 대한 자부심이 높습니다만 아내만은 못합니다), 딸과 아들도 엄마처럼 자신이 하는 일에 만족하면서 하나님의 영광과 이웃의 유익을 위해 살아갔으면 좋겠습니다. 저의 가족 모두가 각자의 자기의 자리를 잘 지키면서 '날마다' 행복한 삶을 살아가기를 기도합니다.

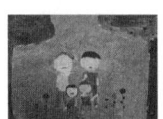
30
힘을 얻습니다

사랑하는 아들이 어젯밤 저녁식사도 하지 않은 채 과외를 하고 밤늦게 귀가해서 아내가 라면을 끓여줬습니다. 아들도 저에게 사발에 끓인 신라면을 먹어 보라고 했고, 저도 얻어먹으려고 했지만, 아내가 살찐다고 못 먹게 해서 먹지 못했습니다. 아들과 단 둘이 있었으면 분명 라면 2개를 끓여서 밥까지 말아먹었을텐데 … 아쉽습니다. 아들이 저 들으라고 한 것인지 모르지만 "엄청 맛있습니다!"고 했습니다. 자고로 음식을 맛있게 먹으려면 굶어야 합니다. 시장이 최고의 반찬입니다.

아들은 2021년 1월부터 이수성결교회 유치부 교사로 섬기고 있는데, 어제 라면 먹을 때 아내가 "유치부에 자녀가 있는 집사님들이 아들이 아이들과 잘 놀아줘서 든든하다고 했다."고 하자, 아들이 "유치부에 가면 힘을 얻는 것 같습니다. 유치부 교사하길 정말 잘 한 것 같아요."라고 했습니다. 참말로 감사한 말입니다. 아들은 엄마가 본과 다닐 때 교회학교 교사를 했듯이 아들도 내년에 본과에 진학하더라도 계속 유치부 교사하기로 했습니다.

저의 미래의 유언대로 사랑하는 딸과 아들이 꼭 주일성수를 하고 있고, 딸도 엄마가 그랬듯이 어제 2박 3일 전국 CMF(한국누가회) 수련회에 갔습니다. 아들도 이수성결교회 중고청 수련회를 지난주 금요일부터 주일까지 참여했고, 유치부 교사로서 유치부 여름 성경학교에 참여하고 있습니다. 또한 딸은 이수성결교회 밤기도회에 갈 수 있을 때 가끔 참여하고, 아들은 1주일에 한 번은 밤기도회에 참여하고 있습니다. 참으로 감사합니다. 저희 아이들이 언제 어디서나 하나님의 영광과 이웃들의 유익을 위해 살아가기를 날마다 기도합니다. 저희 가족들 모두가 세상의 소금으로 살아가길 소망합니다.

너희는 세상의 소금이니 소금이 만일 그 맛을 잃으면 무엇으로 짜게 하리요 후에는 아무 쓸 데 없어 다만 밖에 버려져 사람에게 밟힐 뿐이니라(마태복음 5장 13절)

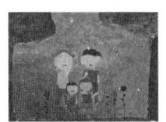

31
내리 갈굼도 사랑입니다

　창가로 햇살이 마구 쏟아지는 4월 넷째 주말 아침 아내가 냄비밥과 그저께 문용화 동생이 선물해준 표고버섯을 넣은 오뎅탕을 끓여주어 맛있게 먹었습니다. 저희 집 냉장고에는 올해 설 때 선물 받은 사과가 아직도 남아 있어서 사과를 2개나 깎았고, 남기면 안될 것 같아 8조각 중 6조각을 먹었더니 아내가 "과일도 많이 먹으면 당 오르니까 그만 먹어요!"라고 했습니다. 그래서 저도 신문을 보면서 느긋하게 밥 먹고 있는 아들에게 "빨리 먹어라!"고 했더니(딸은 중간고사 때문에 아침 일찍 천안 내려감), 아들이 "내리 갈굼"이라는 표현을 했습니다. 최상위 포식자(아내의 표현)로부터 내려오는 피라미드형 갈굼 체계입니다.
　아들은 항상 식사를 마치자마자 화장실로 달려갑니다. 아들이 설거지 하는 것이 싫어서 의도적으로 화장실로 피신한다는 의심마저 들기도 합니다. 그래서 성질 급한 제가 가끔 설거지를 하는 경우도 있는데, 오늘만큼은 아들한테 설거지를 시킬 생각입니다. 아들을 갈구는 (갈구다 : 사람을 교묘하게 괴롭히거나 못살게 굴다) 즐거움은 아들이 아빠가 되기 전에는 결코 알 수 없는 즐거움입니다. 아들보다 손자를 갈구는 즐거움은 더 크지 않을까요? 기대만땅입니다!!

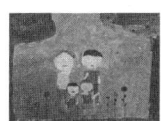

32
8년 전과 8년 후의 모습

1. 2016년 어느 날 아침 중학교 2학년 아들과의 대화

김양홍 : 인생이란 무엇인가?
아들 : 그냥 사는 거죠.
김양홍 : 왜 사는가?
아들 : 종족 번식을 위해 사는 거죠.
김양홍 : 어떻게 살아야 할까?
아들 : 인류 발전을 위해 살아야죠.

2. 2022년 어버이날 아들의 편지

사랑하는 부모님께

엄마 아빠 사랑해요!
저를 낳고 길러주신 부모님 은혜 평생 잊지 않겠습니다. 언제나 주님 안에서 사랑이 넘치는 삶을 사시길 기도할게요! 누나와도 항상 사이좋게, 우애가 넘치게 지내겠습니다. 자식들도 여러 명 낳아서 대가족을 이루는 것을 목표로 할게요! 언제가 건강하시고, 사랑해요♡

2022. 05. 07.
아들 김은철 올림

8년이란 시간이 지났지만, 종족 번식을 위해 산다는 아들의 생각은 변함이 없는 것 같습니다. 아들은 본인의 목표대로 대가족을 이루어 종족 번식을 하고, 인류 발전을 위해 살아갈 것으로 믿습니다. 아들의 아들도 같은 마음가짐으로 살아간다면 대대로 '경주 김씨'의 종족은 번식되고, 그와 더불어 우리 조국 대한민국 국민들과 인류의 삶은 조금씩 발전해 가리라 믿습니다.

  아들이 대가족을 이루든 소가족을 이루든 제가 할아버지가 되는 것은 분명해보입니다. 아들보다 두 살 많은 저의 딸도 얼른 시집가고 싶어 하기 때문에(딸이 대학 재학 중에 시집가고 싶다는 것을 저희 부부가 설득해서 대학 졸업 후에 시집가는 것으로 바꿔놨습니다) 저의 꿈인 할아버지가 되는 것은 시간문제입니다. 이제 저만 잘 하면 됩니다. 몸과 마음이 건강한 할아버지가 되기 위해서 마음과 뜻을 다하도록 하겠습니다. 아마 8년 후에는 종족이 번식되어 있지 않을까요?

33
아빠보다 생존능력이 좋은 아들

　2022년 근로자의 날이자 주일인 오늘 제가 오전 08:00 1부 예배와 10:50 2부 예배 대표기도를 드렸습니다. 제가 대표기도를 하기 위해 단상에 올라 예배 시작송 '사랑합니다 나의 예수님'을 찬송하는데, 갑자기 하나님의 은혜에 감사하는 눈물이 났습니다. 감사의 눈물을 꾹 참으면서 대표기도를 마친 후 봉헌찬송으로 찬송가 563장 '예수 사랑 하심을'을 찬양할 때도 감사의 눈물은 끊이지 않았고, 박정수 담임목사님의 은혜로운 설교 말씀(주제 : 주의 능력으로 통과하리라, 성경 : 여호수아 3장 14~17절)을 들은 후 헌신의 시간에 '왜 나만 겪는 고난이냐고' 찬양을 할 때는 찬양을 거의 하지 못할 정도로 감사의 눈물을 흘렸습니다. 뒤에서 손수건으로 눈물을 닦던 저의 모습을 보신 어느 집사님이 저의 아내에게 "집에 무슨 일 있냐?"고 물었답니다. 오늘 예배 시간 내내 찬양을 통해 감사의 은혜를 부어주신 하나님께 감사합니다.
　2부 예배를 마친 후 새가족으로 등록한 자매님을 위한 김혜란 목사님의 4영리 교육에 참여하고, 식사 할 시간이 없어서 점심식사도 못한 채 오후 2시 서울강남지방장로회 임원회의를 참석하고 귀가를 했더니 오후 4시가 넘었습니다. 집에 도착해 늦은 점심식사를 마치자마자 아내가 저를 기다렸다면서 "남산에 같이 가요"라고 했습니다. 저는 살기 위해서(?) 아내의 요청을 거절하지 못하고 두란노 아버지학교 수료기념옷을 입고 집을 나섰는데, 바람이 무척 거세고, 남산공원에서 서울타워로 곧바로 올라가다보니 조금 힘들었지만, 순식간에 초록색으로 변한 남산은 저를 반갑게 맞아줬습니다. 아내가 연신 너무 좋다고 하고, 계속 행복하다고 하니까 잘 따라 나섰다는 생각이 들었습니다. 5월의 남산은 벚꽃이 만발한 남산만큼 예뻤습니다. 특히 이름 모를 큰 나무들에서 핀 꽃들의 향기는 발걸음을 더 가볍게 했습니다.

　오전에 유치부 교사로 섬기고, 오후 2시 중고청 예배를 드리고 집에서 쉬고 있는 아들을 불러 내 집 근처 식당에서 이른 저녁식사를 할 때 (딸은 학교시험 공부를 위해 천안에 내려감) 제가 아들에게 하소연조로 "피곤한데, 개 끌려가듯 남산에 다녀왔다"고 하자, 아들은 주저함이 없이 "엄마가 좋으셨으면 됐죠~"라는 한 마디의 말로 상황을 정리해줬습니다. 아빠보다 생존능력(生存能力)이 좋은 아들입니다. 저도 아내가 좋았으면 됐습니다. 아들의 말이 맞습니다. 저에게도, 아들에게도 앞으로 살아가야 할 날이 많이 남아 있습니다.

34
이노무새끼로 개명하라

오늘 아침식사 자리에서 아들이 내일 출시되는 약 7만원 상당의 일본 게임을 예약 구매했다고 자랑하였습니다. 저는 그동안 일본과 일본인에 대해 매우 우호적인 사람 중의 한 사람이었습니다. 제가 일본 대마도(對馬島)와 북해도(北海道) 여행을 다녀온 후에는 정서적으로 더 가까워졌었습니다. 그런데, 2019년 강제 징용 관련 우리나라 대법원 판결 이후 일본이 삼성전자 등 국내 기업의 반도체 생산에 필요한 원자재 수출을 규제하는 등 경제적 침략을 감행하면서 시작된 NO JAPAN 운동 이후에는 저도 일본 제품 안사기, 일본 안가기 운동에 동참하고 있는데, 아들은 여전히 친 일본적인 태도를 취하고 있습니다. 그 연장선상에서 내일 출시되는 일본 게임에 열광하는 아들의 모습에 제가 뿔나서 "일본 이름으로 개명해라. '이노무새끼'로 개명하는 것이 어떻겠느냐?"고 물었습니다. 지금 아들의 모습을 보면, 김은철 보다는 이노무{이노무는 '이놈의'의 경상도 방언(方言)}새끼가 더 잘 어울리는 것 같습니다.

아들은 중학교 때 일본 만화의 지존(至尊)으로 불릴 만큼 일본 만화에 심취(心醉)되어 일본어를 독학할 정도였다고 합니다. 그런데 아들은 그와 같이 일본 만화에 빠졌을 때인 중학교 2학년 때가 가장 행복했답니다. 저는 당시 아들이 일본 만화에 빠져 있었다는 것을 알았다면 분명 야단치면서 막았을 텐데, 만약 제가 그렇게 했다면 저는 본의 아니게 아들의 진짜 행복을 열심히 막았을 것 같습니다. 과연 이 세상에 공부 안 하고 일본 만화에 빠져 있는 아들에게 야단치지 않을 강심장을 가진 부모가 있을까요? 암튼 아들은 지금 일본 만화가 아닌 일본 게임으로 그 행복의 대상이 옮겨진 것 같습니다. 정말 한 마디로 오호통재 (嗚呼痛哉 : "아, 비통하다"는 뜻)입니다.

2022년 2월 24일 오늘 러시아가 우크라이나를 침공했습니다. 저도 러시아의 무력 침공을 반대하고 또 반대합니다. 어떠한 이유로도 전쟁은 일어나서는 안 됩니다. 어떠한 이유로도 다시는 이 땅이 전쟁터가 되어서는 안 됩니다. 그런 점에서 야당 대선 후보의 선제타격론(先制打擊論)에 대해 결사 반대합니다. 선제타격도 곧 전쟁이기 때문입니다.

우리나라는 북한뿐만 아니라 일본, 중국과도 잘 지내야 합니다. 경제뿐만 아니라 정치, 군사, 문화 모든 면에서 서로 협력해서 발전해 나가야 합니다. 그런 점에서 오늘 아침 '이노무새끼'로 개명(改名) 당한 아들의 생각에 일부 공감하는 바입니다. 개인도 나라도 행복한 동행하는 것이 행복해지는 지름길입니다. 러시아-우크라이나 전쟁이 하루빨리 종식되기를 기도합니다.

35
1,000만원 이상의 가치가 있는 투표권

　오늘 2022년 3월 9일은 대한민국 제20대 대통령 선거일입니다. 저, 저의 아내와 딸은 사전 투표를 마쳐서 아들만 오늘 투표합니다. 제가 아침밥상에서 아들에게 "아빠의 소원이니 아빠가 지지하는 후보를 찍어달라"고 했는데, 아들은 "아빠가 1,000만원을 주신다고 해도 안 바꿉니다"면서 거절했습니다. 저와 아들은 정치적인 면에서는 물과 기름입니다. 조금 서운하기는 하지만, 이것이 민주주의 아니겠습니까? 저의 집의 투표 성향은 1:3입니다만, 저는 여당편도 야당편도 아닌 우리 조국 대한민국편입니다. 오늘 이후에는 저희 가정도, 온 국민도 하나가 되길 기원합니다.

　모든 국민은 자신들의 수준에 맞는 정부를 가집니다(Alexis de Tocqueville). 참여하는 사람은 주인이요, 그렇지 않은 사람은 손님입니다(도산 안창호 선생). 대한민국은 민주공화국입니다. 대한민국의 주권은 국민에게 있고, 모든 권력은 국민으로부터 나옵니다(대한민국 헌법 제1조). 민주주의 꽃은 선거이고, 선거의 꽃은 투표입니다. 오늘 많은 분들이 대한민국의 주인답게 투표권을 행사하리라 믿습니다. 그래서 오로지 나라와 국민만을 위하고, 하나님의 뜻에 합당한 후보가 대한민국의 제20대 대통령으로 선출되기를 간절히 기도합니다.

36
역사적인 날에 맛동산이 만들어지는 과정

2022년 설 명절을 맞아서 저희 부부와 아들이 승용차로 고향에 내려가는 길에 이서휴게소에 들렀습니다(딸은 CMF 수련회 준비 때문에 청주에서 고속버스 타고 귀향). 아들이 혼자 편의점에 들러 본인이 먹을 1,100원 짜리 빠삐코 아이스크림 1개와 엄마아빠 드시라고 3,200원 짜리 해태 맛동산 1봉지를 사왔습니다. 22살 아들이 자신의 돈으로 엄마아빠를 위해 생애 처음으로 사준 과자라서 그런지 엄청 맛있었습니다. 역사적인 날이고, 감격스러운 날입니다. 그런데 여러분은 그 맛있는 맛동산이 만들어지는 과정을 아십니까? 맛동산 과자 봉지 뒷면에 그 과정이 적혀 있습니다. 맛동산의 맛의 비결은 무생물인 밀가루가 음악을 들으면서 발효되기 때문이랍니다. 참으로 기발한 생각입니다.

1. 밀가루 반죽시 음악을 들려줍니다. 음악발효
2. 먹기 좋게 커팅해줍니다.
3. 좋은 기름으로 맛있게 튀겨줍니다.
4. 신선한 아몬드로 버무립니다.

밀가루 반죽시 음악을 들려주면 맛이 좋다고 하는 것이 단순히 광고 글만은 아니라고 생각합니다. 돌아가신 저의 할머니께서는 '작대기에도 절을 하면 들어준다.'라는 말씀을 자주 하셨습니다. 무슨 일이든 지성(至性)이면 감천(感天)입니다. 복(福)은 받는 것이 아니라 짓는 것입니다. 어디에서 누구를 만나든 무슨 일을 하든 정성을 다하여 임인년(壬寅年) 설을 맞아서 하나님의 복 많이 받으시고, 올 한 해 기도하시는 것들이 모두 이루어지기를 소망합니다. 사랑하고 축복합니다.

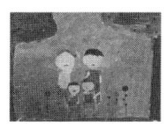
37
최후의 조찬(朝餐)

어제는 중앙선거관리위원회가 주관하는 첫 번째 대선후보 토론회를 하는 날이었습니다. 저와는 정치적인 견해가 극과 극인 아들과 함께 토론회를 보려고 했는데, 일을 하다 보니 토론회 시작 시간인 저녁 8시를 넘겼습니다. 그래서 하는 수 없이 사무실에서부터 핸드폰으로 토론회를 보면서 귀가했습니다. 아들은 아내가 병원에서 당직을 서는 등의 이유로 집에 없고, 딸이 여행 등으로 집을 비울 때는 친구를 집으로 초대하곤 합니다. 어제도 아들은 친구를 초대할 요건을 갖췄기 때문에 친구 2명을 집으로 초대했습니다. 저는 아침에 밥상을 차려주는 것은 조금 신경 쓰이는 일이지만, 다른 한 편으로는 아들 친구와 이야기하는 또 다른 즐거움이 있어서 아들이 친구를 집으로 초대하겠다고 하면, 늘 찬성했습니다.

어젯밤 집 문을 열고 들어갔는데, TV 앞 테이블 위에 통닭과 참이슬 소주 4병이 널브러져 있었고, 아들은 술이 취해 소파에 큰 대(大)자로 누워서 아빠가 왔는데 일어나지도 못했습니다. 친구 1명은 옆에서 미안해하는 모습으로 서 있었고, 술에 약한 친구 1명은 아들 방에서 자고 있었습니다. 그래서 저는 아들에게 큰 소리로 야단을 치고, "당장 치우라"고 하였습니다. 그러고 나서 다음과 같은 글을 가족 단톡방에 올렸습니다.

아들
앞으로 집에서 술 쳐먹는 일은 절대로 없도록 해라
하나님과 부모 그리고 친구를 욕되게 하는 일이다
앞으로 오늘 이후로 친구들 집에 들이지 마라
일체 허용하지 않겠다

아들이 술병 등을 다 치운 후 가족 단톡방에 올린 위 글을 보고, 친구들과 저녁에 함께 있어도 되냐고 물어서 오늘 저녁은 허용하겠다고 했습니다. 저 혼자 토론회를 시청하고, 아들이 술안주로 먹다 남은 치킨으로 저녁식사를 한 후 설거지를 하고 있는데, 방에서 자고 있던 친구가 나와서 인사를 하고 들어갔습니다. 그래서 앞으로 우리 집에서 아들 친구들을 안 보는 기념(?)으로 배와 사과를 1개씩 깎고, 천혜향 2개를 까서 큰 접시에 예쁘게 담아 아들 방에 갖다 주면서 "최후의 만찬"이라고 했습니다.

아침에 일어나 냄비밥을 짓고, 곰국 등으로 아침밥상을 차려주면서, 아들과 친구 2명에게 에베소서 5장 18절 말씀을 읽게 하고, 올해 출간된 《변호사 김양홍의 행복 곱하기》 141쪽에 실린 '술 취하지 마라' 글 중에서 제가 아들에 보낸 아래 카톡을 읽어줬습니다.

첫째 술 취하지 마라
하나님이 직접 나서서 네가 술 못 마시게 할까봐 두렵다.

둘째 술 취하지 마라
술 때문에 너의 모든 것이 무너질까봐 두렵다.

셋째 술 취하지 마라
술 때문에 미래의 너의 아내와 사이가 멀어질까봐 두렵다.

넷째 술 취하지 마라
술 취해서 뱉은 말 그대로 하나님이 하실까봐 두렵다.

다섯째 술 취하지 마라
엄마아빠가 평생 아들 술 마시는 것을 걱정하게 될까봐 두렵다.

여섯째 술 취하지 마라
술 때문에 아빠와 아들 사이가 멀어질까봐 두렵다.

일곱째 술 취하지 마라
술은 고통과 문제의 해결수단이 아닌데, 아들이 또다시 어젯밤처럼 행동할까봐 두렵다.

여덟째 술 취하지 마라
아들의 고통을 아들이 만취되어야만 알 수 있다는 것이 두렵다.

아홉째 술 취하지 마라
술 때문에 아들의 건강을 해칠까봐 두렵다.

열번째 술 취하지 마라
술 취한 아들 걱정 때문에 아내의 건강을 해칠까봐 두렵다.

언젠가는 아들의 마음속에 에베소서 5장 18절 말씀이 자리 잡는 날이 있을 것으로 믿습니다. 아들 친구들에게 꿈을 물어보고, 위 책 233쪽에 있는 딸·아들에게 한 유언장 내용, 즉 '서로 사랑하고, 꼭 주일성수 해라'는 것을 소개하면서, 교회 다닐 것을 권면했습니다. 아들 친구들이 무엇을 하든 어디를 가든 하나님께는 영광, 이웃에게는 유익되는 삶을 살아가기를 기도합니다.

술 취하지 말라 이는 방탕한 것이니
오직 성령으로 충만함을 받으라
(에베소서 5장 18절)

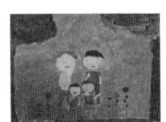
38
당신 아프면 내가 다 해줄께

　17년 4개월 전 초등학교 교사인 남편이 집으로 퇴근해서 잠들 무렵 갑자기 가슴에 통증이 심하게 왔습니다. 아내는 119를 불러 가까운 병원 응급실로 갔으나 남편은 이미 뇌에 큰 손상을 입어 팔다리를 움직일 수가 없게 되었습니다. 이후 아내는 서울의 여러 대학병원에서 남편을 치료받게 하다가 수천만원이 드는 줄기세포를 이용한 치료도 하고, 신유(神癒 : 신의 힘으로 병이 낫는 것)의 능력이 있는 목사님의 안수기도(按手祈禱)를 받기 위해 응급차로 광주광역시에서 서울로 올라가서 기도를 받는 등 할 수 있는 것은 다 했습니다. 그러나, 남편은 어눌하게 말만 조금 할 수 있을 뿐 혼자서는 아무 것도 하지 못했고, 최근 3년 전부터는 아예 말조차 하지 못했습니다. 그래서 고인의 영정 사진도 병들기 전의 사진밖에 없어 40대 후반 때 찍은 사진을 영정 사진으로 사용했답니다.

　그런데 아내는 그런 남편이 사랑스럽고 예뻐서 17년이 넘는 세월을 요양병원으로 모시지 않고, 집에서 간병인도 없이 직접 남편을 간호하면서 지치지도 않고, 원망하지도 않고, 짜증 한 번 내지 않았습니다. 아내는 하루 세끼 밥을 차려서 숟가락으로 밥을 먹여주고, 매일 아침 7시 30분경부터 남편의 회복을 위해 간절히 기도를 했고, 남편은 그 때마다 아멘으로 화답했습니다. 아내는 매일 남편의 대소변을 받아내야 했지만, 그동안 단 한 번도 욕창이 생기지 않았습니다. 아내는 그렇게 아픈 남편을 끝까지 사랑할 수 있는 마음을 주신 하나님께 감사했고, 모든 것이 하나님의 은혜로 생각하며 살았습니다.

　그 남편은 저의 남동생의 장인어른이신 국가유공자 박영배 집사님이시고, 그 아내는 조효임 권사님입니다. 그 박영배 집사님께서 어제 (2022. 2. 26.) 하나님의 부름을 받아 천국가셨습니다. 그래서 오늘 주일 예배를 드린 후 오후에 저의 어머님과 큰 여동생 내외, 평택에 사는 작은 여동생, 저희 부부가 함께 조문하고 왔습니다. 우리는 그 장모님의 삶을 잘 알기에 그동안 수고하셨다는 위로의 말씀을 해드리면서 모두 눈물을 흘렸습니다. 천사 같은 제수씨는 예전에 남동생에게 "당신 아프면 내가 다 해줄게"라고 했답니다. 그 어머니에, 그 딸입니다.

가족 그 이상으로 남편을 사랑하고 천국으로 보내신 조효임 권사님과 유가족들에게 하나님의 위로를 빕니다. 예수님의 사랑을 몸소 실천해주신 조효임 권사님의 삶에 하나님의 축복이 가득 하시길 기도합니다.

39
광주미산초등학교
6학년 1반 공개수업

<김예담의 꿈>

행복을 주는 수의사가 되고 싶어요

<한지용의 꿈>

공기

어디서든 볼 수 있는 공기처럼
나도 평범한 가정을 이루고 평범하게 살고 싶어.

없으면 안 되는 소중한 공기처럼
나도 꼭 있어야 할 소중한 존재가 되고 싶어.

눈에 안 보이는 투명한 공기처럼
나도 투명한 사람이 되고 싶어.

　위 글은 저의 남동생이 어제 광주미산초등학교 6학년 1반에 재학 중인 첫 째 딸(예담) 공개수업에 다녀왔다고 하면서 올린 것입니다. 저의 조카 김예담의 꿈이 그냥 수의사가 되는 것이 아니라 '행복을 주는' 수의사가 되고 싶다는 것이기에 참 대견스럽습니다. 그리고 같은 반 한지용 어린이의 '공기'라는 글은 초등학교 6학년의 글이라고는 도저히 믿겨지지가 않을 정도로 너무나도 훌륭한 글입니다. 또한 한지용 어린이의 꿈은 곧 저의 꿈이기도 합니다. 참 멋진 꿈이지요? 우리 예담이와 한지용 어린이가 '행복을 주는 소중한 공기'처럼 이 땅에서 귀하게 쓰임받기를 기도합니다.

40
見利思義 見危授命
(견리사의 견위수명)

논어(論語) 헌문(憲問)편에서 자로(子路)가 공자(孔子)에게 성인(成人)에 대하여 묻자, 공자는 "지혜(智慧), 과욕(寡慾), 용기(勇氣), 재주(才), 예악(禮樂)을 두루 갖춘 사람이 성인이다."라고 대답한 뒤 "오늘날의 성인이야 어찌 반드시 그러할 수 있겠는가(今之成人者何必然 금지성인자하필연), 이로움을 보면 의로움을 생각하고(見利思義 견리사의), 위태로움을 보면 목숨을 바치며(見危授命 견위수명), 오래전 말을 평생의 말로 여겨 잊지 않는다면(久要不忘平生之言 구요불망평생지언) 또한 성인이라 할 수 있을 것이다(亦可以爲成人矣 역가이위성인의)"라고 하였습니다. 공자께서는 지혜와 덕이 뛰어나 길이 우러러 본받을 만한 성인(聖人)이 갖춰야 할 덕목으로 말씀하신 것이 아니라 성인(成人) 즉, 어른이 된 사람이라면 누구라도 갖춰야 할 덕목으로 말씀하였습니다.

특히, '見利思義 見危授命'은 31세 안중근 의사가 중국 하얼빈 역에서 한국 침략의 원흉 이토 히로부미를 사살한 뒤 일본의 관동도독부 지방법원에서 1910년 2월 14일 사형 선고를 받고 일본이 관할하는 뤼순감옥에서 돌아가시기 전에 마지막으로 남기신 유묵작품의 글귀로도 유명합니다. 안중근 의사가 사형 선고를 받자 안의사의 어머니 조마리아 여사는 죽음을 앞둔 안중근을 면회하지 않았습니다. 다만 조여사는 뤼순감옥으로 형을 면회하러 가는 아들들에게 "네가 항소를 한다면 그것은 일제에게 목숨을 구걸하는 짓이다. 네가 나라를 위해 이에 이른즉 다른 마음먹지 말고 죽으라. 옳은 일을 하고 받는 형(刑)이니, 비겁하게 삶을 구하지 말고 대의에 죽는 것이 어미에 대한 효도다."라는 마지막 당부를 전했습니다. 또한 조여사는 변호사를 통해서 "네가 국가를 위하여 이 지경에 이르렀으니 죽어도 오히려 영광이나 우리 모자가 현세에 다시 만나지 못하는 것이 참으로 안타깝다."는 말을 전했고, 안중근의 사촌동생에게 흰색 명주 수의(壽衣)를 보내 안중근 의사가 그 수의를 입고 최후를 맞이하도록 하였습니다. 그 어머니의 그 아들입니다.

2022년 3월 둘째 주 토요일 사랑하는 처제가 서울역 근처에 있는 저희 집을 방문해서 이런 저런 사는 이야기를 나눴습니다. 특히 저의 처제는 저와 정치 성향이 같기 때문에 오늘 아침 아내와 아들에게 일방적으로 당한 하소연을 하면서 서로의 슬픔(?)을 나눴습니다. 이후 저희 집 앞 온두라스 음식점인 '도깨비코티지(Dokebi Cottage)'에서 맛있는 남미(南美) 음식으로 점심식사를 하고, 남산서울타워를 다녀왔습니다.

남산공원에서 남산서울타워로 올라가는 길목에 안중근 의사 기념관이 있는데, 그 기념관 앞에는 큰 돌에 위 '見利思義 見危授命' 글이 새겨져 있습니다. 우리나라 성인(成人)들 모두가 '見利思義 見危授命'의 마음가짐으로 살아간다면 이 어려운 때를 능히 이겨낼 것으로 믿습니다. 겨울은 봄을 이겨낼 수가 없습니다. 봄은 반드시 옵니다!!

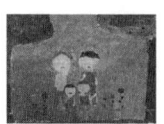

41
2022년 추석 이야기:
목포해전(木浦海戰)

　100년 만에 가장 둥글고 완전한 보름달이 떠오른다는 올해 추석에는 저의 친구 한창용 가족(한창용 아버님, 한창용 부부와 아들, 한창용 남동생 한창훈 목사님 부부와 두 아들, 저희 부부와 딸)과 함께 오랜만에 영암금호방조제 인근 바다에서 갈치낚시를 했습니다. 저와 한창용 아버님은 장어낚시를 병행했기 때문에 정확히는 '갈치장어낚시'입니다. 밤새(17:00~04:00) 장어는 17마리(제가 가져온 것), 갈치는 아이스박스 3박스에 가득 채울 정도로 셀 수 없이 많이 잡았습니다. 저는 태어나서 가장 큰 장어를 잡았고, 가장 많은 갈치를 잡았습니다. 11명의 전사(戰士)들이 혼연일체가 되어 밤새 평화롭게 살던 목포 앞바다에 살던 갈치·장어들과 생사를 건 치열한 전투를 치렀기 때문에 제가 '목포해전(木浦海戰)'으로 이름 지었습니다. 참고로 네이버에서 '목포해전'을 검색하면 자동으로 이순신 장군이 임진왜란 중 첫 승리를 거둔 옥포해전(玉浦海戰)이 검색됩니다.
　한창용 친구는 아버님이 낚시를 좋아하셔서 추석 때마다 가족들과 함께 낚싯배를 통 채로 빌려 낚싯배(유성호) 선장님의 아들이 중학생일 때부터 갈치낚시를 했는데, 이제는 그 선장님의 아들이 결혼해서 아들을 낳아 7살이 되었다고 합니다. 오늘은 그 선장님의 아들이 배를 몰았습니다. 특히 한창용 아버님은 장어낚시 채비를 모두 손수 만들 정도로 장어낚시의 달인(達人)이시고, 몸도 불편하신데도 저보다 더 열심히 낚시를 하시고, 장어도 저 보다 더 많이 잡으셨습니다.
　저는 아주 어려서부터 낚시를 좋아했고, 11년 동안 천안에 살 때는 매주 금요일과 주말에 민물낚시와 바다낚시를 갈 정도로 낚시꾼이었습니다. 저의 집에는 지금도 낚시가방이 3개나 있고, 심지어 2008년 9월에는 낚시의 대가(大家) 송귀섭 선생님이 진행한 FTV 제39회 '붕어낚시 Q&A'에 출연한 적도 있습니다. 그런데 저는 서울로 이사를 온 후에는 거의 낚시를 하지 않았습니다. 한창용 친구는 낚싯배를 빌릴 때마다 저희 가족을 초대해줘서 여러 번 갈치낚시를 함께 했었는데, 코로나 팬데믹 이후에는 갈치낚시를 하지 못하다가 작년 추석에는 한목사님 가족들만 아버님을 모시고 갈치낚시를 했다고 합니다.

저는 낚싯배에 타자마자 장어낚시 채비를 하였는데, 배가 출발한 지 얼마 되지 않아 한목사님이 낚시 릴을 담은 가방을 차에서 내리지 않은 것을 알고 회항을 해서 시간을 아낄 수 있었습니다. 낚시할 곳에서 정박한 후 배에서 김밥과 치킨으로 간단히 저녁식사를 하고 낚시를 시작했습니다. 한목사님 가족은 저와 아버님 낚싯대를 제외한 나머지 사람들의 낚시채비를 해주고, 처음부터 끝까지 챙겨주는 모습이 감동이었습니다. 특히 한목사님의 부인은 틈틈이 자칭 '귤바'(귤을 까서 나무젓가락에 끼운 것), 따뜻한 커피와 홍삼, 컵라면을 준비해주셨습니다. 한창용 친구 부부는 섬김에 있어서는 으뜸인 부부인데, 친구 동생 부부도 목사님 부부답게 작은 예수님처럼 잘 섬겨주셔서 참 감사했습니다. 한목사님의 아들들도 부모처럼 이것저것 잘 섬겨주어서 저의 딸이 그 모습에 감동할 정도였습니다.

저는 한창훈 목사님이 준비한 20개가 넘은 낚싯대 중 4대를 받아서 3대는 장어낚시를, 1대는 갈치낚시를 먼저 시작 했지만, 저의 딸이 첫 갈치를 낚았고, 제가 딴 짓할 때 제 낚싯대로 첫 대물 장어를 잡았습니다. 아버님과 저희 부부는 잠시 눈을 붙였지만, 저의 딸을 포함한 나머지 사람들은 잠 한 숨 안 자고 낚시를 했습니다. 정확히는 갈치들이 잠을 못 자게 계속 입질을 했습니다. 갈치낚시 미끼로 꽁치 18통과 빙어 2봉지, 장어 미끼로 갯지렁이 2통을 준비했는데, 갈치가 입질을 자주해서 미끼가 부족할까봐 꽁치 미끼를 절반으로 나눠서 사용하기도 했습니다. 저의 딸은 내년에 또 오고 싶답니다. 특히 미국에서 공부하고 있는 한창용 아들 지오 군은 구이용 대물 갈치를 쉼 없이 잡아냈습니다. 갈치는 수심 15~20m 지점에서 주로 잡히지만 때로 몰려다니는 습성이 있어서 서로 서로가 갈치가 잡히는 지점 즉, 영업비밀(?)을 공유해야 합니다. 그런데, 장어는 밑바닥에서 잡히기에 입질하는 순간을 놓치지 않고 잡으면 됩니다. 한편 숭어들이 배 주위에서 뛰고, 떼로 몰려다녀서 제가 잠시 숭어도 잡으려고 했으나, 저의 능력 부족으로 잡지는 못했습니다.

한창용 친구 가족과 함께 한 2022년 목포해전은 '행복해전'이고, '기쁨해전'이고, '감동해전'이었습니다. 잊지 못할 추억을 선물해준 한창용 친구 가족의 건강과 평안을 기도합니다. 벌써 2023년 목포해전이 기다려집니다. 그래서 행복은 곧 기다림입니다.

42
2022년 크리스마스 칸타타

    2022년 성탄절이자 마지막 주일 아침 이수교회 이상호 원로장로님이 '제41회 유나이티드 필하모닉 오케스트라와 함께 하는 크리스마스 칸타타' 공연 초대권 2장을 주셔서 아내와 함께 공연을 보고 왔습니다. 저는 오늘 태어나서 가장 박수를 많이 친 것 같습니다. 약 2,500석 규모의 예술의 전당 콘서트홀에 관람객들이 가득 찼고, 2시간의 공연 시간이 20분처럼 느껴질 정도로 감동의 연속이었습니다. 특히 저희 부부가 앉은 자리는 F블럭으로 연주자들의 옆모습을 볼 수 있는 곳이라서 더 좋았습니다.

    김봉미 유나이티드 필하모닉 오케스트라 지휘자의 카리스마 넘치는 지휘와 재치 있는 멘트, 위너오페라합창단의 멋진 화음, 소프라노 오은경과 최정원, 테너 진성원의 독창과 합창은 하나하나가 최고였습니다. 저의 입에서 "참 잘 한다"는 말이 저절로 나왔습니다. 오늘 연주한 19곡 중 11곡은 저희 부부가 약 10년 정도 천안 사랑의 부부 합창단 단원과 천안성결교회 성가대원으로 활동하면서 불렀던 찬양곡이라서 그런지 몸이 저절로 반응했습니다. 저는 뽕짝(트로트)을 주로 좋아하는 사람인데, 클래식음악이 그렇게 감동적인 것인지 미처 몰랐습니다. 또한 제가 "앵콜"를 3번 외쳐서 그런지, 앙코르곡은 'Amazing Grace와 애국가, We wish you a merry christmas' 3곡을 연주했는데, 오케스트라 반주에 맞춰 애국가를 합창으로 부를 때는 저절로 눈물이 났습니다. 애국가가 그렇게 멋진 곡인지 몰랐습니다.

    공연을 보고 예술의 전당 맞은편에 있는 '백년옥' 식당에서 동지 팥죽을 먹었는데, 그곳에서 같은 공연을 보러 오신 아내의 동료 선생님 부부를 만났는데, 그 동료 선생님이 저희 부부의 식사비까지 계산하고 가셨습니다. 하나님 아버지께서 내일 아내의 생일을 축하하기 위해 미리 최고의 공연과 맛있는 저녁식사를 모두 무료로 준비해주신 것 같아 더 감사했습니다. 2023년에도 수주대토(守株待兎)의 마음으로 크리스마스 칸타타를 기다려볼까 합니다. 자고로 공짜가 최고입니다. 공기도 공짜이지만, 오늘 탄생하신 예수님을 구주로 믿기만 하면 구원(救援)도 공짜입니다.

제4편 이런 저런 이야기

01
부부는 서로 사랑하고 존경해야 합니다

1. 이용욱님과 김정현님 미래 부부에게

오늘은 법무법인 서호 구성원들과 2022년 11월 26일 결혼 예정인 김정현 변호사님의 짝꿍을 만나는 날입니다. 제가 할 말을 아끼기 위해 미리 하고 싶은 말과 제가 주례라면 하고 싶은 주례사를 미리 적었습니다.

가. 서호 구성원들과 상견례 자리에서 하고 싶은 말입니다.

첫째, 김정현 변호사님을 어떻게 행복하게 해줄 것인가요?
이 세상의 모든 아내들은 돈을 좋아합니다. 아내가 돈 걱정하지 않도록 해주세요.
둘째, 김정현 변호사님이 좋아하는 것과 싫어하는 것은?
셋째, 장가 든다와 시집 간다의 뜻을 명심해야 합니다.
장가 든다는 말은 장인의 집에 들어가 산다는 뜻이고, 시집 간다는 말은 시집에 들어가 산다는 뜻입니다.

나. 제가 주례라면 하고 싶은 주례사입니다.

첫째, 서로가 서로에게 종이 되어, 순종하십시오.
상대방에게 덕 보려고 하지 말고, 상대방에게 무엇을 해줄지만 생각하십시오. 상대방을 나의 주인으로 알고, 늘 상대방의 '낯'을 살피십시오. 서로의 다름을 인정하고, 존경하기를 서로 먼저 하십시오. 화가 나서 한 행동들은 쉽게 잊혀 지지만, 화가 나서 한 말들은 오래가는 법입니다. 사랑의 말이 아니면, 말문을 닫으십시오.

둘째, 나라를 사랑하십시오.

셋째, 이웃을 사랑하십시오.

넷째, 범사에 감사하십시오.

범사에 감사할 수 있는 마음만 있으면, 이 세상 행복하게 살 수 있습니다. 시련이 왔을 때 범사에 감사하는 마음으로 잘 극복하시기 바랍니다. 고난은, 변형된 하나님의 축복임을 명심하십시오.

다섯째, 함께 꿈을 꾸십시오.

꿈 꾸는데 돈 드는 것도 아니기 때문에 기왕이면, 큰 꿈을 꾸십시오. 사랑이란, 그가 진짜로 원하는 그가 되게 하는 것입니다. 성공한 사람보다는 '소중한 사람'이 되십시오.

다. 맺음말

저도, 두 분이 서로 마음과 뜻을 합하여 세월이 갈수록 하나님을 기쁘시게 하고, 이웃을 행복하게 하고, 이 세상을 아름답게 만들어 가는 성가정을 이루도록 기도하겠습니다. 이 세상 끝 날까지, 서로 행복하시기 바랍니다.

2. 부부는 서로 사랑하고 존경해야 합니다

2022년 11월 26일은 제가 모시고 있는 법무법인 서호 김정현 변호사님이 시집간 날입니다. 오늘 결혼식은 주례 선생님 없이 신랑신부의 혼인 서약과 예물 교환 후 제가 성혼 선언문을 낭독하고, 신부의 오랜 친구 김수정 씨가 축사하는 순서 등으로 진행되었습니다. 저는 생전 처음 해보는 성혼선언문(成婚宣言文) 낭독이라서 집에서 여러 번 연습했습니다. 법무법인 서호 가족 모두가 하객으로 오셔서 두 분의 결혼을 축하했고, 신랑신부가 모두 인싸(insider)라서 그런지 친구들과 직장동료들이 너무 많이 와서 단체사진을 나눠서 찍었습니다. 제가 낭독한 성혼선언문은 다음과 같습니다.

신랑 이용욱 군과 신부 김정현 양이 양가 친지와 내빈 여러분 앞에서 이 세상 끝 날까지 어떤 어려움이 닥쳐도 변함없이 서로의 곁을 지키는 부부가 될 것을 맹세하였습니다. 두 사람이 서로 사랑하고 존경하는 부부가 될 것으로 믿고, 하늘이 맺어 주신 부부가 되었음을 여러분 앞에 엄숙히 선언합니다.

부부는 서로 사랑하는 것만으로는 부족하고, 서로 존경해야 합니다. 그렇기 때문에 서로가 서로를 존경할 수 있도록 각자가 마음을 다해 존경거리를 만들어야 합니다. 참으로 아름답고 귀한 부부 이용욱 군과 김정현 양이 이 세상 끝 날까지 서로 사랑하고 존경하는 부부가 될 것으로 믿습니다. 두 분의 앞날에 하나님의 축복이 가득하기를 기도합니다.

그런즉 이제 둘이 아니요 한 몸이니 그러므로 하나님이 짝 지어 주신 것을 사람이 나누지 못할지니라 하시니(마태복음 19장 6절)

02
무주상보시(無住相布施)

   가을 햇살이 참 좋은 2022년 9월 17일 정오 국민작가 김홍신 선생님의 따님 결혼식에 다녀왔습니다. 2개월 전 TV조선 '스타다큐 마이웨이'에서 선생님은 금지옥엽(金枝玉葉)으로 키운 딸을 시집보내는 것이 "너~무~ 아깝다. 미치게 아깝다."고 하셨는데, 오늘 결혼식장에서 선생님은 자주 눈물을 닦으셨습니다.

   오늘 결혼식은 주례선생님이 없고, 신랑 아버님이 성혼선언문을 낭독하시고, 신부 아버님인 김홍신 선생님이 축사를 하는 것으로 진행되었습니다. 김홍신 선생님은 신랑신부에게는 "이제 두 사람은 태어난 때보다 살아있는 동안 세상을 이롭게 하는 사람으로 살며, 서로 사

랑하고, 용서하고, 배려하고, 베풀면서 부지런히 잘 살아서 무주상보시(無住相布施 : 내가 무엇을 누구에게 베풀었다는 자만심 없이 온전한 자비심으로 베풀어주는 것을 뜻함)를 이루는 경지를 꼭 해주기 바랍니다."라는 덕담을 해주셨고, 축하객들에게는 "축하객들을 위해서 오늘부터 100일 동안 하루도 빠짐없이 축하객 여러분의 앞날에 기쁨 많고, 웃을 일 흔하며, 좋은 나날 되시기를 꼭 기도드리겠습니다. 따스한 은혜 곱게 갚으며 살겠습니다."라고 감사의 마음을 전하셨습니다.

주례선생님의 주례사 대신에 신부를 친어머니처럼 돌봐주신 정현희 정진기언론문화재단 이사장님이 축사를 해주셨는데, "너무 잘하려고 하면 오히려 서로를 힘들게 할 수 있으니까 적당히 잘 살면 된다."는 덕담을 해주셨습니다. 김홍신 선생님과 정현희 이사장님의 축사대로 신랑신부가 태어난 때보다 살아있는 동안 세상을 이롭게 하는 사람으로 적당히 잘 살아서 무주상보시를 꼭 이루기를 기도합니다.

03
국가에 대한 4대 의무는 철저히 잘 지켜주기 바란다

　가을햇살이 시원하게 느껴지는 2022년 10월 마지막 주말 오전에 제가 섬기는 이수교회 교육부 회의와 1차 점심식사를 마치고, 제가 천안에서 살 때 함께 한 진고모(자칭 '진정한 고수들의 모임'의 약자) 회원인 정영환 사장님의 따님 수현 양의 결혼식에 조금 일찍 도착해서 근처 카페에서 혼자 커피를 마시면서 다음 주 저의 딸 생일을 축하하는 글을 미리 썼습니다. 오늘 결혼식은 주례 선생님 없이 신랑 아버님께서 성혼선언문을 낭독하시고, 신부 아버님이 신랑신부에게 덕담하는 방식으로 진행되었는데, 아래 내용은 정사장님이 하신 덕담의 일부입니다.

　이제부턴 너희들의 삶이고 또 너희들만의 인생이 펼쳐지겠지. 모르는 미지의 길이 앞으로 펼쳐지겠지만 두려워하지 말고 함께 힘을 합해서 용기있게 슬기롭게 헤쳐 나가길 바란다. 그리고 인생을 재밌게 고통도 고난도 웃으면서 대처하길 바란다. 내가 살아온 과거를 반추해보면은 항상 지금이 가장 힘들고 가장 고통스럽게 느껴지겠지만, 지나고 보면 그때가 가장 행복했던 때 같더구나. 열심히 최선을 다해서 그리고 재밌게 살다 보면 좋은 결과가 있을 거라 생각한다. 우리 부모들도 더욱 더 열심히 재밌게 살아볼 테니까 잘 따라와 봐. 같이 한번 경쟁하면서 살아가 보자꾸나. 다시 한 번 결혼 축하하고, 사랑한다 내 딸 그리고 사위. 마지막으로 앞으로 국가에 대한 4대 의무는 철저히 잘 지켜주기 바란다.

　결혼식 피로연장에서 진고모 회원인 김철수 원장님 부부와 최기묵 사장님과 함께 2차 점심식사를 하면서 정사장님이 하신 4대 의무를 주제로 대화를 이어갔습니다. 저는 4대 의무 중 '국방의 의무, 납세의 의무, 교육의 의무'는 생각나는데, 나머지 의무가 생각나지 않아 인터넷에서 찾아보니 '근로의 의무'였습니다. 맞습니다. 신랑신부가 국가에 대한 4대 의무를 잘 지켜야만 미래의 태어날 자녀들도 부모처럼 나라를 사랑하는 훌륭한 대한민국 국민이 될 것입니다. 제가 집에 와서 대학교 2학년 재학 중인 아들에게 신부 아버님의 덕담 이야기를 해주면서 "국가에 대한 4대 의무가 무엇이냐?"고 물었더니, 아들은 국방의 의무 외 나머지 의무에 대해 대답을 하지 못했습니다. 저의 아들의 대답을 듣고 보니, 저희 부부가 더 열심히 국가에 대한 4대 의무를 이행해야겠다는 생각을 했습니다.
　오늘 아름다운 시작의 첫 발을 내딛는 신랑 이성연 군과 신부 정수현 양을 축복하고 축복합니다. 그리고 신부 아버님의 덕담대로 신랑신부가 국가에 대한 4대 의무는 철저히 잘 지켜나가기를 기원합니다.

04 두 어른

2022년 중복(中伏)인 오늘 사랑하고 존경하는 군종교구 서상범 티토 주교님 초청으로 주교관에서 박흥근 전 백골부대 사단장님과 맛있는 점심식사를 함께 했습니다. 박흥근 사단장님이 백골부대 재직시절 주교님은 군종참모로, 저는 법무참모(1997~1998년)로 사단장님을 보필했었습니다. 저는 결혼식 올리기 전에 아내와 함께 백골부대를 방문해서 사단장님께 인사드리러 갔었는데, 때마침 사단 회식하는 자리여서 아내가 군부대 회식하는 모습을 처음으로 보고 신기해했었습니다. 당시 사단장님께서 회식 때 사용되는 백골잔(사기로 된 해골 모양의 소주잔)과 금일봉을 주셨었습니다.

저는 1993년 군법무관 임용을 위한 군사훈련을 받을 때 제3사관학교성당에서 영세(領洗, 세례명 마태오)를 받았지만, 저의 아내를 만난 이후 지금 이수성결교회에서 신앙생활을 하고 있습니다. 주교님은 제가 1997~1998년 백골부대 법무참모로 근무할 때 군종참모로 1년 동안 함께 근무하였던 인연이 있고, 이후 제가 1999년 광주서현교회에서 혼인예식을 드리기 직전에 주교 직전에 주교님 주례로 쌍용성당(제2군단)에서 관면혼인(寬免婚姻)를 했었습니다. 당시 저희 부부는 경황이 없어서 주교님께 사례비도 못 드렸는데, 주교님은 오히려 저희 부부에게 금일봉을 주셨었습니다. 그래서 두 어른 모두 저희 부부에게 사랑의 금일봉을 주신 분으로 기억하고 있고, 또한 그 사랑을 잊지 않을 것입니다. 마음 가는 곳에 돈도 가는 법입니다.

박흥근 사단장님은 기독교인이신데, 사단장님은 백골부대 사단장으로 재직시절 새벽예배 드리실 때도 운전병의 도움을 받지 않고 직접 개인 차량을 운전해서 교회로 가셨는데, 오늘도 사단장님은 직접 운전해서 오셨습니다. 오히려 당시 법무참모인 저는 부끄럽게도 운전병을 대동하고 14호 법무참모부 지프차를 개인적으로 낚시 가는데 사용하는 등 사적으로 사용했었습니다. 비록 제 개인 차량이 없었다 하더라도, 법무참모가 그렇게 관용차를 사적으로 사용해서는 안 되었습니다. 당시 저는 지나가는 사단장님 지프차를 세워서 구속영장 결재를 받은 적도 있고, 사단장님이 목욕하고 계시는 목욕탕에 들어가 결재를 받는 등 지금 생각해보면 저는 돈키호테 법무참모였습니다. 사단장님은 당시도, 지금도 부족한 저를 늘 응원해주셔서 저는 지금도 사단장님을 뵈면 그때 그 시절 법무참모로 돌아가는 것 같아 행복합니다. 지금 저에게 법무참모 하라고 하면 잘 할 자신이 있습니다.

주교님께서 접견실에 걸려 있는 주교님의 문장(紋章) 안에 있는 성경 말씀 '주님은 나의 힘, 나의 방패'에 대해 사단장님께 설명해 주셨습니다. 위 말씀은 시편 28편 7절에 있는 말씀입니다.

오늘 점심식사 자리에는 군종교구 총대리 이응섭 요셉 신부님과 제1군단 신부님이 업무차 오셨다가 함께 겁나게 맛있는 장어 요리로 식사하면서 백골부대 추억과 군과 군종장교 업부 등에 관한 대화를 나눴습니다. 특히 주교님은 제2차 세계대전 기간 육군과 해병대 병과 중 사상률이 3번째로 높은 병과가 군종병과이고, 노르망디 상륙작전 당시에도

군종 신부님과 목사님들이 전투에 참여하여 군종장교들이 엄청난 역할을 하였다는 점을 설명해주셨는데, 총기도 지급되지 않은 군종장교들이 그렇게 위국헌신(爲國獻身) 했다는 점에 놀라왔습니다.

사랑하고 존경하는 서상범 주교님과 박흥근 사단장님 두 어른의 앞길에 우리 하나님이 언제나 동행하여 주시고, 늘 강건하시기를 간절히 기도합니다.

05
나는 내 부하를 믿는다

"나는 내 부하를 믿는다."는 1997년 어느 날 백골부대(제3보병사단) 박흥근 사단장님이 법무참모실에서 법무참모인 저에게 해주신 말씀입니다. 법무참모이자 검찰부장인 제가 당시 K2 소총으로 병사를 폭행하여 쓰러지게 한 중대장을 구속시킨 것에 대해 그 중대장 소속 연대장이 사단장님께 저에 대한 이야기를 하면서 항의하자, 사단장님께서 그 연대장에게 "나는 내 부하를 믿는다."라고 하셨다는 말씀을 해주셨습니다. 저는 그 말씀을 평생 잊지 못합니다.

'士爲知己者死, 女爲悅己者容(사위지기자사, 여위열기자용)' 이는 사마천의 사기(史記) 자객열전(刺客列傳)에서 나오는 말로 '선비는 자기를 알아주는 사람을 위해서 죽고, 여자는 자기를 사랑하는 사람을 위해 얼굴을 단장한다.'는 뜻입니다. 사단장님은 25년 전에도 부족한 사람인 저를 알아주셨고, 25년이 지난 지금도 알아주시고 계십니다. 사단장님은 "원칙(原則)에 강하라"라는 지휘방침을 그때도 지금도 몸소 실천하고 계시는 한결 같으신 분입니다.

박흥근 사단장님은 군에서 전역하신 이후 사단장으로 재직하신 기간(1997~1999년) 함께 근무했던 부사단장, 참모장, 참모, 연대장, 대대장 등 부대원들과 백골전우회 전체 모임을 1년에 한 두 번은 했었습니다. 그러나, 코로나19 창궐 이후로는 모임을 갖지 못하다가(개별적인 골프모임은 있었음) 오늘 12:00 2년 만에 백골전우회 전체 모임을 소집하셔서(참석 여부는 자유) 동국대입구역 근처 족발집에서 모임을 가졌는데, 총 13명(박흥근 사단장님, 이지영 부사단장님, 정용회 참모장님, 정판석 연대장님, 예원회 기무부대장님, 이동영 관리참모님, 이윤우 부관참모님, 김광수 공병대대장님, 고영원 수색대대장님, 김진택 헌병대대장님, 유재훈 군악대대장님, 서식 총무님과 법무참모인 저)이 참석

했습니다.

　사단장님께서는 인사말로 "좋은 사단장으로 기억되고 싶다. 백골전우회 전체 모임은 오늘부로 종결한다."고 선언하셨습니다. 저를 포함한 모든 분들이 전혀 예상치 못한 내용이라서 놀랐지만, 올해 76세이신 사단장님이 부하들에게 폐를 끼치기 싫어하시는 사단장님다운 선언이셨습니다. 이후 정판석 연대장님께서 총무를 자임하시면서 "3사단이니까 3개월마다 모이도록 하고, 지금처럼 모일 때마다 회비 1만원 내고, 나머지는 복권 당첨된 사람이나 선산을 판 사람 등이 사기로 하자."고 제안하신 후 부총무로 3사단에 7년 넘게 가장 오래 복무한 고영원 수색대대장님을 부총무로 임명하셨습니다.

　오늘 사단장님의 선언으로 백골전우회 전체 모임은 공식적으로 종결되었지만, 사단장님이 군골프장 부킹되었을 때 불러주시면 재판만 겹치지 않는 한 무조건 달려갈 생각입니다. 이렇든 저렇든 저의 남은 생애도 사단장님과 행복한 동행을 하고 싶습니다. 사단장님을 비롯한 백골전우회 회원 여러분들의 건강과 가정의 평안을 기원합니다.

　날마다 행복하소서!! 백~골!!

06 아버지 행장(行狀)

  2022년 3월 15일 제가 너무나도 사랑하고 존경하는 조동양 변호사(전 국방부 법무관리관)님께서 부친상을 당하셔서 경상북도 안동시에 있는 '안동전문장례식장'에 다녀왔습니다. 가는 날이 장날이라고, 어제는 오후 4시15분에 서울중앙지방법원 재판이 있었고, 오늘은 서산지원에서 오후 4시30분에 재판이 예정되어 있어서 부득이 어제 저녁밖에 조문할 시간이 없었습니다. 그래서 저녁 7시 청량리역에서 안동역까지 가는 KTX를 예매하고, 그 시간에는 돌아오는 차편이 없어서 안동역 앞에서 하룻저녁 자고 다음날 아침 6시에 출발하는 KTX를 예매했는데, 저의 군법무관 동기형인 홍창식 변호사(전 고등군사법원장)님이 본인 승용차로 함께 가자고 하셔서 왕복 약 7시간 동안 이런 저런 이야기를 하면서 참 편하게 조문하고 왔습니다.

  저는 조동양 변호사님을 1995~1997년 수도방위사령부에서 검찰부장으로 근무할 때 법무참모님으로 모셨기 때문에 저는 지금도 '참모님'이라고 호칭하는데, 어제 참모님이 장례식장에서 저를 가족들에게 소개할 때 제가 먼저 "참모님의 부하"라고 했습니다. 저는 조동양 참모님의 부하였고, 부하이고, 부하일 것입니다.

  참모님은 저의 결혼식 날(5월 5일) 사모님과 함께 어린 두 따님(은솔과 연희)까지 데리고 멀리 광주광역시까지 오셔서 축하해주셨고, 제가 제3사단 법무참모직을 마치고 검찰관시보를 자청했던 제3군단에 또다시 군판사로 가게 되자 눈물까지 흘리셨던 분이고, 제가 제3군단에서 군판사 재직할 때 병무비리수사팀 검찰관으로 불러주셔서 국방부 법무과 군사법담당으로 근무하게 해주신 분이고, 늘 후배 법무관들 앞에서 저를 칭찬해 주셨던 분입니다. 참모님은 경북 안동 출신 경상도 분이고, 저는 전남 장흥 출신 전라도 사람인데, 참모님은 그런 저를 언제 어디에서나 친동생 이상으로 사랑해주셨습니다. 참모님은 저의 결혼식장에서 홍어가 맛있어서 혼자서 두 접시를 드셨다고 했는데, 저는 장례식장에서 문어가 맛있어서 혼자서 두 접시를 먹었습니다.

참모님은 유가족들과의 인사를 마치자 '아버지 행장(行狀 : 죽은 사람의 행실을 간명하게 써서 사후에도 죽은 사람을 직접 보는 것처럼 살펴볼 수 있게 한 글)'이라는 9페이지 분량으로 제본된 책자와 경상도 지역의 조문 답례 인사법이라면서 노랑색 봉투에 1만원을 담아 주셨습니다. 제가 태어나서 처음으로 본 아버지 행장이라는 책자에는 '① 아버지의 삶, 인생, ② 가족사진, ③ 아버지의 뿌리, ④ 그리운 아버지' 순서로 고인의 삶과 참모님의 아버지에 대한 사랑과 그리움을 담은 글이 담겨있었습니다. 특히 고인이 돌아가신 3월 15일 어제는 참모님의 생일이었습니다. 그렇게 아버지는 '조 장군 부친'이라는 호칭에 긍지를 느끼며 사시다가 사랑하는 아들의 생일에 아들을 남기시고, 향년 90세의 생을 마감하셨습니다. 고인은 참모님이 어렸을 때 어른들 앞에서 어린 아들을 '우리 맏상주'라 부르셨는데, 50년도 지난 어제 그 장남은 진짜 맏상주가 되어 있었습니다.

제가 귀가해서 아들에게 '아버지 행장'을 보여주면서 "아들도 아빠 죽으면 아버지 행장 써줄 수 있지?"라고 했더니, 그냥 웃고 자기 방으로 들어갔습니다. 저의 아들이 참모님처럼 스스로 '아버지 행장'을 쓸 수 있도록 저의 남은 삶을 더 잘 살아야겠습니다. 조동양 참모님과 유가족들에게 하나님의 위로를 빕니다. 참모님 힘내십시오!! 사랑하고 축복합니다♡

07
아주 특별한 친구

나에게는 아주 특별한 친구(?) 변호사 한 분이 계시다. 우리가 처음 만난 시기가 아마도 2004년쯤 되는 것 같다. 시간은 좀 가물가물하지만 만나 장소는 아주 또렷이 기억한다. 서울구치소 변호사 접견실 …

이목사님이시지요? 네! 맞습니다만, 누구시지요? 네, 저는 김양홍 변호사입니다. 그리고 교회 집사입니다. 목사님 사건을 우연히 알게 되어서 찾아 왔습니다.

그리고 시간이 10년 흘렀다. 어느 날 이국땅 북경에서 개척한 교회 사무실에서 우연히 책장 한 쪽에 꽂혀있는 아주 익숙한 책 한 권이 눈이 들어 왔다.

아…! 그렇다. 그 책은 김양홍 변호사님(지금은 장로님)께서 나를 처음 만나러 오셨을 때 나에게 선물 한 책(레나 마리아가 지은 해피데이즈)이었다.

그리고 한꺼번에 몰려 온 지난날의 기억 … 너무 죄송했다. 수임료도 받지 않으시고 나를 변호하셔서 좋은 결과를 만들어 주셨는데 … 그 때는 뭐가 급했던지 고맙다라는 인사도 못하고 한국을 떠났던가 … 반갑기도 하고 죄송한 마음으로 변호사님의 연락처를 찾아서 사무실로 전화를 드렸다.

네. 여보세요. 김양홍 변호사입니다.

변호사님! 저 ... 이영훈이라는 ...
나의 대답도 끝나기 전에 변호사님이 한층 높아진 톤으로 나의 말을 끊으셨다.

아! 이목사님~

그분은 오랜 시간이 지나서도 잠깐 변론했던 나를 기억하신 것이다. 그리고 지금까지 이어 온 소중한 인연 ... 이제는 나에게 든든한 기도의 동역자로 함께 하신다.

어제 읽은 그분의 글이 감동적이다.
그래서 그분의 이야기를 하고 싶었다.

위 글은 중국에서 선교하시는 이영훈 목사님이 본인의 facebook에 저의 글 '아버지 덕분에' 라는 글을 올리신 후 쓰신 공개 글입니다. 그 글의 '그분' 이 접니다만, 목사님의 글이 저를 더 감동하게 합니다. 모든 것이 하나님의 은혜입니다. 이영훈 목사님의 사역 위에 하나님이 늘 함께 하시길 그리고 항상 강건하시길 기도합니다.

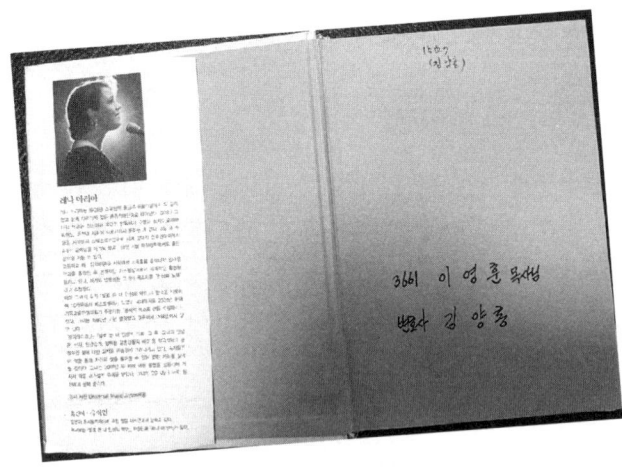

08
갑오징어 꽃

  순천향대학교 부속 천안병원 김용훈 교수님은 20년 전 저의 아내를 같은 병원 교수가 되게 해주시고, 지금까지 친정아버지처럼 가르침을 주시는 분입니다. 저희 부부는 2002년부터 아이들 교육 때문에 서울로 이사 올 때인 2013년까지 11년 동안 천안에서 김교수님과 전어낚시, 우럭낚시, 주꾸미낚시, 저수지 좌대낚시 등 각종 낚시를 함께 한 전우(戰友)입니다. 김교수님은 낚시에 있어서는 전우지만, 늘 저희 부부를 사랑해 주시는 것은 꼭 부모님 같은 분입니다. 김교수님은 낚시 가셔서 우럭이나 볼락 등의 물고기를 잡으시면 제가 물고기 먹는 것을 좋아한다고 택배로 보내주시곤 했는데, 올해는 생물 갑오징어를 보내주셨습니다.

오늘 아침에 갑오징어를 다듬어 절반은 삶아 먹고, 나머지 절반은 냉동실에 저축해놨습니다. 맛이 정일품(正一品)이라서 순식간에 접시가 비워졌습니다. 갑오징어에는 윈드서핑 할 때 사용되는 판처럼 생긴 하얀 뼈가 들어 있는데, 갑오징어를 손질하고 나온 그 뼈들을 둥그렇게 나열했더니 꽃이 되었습니다. 그래서 오늘 아침 제가 이를 '갑오징어 꽃'이라고 작명(作名)했습니다. 갑오징어 뼛가루에는 다양한 효능이 있어 '오적골(烏賊骨)'이라는 한약재로 사용되어 왔는데, 염증 부위와 새살 조직을 보호하여 출혈을 막아주는 효과 등이 있다고 합니다. 그렇지만 저는 그냥 '갑오징어 꽃'으로만 사용할 생각입니다. 갑오징어 꽃은 사랑이 담겨있는 꽃이기에 이 세상 어떤 꽃보다 아름다운 꽃입니다. 사도행전 25장 30절은 '주는 것이 받는 것보다 복이 있다'고 하지만, 받는 것도 주는 것만큼 복인 것 같습니다. 그 사랑 때문에 더 행복한 오늘 아침입니다. 김용훈 교수님의 건강과 평안과 행복을 기원합니다.

09
만남은 설레임이다

1. 만남은 설레임이다

　오늘(2022. 8. 10.) 용인시에 있는 IAE 고등기술연구원에서 사단법인 대우세계경영연구회가 주관하는 글로벌청년사업가(GYBM - Global Young Business Manager) 2022-2023 베트남12th-아세안 연수과정 연수생 23명을 대상으로 지난해와 동일하게 '우리 생활과 법'(내용 : 민·형사절차, 교통사고, 임금에 대한 법률상식과 행복한 동행)이라는 주제로 강의를 하고 왔습니다.
　강의는 오전 10시부터인데, 그저께와 어제 물 폭탄 때문에 도로 사정이 좋지 않을 수도 있다는 염려와 바쁜 출근시간을 피하기 위해 집에서 아침 6시경 출발했습니다. 2시간가량 일찍 도착하여 고등기술연구원 근처에 있는 백암면에서 아침식사를 하고, 이발소에서 염색도 하면서 연수생들과의 만남을 기다렸습니다. 연수생은 20대 초반에서 30대 초반 남여 청년들로 구성되어 있는데, 저의 자식뻘 되는 분들도 있어서 더 기대되었습니다. 만남은 '설레임'입니다. 강의 2시간이 금방 지나갈 정도로 참말로 행복했습니다. 연수생들이 강의 때 든 사례를 통한 질의응답시간에도 대답을 잘 하고, 강의 중간에 쉬는 시간에는 연수생 5명이 개인적인 질문을 하는 등 적극적으로 강의에 임하는 태도가 보기 좋았습니다.
　GYBM은 2011년 베트남 1기 40명을 배출한 이래 베트남, 미얀마, 인도네시아, 태국 등 성장 가능성이 높은 국가를 대상으로 지난해까지 총 1,300명을 10~11개월 동안 무료로 연수를 시켜 연수생 전원을 해당 국가에 취업시키고 있습니다. GYBM은 해외 취업은 물론 해외에서 창업이 가능하도록 관리하고 지원하는 '패키지 프로그램'입니다. 대우그룹은 사라졌어도 GYBM을 통해 '세계경영'이라는 대우의 DNA가 부활했다고 할 것입니다.

본 과정 교육을 담당하고 있는 이원석 팀장님의 설명에 의하면, 그동안 수료한 연수생들 중 60%는 체류국에서 지금도 활동하고 있고, 일부는 한국에 귀국하여 체류국의 근무 경험과 네트워크를 활용하여 무역 등의 경제활동을 하고 있다고 합니다. 또한 본 과정 수료생들 중에는 현지에서의 성공을 기반으로 본인들이 받았던 혜택을 크고 작은 기부를 통해 후배들에게 베풀면서 나눔을 실천하고 있고, 일부는 본 과정의 운영위원으로 참여하고 있다고 합니다.

특히 김태훈 연수생은 강의시간에 질의에 대해 대답도 잘하고, 구내식당에서 함께 식사를 할 때 저와 팀장님의 식판을 챙겨주고, 식사 후에는 매실차를 갖다 주는 등 섬기는 모습이 참 인상적이었는데, 본인이 해외로 나가기 전에 처음으로 교회를 한 번 나가고 싶다고 하여 오는 주일 제가 섬기는 이수성결교회에서 함께 예배드리기로 했습니다. 교회 장로로서 이 보다 더 기쁜 일이 있을까요?

우리 연수생들 모두가 대한민국을 대표한다는 마음가짐으로 각자의 자리를 잘 지키고, 마음을 다해서 이웃을 섬길 때 큰 성공의 열매를 맺을 것으로 믿습니다. 오늘 강의 시간에 소개한 에머슨(Emerson)의 시처럼, 연수생 모두가 '자신이 한 때 이곳에 살았으므로 해서 단 한 사람의 인생이라도 행복해지는 것, 이것이 진정한 성공이다.' 라는 사실을 잊지 않기를 바랍니다. 23명 연수생의 위대한 미래를 기대하고 기대합니다. 분명 제2의 김우중 회장님과 같은 기업가가 나올 것으로 믿습니다.

2. 너무나 감사하고 소중한 인연

지난 2022년 8월 GYBM 베트남12th-아세안 연수과정에서 저의 강의를 들은 김태훈 형제가 인도네시아로 출국하기 전에 저희 법무법인 서호를 방문해서 감동적인 손편지를 주고 갔습니다. 김태훈 형제는 저의 강의를 들은 다음 주일 제가 섬기는 이수교회에서 예배드리고, 새가족으로 등록까지 하였습니다. 김태훈 형제는 인도네시아에 가서도 한인 교회를 섬기면서 신앙생활을 계속 하기로 했고, 현재 군복무 중인 남동생(김건욱)이 전역하면 이수교회로 인도하기로 했습니다. 손편지 겉봉투에는 '너무나 감사하고 소중한 인연'이라는 글이 쓰여 있고, 연필로 쓴 편지 내용은 아래와 같습니다. 편지를 읽는 것만으로도 행복합니다. 우리 김태훈 형제가 하나님께는 영광, 이웃에게는 유익이 되는 삶을 살아가기를 기도합니다. 제가 더 참으로 고맙습니다.

참 고맙습니다. 처음에 오셨을 때부터 쭉 정말 감사하신 분이라는 생각밖에 들지 않았습니다. 솔직하게 말씀드리자면 저는 변호사님이 진실로 선하신 분이라는 것을 느꼈기 때문에 정말 이 분을 더 알고 싶고 앞으로 쭈욱 인연을 이어나가고 싶다는 생각을 하게 되었습니다.

저는 사람에 대한 불신이 꽤나 많기 때문에 변호사님 같은 분들을 보면 마음에 환희가 가득차고, 이야기에 저도 모르게 귀가 기울여지며 사람의 선함을 볼 수 있기에 참으로 행복합니다. 그렇기에 신앙생활에 다시 관심을 가지게 된 계기 또한 변호사님의 진실된 선함이 주님을 섬기는 곳에서 나오는 것 같은 느낌을 받았기 때문입니다. 제가 비록 저의 할 일에 몰두하느라 원하는 만큼의 신앙생활을 하지는 못했지만 늘 염두에 두고 생활을 했습니다.

짧은 기간이었지만 너무나 고맙고 소중합니다. 변호사님과의 인연이 앞으로도 제 주위에는 변호사님과 같은 분들이 오시기를 간절히 바랍니다. 그만큼 저에게 크디큰 선한 영향력과 마음을 불어넣어주시는 분이시며 앞으로의 신앙생활 그리고 하시는 일 모두 주님의 축복 안에서 모두 잘되시길 바랍니다. 저는 훌륭하게 성장하여 변호사님을 다시 잘 섬길 수 있도록 정진하겠습니다.

2022. 9. 28. 김태훈 올림

3. GYBM 베트남13th-아세안 연수과정

강추위가 기승을 부린 오늘(2022. 12. 14.) GYBM 2022-2023 베트남13th-아세안 연수과정 연수생 11명을 대상으로 지난 12기 때와 동일하게 '우리 생활과 법'이라는 주제로 강의하고 왔습니다. GYBM은 '김우중 사관학교'로 불리는데, 연수기간 1년(한국 2개월과 현지 연수 10개월) 총 2,000여 시간 동안 인간관계 훈련, 현지어와 영어 교육, 직무 교육과 리더십 훈련 등 1인당 2,500만 원 정도 소요되는 비용을 무료로 연수시켜 줍니다. GYBM 연수생들에 대한 현지 진출 한국 기업체들의 선호도는 최고라는 평가를 받고 있습니다.

저는 강의시간 30분 전 쯤 도착해서 박창욱 부회장님으로부터 GYBM 과정에 관하여 이야기를 나누고 있는데, 저의 딸과 같은 나이의 연수생 송언지 양이 믹스 커피를 한 잔 타 주고 갔고, 이어서 연수생 김도혁 군이 본인이 마시려고 만든 내리는 커피를 한 잔 줘서 연거푸 커피 두 잔을 마셨습니다. 강의 2시간을 시간 가는 줄 모르게 강의를 했는데, 오늘은 법적인 내용에 대한 사례들을 많이 언급하다보니 정작 제가 하고 싶은 행복한 동행 강의는 25분 정도 밖에 못해 조금 아쉬웠습니다. 쉬는 시간에 연수생 2명이 강의실 문을 열어 환기시키는 모습이 참 인상 깊었습니다.

연수생들이 모두 1990년대 출생이라서 그런지 밝고 활기찬 모습들이 참 보기 좋았습니다. 11명 연수생들 각자가 대한민국을 대표한다는 마음가짐으로 현지인들을 잘 섬기고, 큰 꿈을 가지고 그러면서도 작은 일에 최선을 다하고, 이웃들의 유익을 위한 삶을 사는 존경받는 사업가(事業家)가 되기를 소망합니다.

10 송별사: 떠나는 이재철 사무국장님에게

아직도 실감이 나지 않습니다. 2022년 12월 29일 오늘 퇴근하시면, 내일 꼭 다시 출근하실 것 같습니다. 늘 그랬듯이 … 제가 2001년 고등군사법원 보통부장으로 2년 동안 재직시 국장님은 보통부 과장으로, 한성모 실장님은 운전병으로 함께 근무할 때도 좋았지만, 국장님이 2012년 연말 법무법인 서호에 오신 이후 10년 동안 함께 근무할 때가 더 좋았습니다.

국장님이 그동안 저의 곁에서 형님처럼 한결같은 마음으로 저를 도와주신 은혜는 평생 잊지 않겠습니다. 함께 한 시간 참 행복했고, 넘 행복했습니다. 국장님의 빈 공간이 너무 커서 제가 그 공간을 채우려고 하니 참으로 막막합니다. 제가 "국장님이 걸으실 수 있을 때까지 법무법인 서호에 출근해 달라"고 했던 말은 지금도 유효합니다. 저도 걸을 수 있을 때까지 저의 분신인 법무법인 서호에 출근하고 싶고, 김정현 변호사님도, 희정씨도, 한실장님도, 지은씨도 걸을 수 있을 때까지 출근하셨으면 좋겠습니다.

코로나 전에는 함께 송년회 모임도 가졌고, 2016년 7월 희정씨 10년 근속을 축하하기 위해 '광명동굴'을 함께 갔었는데, 2023년 법무법인 서호 20주년 때는 어디든 함께 가고, 매년 송년회 모임 때만이라도 꼭 뵙기를 바랍니

다. 한실장님이 우리 국장님의 모습 중 꼭 닮았으면 하는 부분이 있습니다. 그것은 제가 아무리 사소한 말을 해도 국장님이 저의 말에 대해 반드시 결과 보고를 하시는 모습입니다. 34년 동안 법무병과에서 충실히 근무한 삶의 흔적이라 생각하지만, 저도 그 모습을 본받고 싶습니다.

국장님한테 골프를 배우고, 국장님과 함께 골프할 때도 행복했습니다. 특히 국장님 동생인 이재순 대표님, 김정현 변호사님과 함께 천룡CC에서 함께 골프할 때도 행복했고, 2018년 김정현 변호사님이 첫 라운딩하는 날 '첫 라운딩의 설렘'이라는 장문의 글을 써서 김변호사님이 라운딩할 때 주의사항을 안내해 주신 것도 감동이었습니다. 그동안 국장님과 함께 하면서 이런 저런 사연이 참 많았는데, 돌이켜보니 엊그제 같고, 생각할수록 감사하고 감사한 마음뿐입니다. 한용운님의 '님의 침묵'이라는 시에 이런 시구가 있습니다.

우리는 만날 때에 떠날 것을 염려하는 것과 같이
떠날 때에 다시 만날 것을 믿습니다

우리 국장님이 비록 오늘 법무법인 서호를 퇴사하지만, 저와 법무법인 서호 가족 모두의 마음속에서는 영원히 떠나지 않는다는 것을 믿습니다. 저는 이수교회 밤기도회에서 법무법인 서호 가족들을 위한 기도를 하고 있는데, 국장님과 국장님의 가족을 위한 기도는 평생 하도록 하겠습니다. 많이 보고 싶을 겁니다. 그동안 참말로 수고 많으셨습니다. 사랑하고 축복합니다.

2022년 12월 29일 아침

사랑하고 존경하는
이재철 국장님을 생각하면서
김양홍 올림

11
군용 가디건

　오늘 유용오 변호사님으로부터 군용 가디건(육군스웨터 3형)을 선물로 받았습니다. 제가 그저께 함께 점심식사하면서 "유변호사님이 입은 군용 가디건이 예쁘다"고 했더니 곧바로 주문해주셨습니다. 유변호사님은 군법무관으로 23년간 군에서 근무하다가 작년에 저희 법무법인 서호 구성원 변호사로 합류셨는데, 아직까지도 군용 가디건이 잘 어울리는 분입니다.

　저는 군복을 참 좋아해서 군법무관으로 10년 동안 근무하는 동안 대부분 군복(주로 전투복)을 입었습니다. 제가 대위로 임관한 후 당시 외대 다니던 한창용 친구를 만나러 갈 때 군복을 입고 갔다가 ROTC 후보생들로부터 경례받느라 고생한 적이 있고, 결혼 전 저의 아내를 만날 때도 군복을 입고 간 적이 두 번 있습니다. 제가 첫 예비군훈련을 받을 때 다시 군복을 입는다는 생각에 너무 설레서 전투복을 다림질하고, 입소 전날에는 사전답사까지 했었습니다. 비록 군복은 아니지만 국방색의 군용 가디건을 입으니까 다시 군복을 입은 느낌이 들어 행복합니다. 다시 군복을 입고 군법무관으로서 근무하라고 하면 더 잘 할 것 같습니다. 백~골!!

12
다솜, 사랑받고 살아라

'다솜'은 애틋하게 사랑한다는 뜻의 순우리말입니다. 2006년 5월 1일부터 지금까지 저희 법무법인 서호에서 둥지를 틀고 있는 최영경 세무사실에 '다솜'이라는 이름을 가진 여직원이 들어왔습니다. 다솜 씨의 부모님이 '사랑받고 살아라'는 뜻으로 순우리말로 이름을 지어주셨다고 합니다. 다솜 씨는 그 이름대로 사랑받고 살아가고 있는 것 같고, 앞으로도 그렇게 살아갈 것으로 믿습니다.

오늘 다솜 씨의 입사를 축하하는 점심식사 자리에서 제가 다솜 씨에게 "꿈이 무엇인가요?"라고 물었더니, "특별히 생각해보지 않았지만, 지금 이 순간 잘 사는 것입니다."라고 대답했습니다. 다솜 씨는 얼떨결에 한 대답이지만, 참 멋진 꿈입니다. '순금(純金)'보다 더 귀한 것이 '지금(只今)'이고, 그 지금을 잘 살아낸 날들이 모여 멋진 인생이 될 것이기 때문입니다. 젊은 청년이 지혜로운 철학자 같습니다. 사랑은 받는 것이 좋은지 아니면 주는 것이 좋은지 논쟁이 있을 수 있으나, 사랑은 주고받는 것이 진짜 사랑입니다. 다솜 씨가 최영경 세무사실에서 오랫동안 함께 일하고, 가족과 이웃들에게 사랑을 받은 만큼 사랑을 주는 멋진 삶을 살아가기를 기원합니다.

13
생각의 쓰레기통 2

당신에게는 생각의 쓰레기를 받아 주는 친구가 있나요? 고등학교 2학년인 아들은 자신의 생각의 쓰레기를 받아 주는 친구가 있다고 합니다. 그래서 아들은 그 친구와 대화할 때는 쓸데없는 이야기를 서로 받아준다고 합니다. 아들과 그 친구는 서로가 서로의 생각의 쓰레기를 받아줄 정도로 상대방을 이해하고 배려한다는 것 아닐까요? 아들이 참 멋진 친구를 뒀습니다. 저는 나이 51세가 되도록 만들지 못한 친구를 … 생각의 쓰레기는 아무리 담아 둬도 삶의 거름이 되지 않습니다. 그렇기 때문에 생각의 쓰레기는 당장 버리던지 잊던지 해야 합니다. 저에게도 생각의 쓰레기를 허심탄회하게 나눌 수 있는 누군가가 있었으면 좋겠습니다.

위 글은 제가 4년 전인 2018년 7월 말에 쓴 글입니다. 어젯밤 저의 군법무관 동기 H 형님으로부터 퇴근 무렵 "신앙상담을 하고 싶다"는 전화를 받았습니다. 그래서 제가 밤기도회를 마친 저녁 9시경 교회 근처 이수 카페골목에서 H 형님을 만나 형님이 섬기는 교회 성도를 변호하다가 변호사 선임비를 모두 돌려주고 사임(辭任)한 이야기를 들었습니다. 저도 몇 년 전까지만 해도 '어떤 의뢰인이든 잘 설득할 수 있다'는 자만심이 있었는데, B 의뢰인 사건을 수행하면서 그것이 얼마나 교만한 생각이었는지를 깨달은 적이 있습니다. B 의뢰인은 제가 사임한다고 하니까 "승용차를 바꿔주겠다"고 하셨지만, 저는 그 의뢰인을 상대하기가 너무 힘들어서 일은 거의 다 해놓고 변호사 선임비를 모두 돌려주고 사임했었습니다. H 형님이 생각의 쓰레기를 받아 주는 사람으로 저를 찾아주셔서 참 감사했습니다. 생각의 쓰레기는 그 때 그 때 비워야 합니다. 서로가 서로에게 좋은 생각의 쓰레기통이 되기를 소망합니다.

14
기차길 옆 초밥집에서의 결의

저의 아들 반포중학교 동창이자 제가 섬기는 이수교회 성도인 전상우 병장(다음 달 병장으로 진급하기에 병장으로 호칭합니다)이 퇴근 무렵 군복을 입고 아들과 함께 저의 사무실을 방문했습니다. 전병장은 말투도, 행동도 군인다워 참 보기 좋았습니다. 두 아들을 데리고 KBS1 TV '김영철의 동네 한 바퀴'에서 소개된 적이 있는 맛집 '기차길 옆 초밥' 집에서 '은하철도 999' 명품 초밥세트를 사줬습니다. 명품 초밥으로 우리의 배를 가득 채워주신 김훈도 초밥집 사장님께도 감사인사드립니다. 전병장은 한양대 경영학과 재학 중에 군 입대했는데, 전역 후에는 미국 텍사스에 있는 University of Texas at Austin(UT)에 교환학생으로 가서 1년 정도 공부하고, 이후 "4년 이내 공인회계사시험에 합격하겠다"는 포부를 밝혔습니다. 전병장이 그 꿈을 이룰 수 있도록 그의 결의(決意)를 이 글에 남깁니다.

저는 두 아들에게 "꿈은 늘 선포해야 한다, 친구가 재산이다, 가까운 사이일수록 더 예의를 갖춰라, 좋은 배우자를 만나야 친구 사이도 오래간다, 두 사람이 미래의 이수교회 장로로서 하나님의 일을 잘 할 것으로 믿는다" 등의 조언을 해줬습니다. 전병장과 헤어진 후 아들과 함께 이수교회 밤기도회에서 예배드리고 집으로 오는 길은 행복의 길 그 자체였습니다. 전병장이 기차길 옆 초밥집에서의 결의를 꼭 이루기를 기도합니다.

15
좋아하는 걸 좋아해

'좋아하는 걸 좋아해'는 스타벅스 커피숍 출입문에 있는 광고 글입니다. 제가 좋아하는 걸 생각해 봤습니다. 핸드폰 보기, 교회 주일 예배와 밤기도회, 가족들과 대화하는 것, 골프, 글쓰기, 여행, TV 시청, CBS 음악FM 듣기, 커피, 콩국수, 성경 읽기 … 제가 좋아하는 것을 순서대로 적다보니 부끄럽게도 '핸드폰 보기'가 맨 앞에 있고, '성경 읽기'는 커피와 콩국수보다 뒤에 있습니다. 저는 옛날에는 낚시를 가장 좋아했었는데, 어느 순간 낚시는 제가 좋아하는 것의 목록에서조차 빠졌습니다. 저도 제가 좋아하는 걸 좋아하면서 살아갈 생각입니다. 다만, 핸드폰 보기와 성경 읽기의 순서는 언젠가는 서로 바뀌어 있을 것으로 믿습니다. 스타벅스 커피숍 주문대 옆에는 아래와 같은 광고 글이 있습니다.

> 그냥 네가 좋아하는 걸 좋아해
> 그런 사람들이 함께 하는 곳에서
> 그것이 가능한 곳에서

스타벅스 커피숍에서는 "스타벅스에서 함께 커피를 마시라"는 취지로 위 광고 글을 게시해 놓았을 것입니다. 그러나, 우리의 인생살이도 위와 같이 하는 것이 좋지 않을까요? 내가 좋아하는 사람과 좋아하는 것을 함께 하는 것이 행복 아닐까요?

16
야옹아 멍멍해봐

  저의 이름은 김양홍(金良烘)입니다. '양홍' 발음이 고양이 울음소리인 '야옹'으로 들려서 저의 고등학교 때 별명이 '게데기'입니다. '게데기'는 고양이의 전라도 방언(方言)입니다. 그래서 저의 골프존(스크린골프) 사이트 별명(別名)도 게데기입니다. 아래 고양이 그림은 SNS에서 퍼온 것입니다. 고양이 그림이 아니라 진짜 저의 모습입니다. 자세히 보면 고양이들이 다르고, 들고 있는 핸드폰들도 다르지만, 하는 행동은 똑같습니다. 지하철을 타도 그렇고, 집에서도 마찬가지입니다. 당신도 지금 핸드폰을 들고 계시나요?

아래 간판 사진은 오늘 아침 친구(한창용)가 제가 생각나서 찍었다고 하면서 보내온 '야옹아 멍멍해봐' 애견용품점 간판입니다. 참 재밌는 제목으로 눈길을 끄는 간판입니다. 일상의 삶 속에서 저를 기억해주는 친구 덕분에 행복한 아침입니다. 고양이가 어떻게 "멍멍" 할 수 있겠습니까? 고양이는 "야옹" 하는 것이고, 강아지가 "멍멍" 하는 것이지요. 그렇지만 저는 '야옹이'이지만 얼마든지 멍멍할 수 있습니다. 잠시 핸드폰을 놓고 친구를 위해 크게 외쳐봅니다.

"멍~멍~"

17
남자가 여자를 좋아할 때 하는 행동

1. 고기를 사준다
2. 자꾸 쳐다본다
3. 또 고기를 사준다
4. 나도 모르는 내 습관을 알고 있다
5. 다시 고기를 사준다
6. 대화가 끊기지 않도록 계속 말을 건다
7. 그리고 고기를 사준다
8. 무슨 핑계를 만들어서라도 먼저 연락한다
9. 그 다음에 고기를 사준다
10. 장난을 친다
11. 그러다가 고기를 사준다
12. 귀여워하고 호응해준다
13. 그러면서 고기를 사준다
14. 계속 쳐다본다

위 글은 광주 송정역시장 안에 있는 어느 고깃집 앞에 있는 글귀입니다. 여러분도 공감하시지요? 제가 아내와 여동생들에게 위 글귀를 읽어주니까, 저의 아내와 여동생들은 남자가 여자를 좋아할 때 하는 행동은 "사랑한다고 말한다. 그리고 돈을 준다"라고 거의 동시에 대답했습니다.

너희 보물 있는 곳에는 너희 마음도 있으리라(누가복음 12장 34절)

맞습니다. 저의 아내와 여동생들의 위와 같은 대답은 위 성경 말씀에 매우 부합되는 말입니다. 돈(보물) 있는(쓰는) 곳에 나의 마음이 있는 것입니다. 저는 그냥 막연한 부자가 아니라 목적이 있는 부자가 되겠습니다. 저는 하나님의 영광과 이웃의 유익 그리고 저의 아내의 행복을 위해 돈을 벌도록 더욱 더 노력하겠습니다.

무엇이든 주고 싶은 것이 사랑입니다. 고깃집 사장님의 위 글처럼 고기를 사주고 싶은 마음이 사랑이고, 돈을 주고 싶은 마음이 사랑이고, 여러가지 마음을 주고 싶은 것이 사랑입니다. 그렇게 진짜 사랑은 받는 것이 아니라 주는 것입니다. 우리 모두 사랑하는 사람에게 고기를 사주고, 또 고기를 사주고, 다시 고기를 사주고, 그리고 고기를 사주고, 그 다음에 고기를 사주고, 그러다가 고기를 사주고, 그러면서 고기를 사줍시다. 그리고 돈을 많이 갖다 줍시다!!

18
한강에서 살다가 요단강을 건너온 쏘가리

　2022년 11월 첫째 주말 저녁 집에서 쉬고 있는데, 저녁 8시경 제가 섬기는 이수교회 김태영 집사님으로부터 '장로님, 혹시 쏘가리 드시면 집에 들어가는 길에 가져다 드리고 가겠습니다'라는 카톡이 왔습니다. 그래서 저는 곧바로 '좋아용~ 기대만땅'이라고 답장했습니다. 저는 개인적으로 민물고기는 어종을 가리지 않고 먹는 것을 참 좋아합니다. 저는 20년가량 민물낚시와 바다낚시를 즐겨했지만(지금도 낚시가방이 3개나 있습니다) 단 한 번도 쏘가리를 잡아본 적은 없고, 사촌동생이 산천군 강가에서 잡은 쏘가리를 먹어본 적은 있습니다. 그런데, 그 귀한 35cm 쏘가리가 한강에서 살다가 요단강을 건너 저녁 11시경 저의 손아귀에 들어왔습니다.

　제가 오늘 팔당댐 근처에 있는 아내의 스승 고윤석 교수님의 세컨 하우스를 방문할 때 붕어찜 요리 식당들이 즐비해서 '붕어찜 먹고 싶다'는 생각을 했는데, 하나님께서는 저의 생각을 아시고 붕어 형님뻘인 쏘가리를 산 채로 보내셨습니다. 저는 민물고기 먹는 것을 무척 좋아하지만, 매운탕까지는 끓일 줄 모르는데, 다행히 다음 주말 민물요리의 대가 저의 장모님께서 생신을 맞아 저희 집에 오십니다. 모든 것을 준비해주시는 여호와 이레(여호와께서 준비하심이라는 뜻) 하나님의 배려에 감사할 따름입니다. 삼가 쏘가리의 명복(冥福)을 빕니다.

19
커피 2잔이 주는 기쁨

나른한 오후 커피 한 잔이 생각날 때 제가 섬기는 이수교회 김주애 집사님이 제가 코로나로부터 회복되었다고 다음과 같은 인사말과 함께 스타벅스 아이스 카페 아메리카노 2잔과 생크림 카스텔라를 카톡으로 보내왔습니다.

그래서 제가 이렇게 답장하고, 이렇게 자랑질하고 있습니다.

스타벅스
아이스 카페 아메리카노 T 2잔..

♥ 함께 온 메시지
"격리하시고 컨디션 회복하시면 드리려고 기다렸어요. ^^ 이번 주 뵈니 완전 건강해보이셔서😌
주옥 집사님과 꼭! 데이트 하실 때 드셔요.ㅎㅎ
장로님과 집사님, 너무 좋아합니다 제가🖤"

워매~ 고마워요~♡♡
저도 김집사님과 정집사님 너무 좋아하는 것 아시지요? 말이 당근을 먹은 기분이고, 뽀빠이가 시금치를 먹은 기분입니당~♡♡
사랑하고 축복합니다♡♡

제가 말(horse)은 아니지만 말이 당근을 먹은 기분이 느껴질 정도로 선물 받은 것만으로도 너무 행복합니다. 나른한 오후가 갑자기 신나는 오후로 바뀌었습니다. 저도 김집사님처럼 커피를 선물로 보내주고 싶은 분들이 있는데, 저는 핸드폰을 잘 다룰 줄 몰라 아직까지 카톡으로 선물을 보내본 적이 없답니다. 저의 커피 선물을 기다리는 분들에게는 그냥 마음으로만 커피를 보내드릴게요. 김주애 집사님·정진섭 집사님 부부와 저의 며느리 삼고 싶은 예쁜 두 딸 라빈·라원이가 하나님의 사랑 안에서 늘 행복하고 행복하기를 기도합니다.

20
장미의 집

네이버에서 '장미의 집'을 검색하면 여의도 장미아파트 상가 2층에 있는 냉동삼겹살 맛집인 장미의 집(서울 영등포구 국제금융로7길 32 상가 2층)이 검색됩니다. 이 식당은 '식객 허영만의 백반기행 제22회'에서도 소개된 맛집으로 여의나루역에서 도보로 5분 거리에 위치합니다. 2층 식당 입구에는 'Since 1981.. 장미의집'이라는 문구가 붙어 있는데, 테이블과 의자, 방 모두 40년 전 그대로입니다. 냉동삼겹살과 고추장불고기 그리고 물김치국수와 멸치국수의 맛은 정말 정일품(正一品)입니다. 여기 냉동삼겹살은 국내산 1등급 암퇘지를 영하 20도로 급냉한 뒤 7mm로 썰어서 영하 5에서 숙성한 것이라고 하는데, 삼겹살이 시중에서 사 먹는 일반 삼겹살의 맛과는 비교할 수 없을 정도로 맛있고, 특히 삼겹살과 함께 구워먹으라고 따로 주는 김치는 글로 표현하기 어려울 정도로 맛있습니다.

장미의 집 식당을 아들과 함께 운영하시는 박명옥 권사님이 오늘 이수교회 박정수 담임목사님 내외분과 1부 예배를 드리시는 분(시태순 권사님, 이승연 권사님, 안혜숙 권사님, 최인석·박한나 집사님 부부, 저희 부부)들을 식당으로 초대해주셨습니다.

박권사님이 40년 전 여의도고등학교 학생들을 상대로 1층에서 떡볶이 등을 파는 분식가게

를 하시다가 2층에서 식당을 하게 된 이야기 등을 들으면서 행복한 시간을 보냈습니다. 1부 예배 목장 모임은 30대 부부, 50대 부부, 70대 권사님들이 함께 하지만, 나이 차이를 모를 정도로 서로가 나눔을 잘 하셔서 목장 모임시간 30분이 부족할 때가 많습니다. 그래서 제가 담임목사님께 "1부 예배드리는 권사님들이 1부 예배를 드리자마자 곧장 댁으로 가서 남편들의 아침 밥상을 차려주셔야 하기 때문에 1부 예배 목장 모임을 09:30경 마쳐야하는 아쉬움이 있습니다"라는 말씀을 드렸는데, 담임목사님께서 교회로 복귀하실 때 "1부 예배 때는 설교를 짧게 하겠습니다"라고 하셨습니다.

저는 그동안 음식을 맛있는 것과 더 맛있는 것으로만 구분하는데, 장미의 집의 삽겹살은 더 맛있는 것만으로는 설명이 미흡합니다. 그래서 앞으로는 음식을 맛있는 것, 더 맛있는 것 그리고 겁나게 맛있는 것, 이렇게 3가지로 분류하고, 장미의 집 삽겹살은 '겁나게 맛있는 것'의 1호 음식으로 명명하겠습니다. 여러분도 장미의 집에 꼭 가보십시오. 따뜻한 정(情)은 덤입니다.

21
은혜가 은혜 아빠에게 준 최고의 선물

변호사님!
여러모로 도움을 주셔서 감사드려요^^
작지만 수원 오실 때 교통비로 사용하세요~
정은혜 올림

제가 변호하는 부부의 딸이 저의 딸 이름과 같은데, 수요일 수원법원 재판 때 교통비하라면서 교통비를 예쁜 봉투에 담아서 줬습니다. 저는 오늘(2022. 4. 25.) 군법무관 10년, 변호사 19년 법조인 생활 29년 만에 최고의 선물을 받았습니다. 선물이 아니라 감동입니다. 변호사는 돈 버는 직업은 아니라 돕는 직업이지만, 돈 버는 그 어떤 직업 보다 좋은 직업이라는 것을 은혜가 가르쳐줬습니다.

22 완벽한 하루

오늘 아침 아들과 함께 샐러드와 빵, 우유로 이루어진 서양식 식사를 하다가 제가 실수로 우유를 담은 컵을 두 번이나 엎질렀습니다. 그동안 한 번도 그런 적이 없는 매우 특별한 일이라서 아들에게 "오늘 로또복권 사야겠다. 로또복권에 당첨되면 얼마 줄까?"라고 묻자, 아들은 부모와 성년 자식간의 10년 동안 증여세 면제 한도인 5,000만원만 달라고 했습니다. 그래서 저는 당첨될 것으로 믿고, 아들 은행계좌번호(하나은행)를 달라고 하여 받아놨습니다. 아래는 오늘 하루 저의 일정입니다. 저는 겁이 많고, 운전하는 것을 무척 싫어해서 버스로 수원법원에 갔다가 재판을 마치면, 지하철(상현역)로 서초동 서울중앙지방법원으로 이동하려고 계획했습니다.

10:50 수원지방법원 형사재판
14:00 서울중앙지방법원 가처분 심문기일
16:00 서울중앙지방법원 형사재판 증인신문기일
20:00 이수교회 밤기도회

그래서 아침식사를 마치고 여유롭게 출발하려고 08:00경 준비하고 있는데, 제가 법률자문을 하고 있는 치과 원장님으로부터 상담전화가 왔고, 그 상담을 무려 30분 넘게 해드렸습니다. 서울역 환승센타에서 수원법원으로 출발하는 광역버스(M5115)를 여유롭게 타려고 했으나, 전화 상담을 너무 오랫동안 하는 바람에 08:50경이 되어서야 버스승강장에 도착할 수 있었습니다. 그런데 기다리는 버스는 09:10경이 되어도 오지 않았고, 나중에 알고 보니 그 버스는 이미 출발했습니다. 그래서 급하게 숭례문 쪽에서 출발하는 다른 광역버스(M4101)를 타려고 뛰어갔는데, 설상가상으로 그 버스도 이미 출발한 뒤였습니다. 당시 재판시간까지 남은 시간은 1시간 20분이었습니다. 그래서 할 수 없이 정신없이 다시 집으로 뛰어가 승용차를 운전하여 재판 시작 10분 전에 도착할 수 있었습니다.

오늘 제가 우유컵을 두 번 엎지른 것은 하나님께서 오늘 아침 버스를 두 번 놓칠 수 있으므로 미리 서두르라고 가르쳐 주신 것인데, 저는 그것을 로또복권에 당첨될 것으로 오해한 것입니다. 결국 로또복권은 살 시간조차 없었습니다. 혹시 내일 아침에도 우유를 담은 컵을 두 번 엎지르게 되면 로또복권을 사 볼 생각입니다. 오늘 하루 종일 이리 뛰고, 저리 뛰다보니 10,229보를 걸었습니다.

감사하게도 수원법원 형사재판은 피고인이 저의 변론을 듣고 법정에서 눈물을 흘리실 정도로 잘 마무리 되었습니다. 저도 저의 마음을 담아 변호하면서 재판장님께 생애 처음으로 "간절히"를 두 번 반복하여 벌금형의 선고유예를 해달라고 부탁드렸습니다. 정말 마음을 다해 1이라도 더 도와주고 싶은 참 훌륭한 피고인이기 때문입니다. 재판이 조금 일찍 끝나 의뢰인과 함께 참 은혜로운 대화를 나누면서 점심식사를 하고 헤어졌습니다.

저는 오후 2시 재판을 위해 서초동 서울중앙지방법원으로 이동했고, 조금 일찍 도착하여 전남대 후배 이은의 변호사 사무실을 방문하여 이 변호사가 최근에 출간한 《예민한 게 아니라 당연한 겁니다》 책(3월 출간 때부터 미리 사인해둔 것)을 선물로 받았습니다. 배울 점이 참 많은 이은의 변호사 삶 가운데 하나님의 축복이 더 가득하길 빕니다.

오후 2시 가처분재판은 성결교회 목사 안수와 원로목사 자격에 관한 것이 쟁점인 직무집행정지가처분 사건이기에 너무나 부담스럽고 '두려운' 사건이었는데, 재판장님의 재판 진행 내용에 비추어 볼 때 우리측이 승소할 것으로 예상되어 참 감사했습니다. 오늘 재판을 응원하기 위해 멀리 김해에서 올라오신 A 교회 네 분의 시무장로님과 세 분의 부목사님, 담임목사님 내외분에게 오늘 재판 내용과 향후 예상되는 상황 등을 설명하고, 오신 분들을 환송하고 나니까 오후 3시30분경이 되었습니다.

  오후 4시 형사재판은 피고인이 무죄를 주장하는 사건입니다. 오늘은 증인 2명에 대한 신문이 예정되어 있었는데, 증인 1명에 대한 증인신문만 1시간 30분가량 하는 바람에 재판장님께서 다른 증인 1명은 다음 기일에 하자고 하시면서, "길게 하지 않아도 될 것 같습니다"라고 하셔서 마음이 놓였습니다. 재판장님도 오늘 증인신문 과정에서 증인이 위증을 하고 있다는 것을 느끼신 것 같았습니다. 또한 피고인께서도 재판 후 "속이 시원하다"고 하셨습니다. 거짓말을 계속하는 증인이 정신을 못 차리게 집요하게 추궁했더니 지난번 증언한 증인보다 피고인에게 유리한 증언들을 마구 쏟아냈습니다. 거짓은 진실을 이길 수 없습니다.

  바쁜 하루 일정을 마치고 이수교회 밤기도회 참석했습니다. 오늘은 교역자 수련회에 참석중인 박정수 담임목사님을 대신하여 민창기 전도사님이 '내가 세상을 이겼노라(본문 요한복음 16장 25~33절)'는 주제로 설교를 해주셨는데, 예배 시간 내내 제가 하나님의 자녀라는 사실이 너무나 감사했습니다.

  그리고 저는 올해 출간된 저의 수필집 《변호사 김양홍의 행복 곱하기》를 끝으로 아내에게 수필집을 매년 출간하는 것을 그만두겠다고 말했었는데, 이수교회 밤기도회(월~금요일 저녁 8시) 반주를 해주시는 권사님께서 제가 앞으로 매년 출간할 행복 시리즈 수필집의 출간 비용의 절반을 "평생 후원하시겠다"고 약속하셨습니다. 여러분은 제가 권사님의 그 말씀을 듣는 순간 얼마나 행복했는지 모르실 겁니다. 앞으로 출간할 책 제목 40여개를 미리 정해놓길 잘 한 것 같습니다. 제가 언제까지 살지 모르지만 …

  21:10경 K 교회 목사님께서 어제 저의 조언을 받은 이후 검토하고 확인한 결과 매입하기로 한 교회 건물을 매입하지 않기로 결정했다는 전화를 받았습니다. 법적인 것은 오전에 상담하신 치과 원장님처럼 법적

인 문제가 발생한 이후에 변호사를 찾을 것이 아니라 K 교회 목사님처럼 미리 변호사 상담을 받는 것이 지혜로운 태도입니다. 정말 오늘 하루는 하나님께서 함께 동행 해주신 '완벽한 하루'였습니다. 저는 예수님을 믿는 사람이기에 예수님처럼 세상을 이길 것을 굳게 믿습니다.

이것을 너희에게 이르는 것은 너희로 내 안에서 평안을 누리게 하려 함이라 세상에서는 너희가 환난을 당하나 담대하라 내가 세상을 이기었노라(요한복음 16장 33절)

23
쏘가리이론

 얼마 전에 제가 섬기는 이수교회 김태영 집사님이 한강에서 잡은 35cm 쏘가리를 1마리 갖다 줬고, 때마침 상경하신 장모님께서 맛있는 쏘가리탕을 만들어주셔서 요즘 아껴서 맛있게 먹고 있습니다. 어제 용산 'Yoon부동산'(대표 정윤경) 사무실에 들려 커피를 마시는데, 근처에 변호사 출신 공인중개사가 있다는 말을 듣고 정윤경 대표님과 함께 그 분을 찾아뵈었습니다. 그 분은 조성우 공인중개사·변호사님(이하 '조대표님'으로 약칭)인데, 명함에도 변호사보다 공인중개사가 앞에 표기되어 있습니다. 조대표님은 대학에서 경영학을 전공한 후 로스쿨을 졸업하고, 제1회 변호사시험에 합격하여 육군법무관으로 군복무를 마치고, 약 3년 정도 법무법인에서 고용 변호사로 근무하

다가 2018년부터 용산 센트럴파크해링턴스퀘어 104동 상가 1층 58호에서 '성우공인중개사무소 겸 변호사 조성우 법률사무소(796-5555)'를 개업했다고 합니다.

　조대표님이 공인중개사업을 시작하게 된 이유를, "변호사들은 민물고기의 왕 쏘가리 같습니다. 변호사들은 주위에 쏘가리들밖에 없다고 생각하기 때문에 서로 싸우면서 살아갑니다. 그런데 조금만 시선을 돌리면 주위에 붕어들이 많이 있습니다."라고 설명하면서, 자신은 최고의 선택을 했다고 생각하고 있고, 지금 행복하게 공인중개사업을 수행하고 있답니다. 또한 조대표님은 공인중개사업을 하면서 발생하는 부수적인 소송업무도 겸해서 수행하고 있다고 합니다. 무엇보다도 조대표님의 선택을 존중해주고, 조대표님이 가시는 길을 응원해주고 있는 조대표님의 가족들도 참 훌륭한 분들입니다. 저도 부동산거래를 하게 될 경우에는 조대표님의 도움을 받아야겠습니다. 조대표님의 앞길에 하나님의 축복이 가득하기를 기원합니다.

24 ASMR

여러분은 ASMR이라는 단어를 들어보셨나요? ASMR은 'Autonomous Sensory Meridian Response'이라는 단어의 약자로, 이를 직역하면 '자율 감각 쾌감 반응'입니다. ASMR이라는 용어는 거창한 의학용어처럼 보이나, ASMR 대학 및 연구소 설립자인 제니퍼 앨런(Jennifer Allen)이 2010년 무렵부터 사용한 신조어(新造語)입니다. ASMR은 뇌를 자극해 심리적인 안정감이나 쾌감을 전달하기 위해 사용되는 영상으로 빗소리, 바람이 부는 소리, 연필로 글씨를 쓰는 소리, 바스락거리는 소리, 고기 굽는 소리 등을 제공해 줍니다.

제가 코로나에 감염되어 자가격리(自家隔離) 되었을 때 잠을 자지 못할 때마다 빗소리 ASMR 유튜브 영상을 머리맡에 틀어놓고 잠이 들곤 했습니다. 어젯밤도 그 빗소리 영상을 듣다가 잠이 들었습니다. 잠이 안 올 때 ASMR 영상을 듣는 것이 생각보다 효과적입니다.

마음을 달래는 최상의 빗소리, 비오는소리ASMR - Rain Sound Gentle 10 Hours & Best Sound...
조회수 28만회 · 4개월 전 #빗소리 #비오는소리 #빗소리asmr

25
묵은지 한 접시

가끔은 제가 쓴 글들이 그대 인생의 묵은지 한 접시라도 되었으면 좋겠습니다.

소설가 이외수 선생님의 말씀입니다. 소설가다운 표현이자 참 많은 것을 생각하게 하는 표현입니다. 저도 저의 부족한 글과 저의 작은 삶이 그대 인생의 묵은지 한 접시라도 되었으면 좋겠습니다. 오늘 하루도 감사함으로 가득 채우겠습니다. 그대도 오늘 하루 꼭 행복해주십시오. 이외수 선생님은 어제(2022. 4. 25.) 향년 76세로 소천하셨습니다. 유가족들에게 하나님의 위로를 빕니다.

26
 미안하다, 절대 용서하지 마라!

　2022년 10월 29일 이태원에서 발생한 비극적인 참사로 세상을 떠난 고인들의 명복을 빌고, 유가족들과 그 주위 분들에게 하나님의 위로를 빕니다. 또한 더 이상의 희생 없이 부상당한 분들이 하루 빨리 완쾌되시길 기도합니다. 말문이 막힙니다. 다시는 이런 비극이 되풀이 되지 않도록 정부 당국과 우리들 모두가 그 대비책을 철저히 세워야 할 것입니다. 변명 대신 왜 이런 일이 발생했는지 그 원인을 꼭 찾아야 합니다. 고인이 되신 분들에게 국화 한 송이를 바칩니다.
　김의곤 선생님의 '미안하다, 용서하지 마라' 라는 시의 단어 하나하나가 가슴을 후벼팝니다. 정말 국화꽃 한 장도 무거울 것 같아 차마 꽃조차도 미안합니다. 미안하다, 절대 용서하지 마라!

　미안하다, 용서하지 마라

　이태원 173-7
　그 좁은 골목길에
　꽃조차도 놓지 마라
　꽃들 포개지도 마라
　겹겹이 눌러오는 공포 속에서
　뒤로…뒤로…뒤로…
　꺼져가는 의식으로 붙들고 있었을
　너의 마지막 절규에
　꽃잎 한 장도 무거울 것 같아
　차마 꽃조차도 미안하구나
　얼마나 무서웠겠니 그 밤,

얼마나 원통했겠니 그 순간,
하고 싶은 일, 이루고 싶은 꿈을 두고
마지막까지 안간힘으로 버티며
살갗을 파고들었을 네 손톱이
가슴에 비수처럼 꽂히는구나
304명 생때같은 아이들
하늘의 별로 떠나보낸 지 얼마나 됐다고 …
또 다시 너희들을 허망한 죽음으로 내몬
어른들의 안일과 무책임이 부끄러워
이젠 슬픔조차도 변명마저도 차마
드러내 보일 수가 없구나
그 골목에 아무것도 놓지 마라!
허울 좋은 애도의 꽃도 놓지 마라!
안전도 생명도 탐욕이 덮어버린 이 나라에
반성 없는 어른들 끝없이 원망케 하라!
그리하여 아이들아 용서하지 마라!
참담한 부끄러움에 울고 있는 우리를

27
28년의 여백(餘白)

헐렁헐렁 옷장에 여백이 생길 때 기분이 좋다.
비운 만큼 새것으로 다시 채워 넣을 수 있으니

하루 일정이 비어 있어
시간의 여백이 있을 때 기분이 좋다.
그분과의 조용한 만남의 공간을 찾아갈 수 있으니

정해진 원고 분량보다 부족한 듯
여백이 있을 때 기분이 좋다.
거기에 예쁜 그림 하나 넣어도 되기에

내가 머무는 곳에
여백의 자리 있을 때 기분이 좋다.
외로운 이와 차를 마시고
피곤한 이 쉬어갈 수 있으니

무엇보다 내 마음에 여백이 있으면 참 좋겠다.
나의 것이 아닌,
주님과 다른 이들로 채울 수 있도록

여백은 단조로워도 부산함에 엄습 당하지 않는다.
대신 창조적이고 효과적인 에너지를 산출한다.

여백은 나의 것이 아니다.
그 누군가의 것이다.

1994년 1월 싱글 맘을 섬기는 다비다자매회가 설립된 때로부터 지금까지 28년 동안 회장으로서 섬겨주신 김혜란 목사님의 '여백(餘白)'이라는 시입니다. 김혜란 목사님과 이영복 다비다자매회 사무국장님 그리고 이주은 목사님을 비롯한 다비다자매회 회원들의 시를 모아서 엮은 《여백(餘白)》이라는 시선집(詩選集)의 제목이기도 하고, 그 시선집의 서시(序詩)이기도 합니다. 위 시에 김혜란 목사님의 삶이 고스란히 담겨져 있습니다. 28년 동안 김혜란 목사님의 여백에는 늘 주님과 다비다자매회 회원들로 가득 차 있었습니다. 저도 김혜란 목사님의 그림자라도 닮고 싶습니다.

2022년 4월 23일 오늘 다비다자매회 회장 이·취임식과 《여백(餘白)》 출판기념회가 있었습니다. 다비다자매회는 하나님이 세우신 하나님의 걸작품입니다. 하나님은 김혜란 목사님을 모세처럼 다비다자매회 회장으로 세우셨다가, 이제 여호수아처럼 이주은 목사님을 회장으로 세우셨습니다.

김삼임 자매님의 기도, 정애순 자매님의 '어눌한 말로 드리는 감사'라는 제목의 삶의 나눔, 박정수 다비다자매회 이사장 겸 이수교회 담임목사님의 '강하고 담대하라'는 설교 말씀, '다비다자매회 28년을 돌아보며' 영상, 김영경 자매님의 김혜란 목사님께 드리는 편지 낭송, 이영복 장로님의 축시, 정주채 목사님과 이창섭 목사님의 축사, 김혜란 목사님의 이임사, 이주은 목사님의 취임사 등 다비다자매회 회장 이·취임식 각 순서마다 은혜가 가득했습니다.

28
감사꽃이 피었다

다 함께 여는 2022년 새해여서 행복합니다.
비탄의 상처는 별(星)이 되고
삶의 찬 서리(霜)는 보석이 된
다비다 한 가족, 당신이 계시기 때문입니다.

자랑할 것 그 분의 십자가뿐이요,
매 걸음마다 손잡고 걸어온 28개 성상(星霜) 속
회복은 늘 섬김을 위한 시작임을 압니다.

이제 더 기도하겠습니다.
공허에서 충만으로
이제 더 사랑하겠습니다.
이생 넘어 영생까지.

 홀로된 여성들이 그리스도의 사랑 안에서 치유와 회복을 경험하고 동일한 형편의 다른 여성들을 섬기며 사랑과 선행을 격려하는 모임인 사단법인 다비다자매회 제28주년(2022. 1. 22.) 감사 예배에 참여했습니다. 위 글을 다비다자매회 사무국장으로 섬기고 계시는 이영복 장로님의 '다비다자매회 2022'라는 시입니다. 지나온 다비다자매회 28년의 삶과 앞으로 살아갈 삶의 모습이 담겨 있는 시입니다.
 순자조 조원들의 '일어나 걸어라' 특송과 정순자 자매의 간증, 이수교회 윤현집 지휘자와 이성진 집사님의 특송, 창립 제28주년 축하를 위한 신숙희, 이우순, 김영경, 김혜영, 허윤숙, 송선희, 이주은 총 일곱 분의 자작시 낭독은 그야말로 감동 그 자체였습니다. 시 속에 담긴 사연들과 하나님을 향한 고운 마음을 듣다보니 저절로 눈물이 났습니다.

송선희 자매님의 '성북동 아줌마'라는 시에서 언급하고 있는 바와 같이 다비다자매회는 오직 주님만 바라보며, 밥 잘 사주는 '밥사 목사' 다비다자매회 회장 김혜란 목사님이 계셔서 지금의 밥 잘 해주는 '밥해 공동체' 다비다자매회가 있다고 생각합니다. 모든 것이 하나님의 은혜입니다.

끝으로 다비다자매회 이사장이자 이수교회 담임목사이신 박정수 목사님의 '우리 함께 살아요'라는 주제의 은혜로운 설교 말씀을 듣고 예배를 마쳤습니다. 김혜란 목사님의 뒤를 이어 다비다자매회 회장으로 섬겨주실 이주은 목사님의 '감사꽃이 피었다'라는 시를 소개합니다. 박정수 목사님 설교말씀대로 우리 모두가 행복을 기다리지 말고, 행복을 만드는 사람이 되길 소망합니다.

　감사꽃이 피었다

예쁜 꽃을 보고도 예쁘다는 생각이 안 든다.
누룽지도 목구멍에 넘어가지 않고
잠도 잘 못 잔다.
10분도 걷지 못한다.

사랑하는 아들을
먼저 하늘나라로 보낸 어미.

그런 내가 안쓰러워
아침마다 전화하는 언니
매일 찾아와 시간을 함께 해 준 친구
따뜻한 밥상을 차려주신 목사님
기도로 함께해 준 많은 이웃들.

사랑이 나를 살렸다.
감사꽃이 피었다.

먹을 수 있어서 감사
잘 수 있어서 감사걸을 수 있어서 감사
노래를 부를 수 있어서 감사
아름다운 것을 느낄 수 있어서 감사
고통과 더불어 살 수 있음을 감사
다른 이의 아픔을 이해하게 되어 감사
좀 더 겸손한 자로 빚어주셔서 감사
또한 함께 울고 웃는 이웃들이 있어서 감사

지난 봄 벼락에 큰 가지 하나
툭 잘려져 나간 나무,
남은 가지 여기저기
감사의 꽃 피었다.

29
We Serve!

"We Serve(우리는 봉사한다)."는 국제라이온스협회의 모토(Motto)입니다. 오늘 저녁 국제라이온스협회 354-D지구 2021-2022 지대협의회 회장단 모임에서 '행복한 동행'을 강의하고 왔습니다. 저도 전에 서울용봉라이온스클럽 회원으로 활동을 하면서 2011-2012년과 2012-2013년 용봉라이온스클럽 회장을 역임한 바 있습니다. 그래서 그런지 꼭 친정집에 간 기분(?)이었습니다.

남을 위해 어떤 훌륭한 일을 시작할 때까지는 결코 성공했다고 볼 수 없다.

이는 라이온스클럽 창시자 멜빈 존스(Melvin Jones)가 한 말인데, 오늘 저의 강의 내용과도 일맥상통(一脈相通)합니다. 오늘 함께 한 라이온스클럽 지대위원장님들과 제가 이웃의 유익을 위해 살아가기를 소망합니다. 그것이 곧 내가 행복하게 사는 지름길입니다.

We Serve!

30
어린이는 지금 당장 놀아야 한다

2022년 7월 27일 방영된 ENA 수목드라마 이상한 변호사 우영우 제9화 '피리부는 사나이'에서 자칭 '어린이 해방군 총사령관' 방구뽕(구교환 역)의 언행을 통해 우리들의 모습을 뒤돌아보게 했습니다. 방구뽕은 자신의 어머니가 운영하는 무진학원(어린이들은 학원이 끝나는 밤 10시까지 밖으로 나갈 수 없는 속칭 '자물쇠반'을 운영하는 학원) 버스 운전기사에게 수면제를 먹인 후 그 버스에 타고 있던 어린이들이 어른들이 정해 놓은 더 나은 미래를 위해 학교와 학원에서 시간을 보내느라 놀지 못한다는 이유로 야산으로 데리고 가서 놀다가 부모님들에게 미성년자 약취·유인죄로 고소를 당해 구속되었고, 우영우(박은빈 역) 변호사가 그 사건의 변호를 맡게 됩니다.

어린이는 지금 당장 놀아야 한다.
어린이는 지금 당장 건강해야 한다.
어린이는 지금 당장 행복해야 한다.

위 3가지 구호(드라마에서는 위 구호를 '어린이 해방 선언문'이라고 표현)를 외치면서 어린이들의 해방을 외치던 방구뽕의 생각은 점차 우영우 변호사의 마음을 움직였고, 우영우 변호사는 아래와 같이 피고인의 감형에 유리한 '망상 장애를 가진 환자'라는 것을 부각시키지 않고 형법 교과서에서나 나오는 사상범(思想犯)에 관한 법리를 들고 나와 어른들은 도저히 이해하지 못하는 그의 사상을 변호하고자 노력합니다.

재판장님, 피고인은 현존하는 사회 체제에 반대하는 사상을 가지고

개혁을 꾀하는 행위를 함으로써 성립하는 죄를 지은 사람 다시 말해 사상범입니다. 도덕적으로 비난받아야 마땅한 죄를 저지른 파렴치범이 아닙니다. 피고인이 망상 장애 환자라는 진단을 받는다면 그건 피고인의 감형에는 도움이 될지 모르지만 어린이 해방에 대한 피고인의 사상을, 욕 되게 할 것입니다. 저는 피고인의 변호인으로서, 피고인의 사상 그 자체를 변호하려고 하는 겁니다.

방구뽕은 우영우 변호사에게 "어린이들에게 마음껏 놀면서 행복했던 기억을 남겨주고 싶고, 처벌을 받더라도 당당하게 받는 모습을, 자신이 한 일을 단 한 번도 부끄러워하지 않았다는 것을 보여주고 싶다."면서, 피고인 최후 진술을 하는 날 그 어린이들(드라마에서는 '어린이 해방군'이라고 표현)을 재판에 불러달라고 부탁하고, 우영우 변호사는 동료 변호사들과 함께 그 어린이들의 어머니를 설득하여 그 어린이들이 모두 재판을 방청하게 합니다.

방구뽕은 재판장의 질문에 대해 자신이 저지른 행위를 반성하지 않는다고 당당히 말하고, 또 그와 같은 행위를 할 것이라고 대답한 다음 어린이 해방군들과 그 어머니들 앞에서 확신에 찬 목소리로 자신의 신념을 전합니다. 방구뽕은 이어서 "우선 어린이를 키우는 어른들에게 몇 말씀 드리겠습니다. 어린이는 지금 당장 놀아야합니다. 나중엔 늦습니다. 대학간 후, 취업을 한 후, 결혼을 한 후에는 너무 늦습니다. 비석치기, 술래잡기, 말뚝박기, 고무줄놀이 나중엔 너무 늦습니다. 불안이 가득한 삶 속에서 행복으로 가는 유일한 길을 찾기에는 너무 늦습니다."라고 말한 뒤 '어린이 해방 선언문'을 그 어린이들과 함께 복창했고, 마지막까지도 아이들에게 웃음을 주며 서로를 껴안는 모습을 보여주면서 뭉클한 감동을 선사했습니다.

윤석열 대통령은 2022년 8월 2일 초등학교 입학 연령을 만 5세로 낮추는 학제 개편안과 관련해 교육부에 신속한 공론화를 지시했습니다. 안상훈 사회수석 말대로, "입학 연령 하향은 영미권을 중심으로 선진국에서도 시행하는 여러 장점이 있다." 하더라도, 저는 위 방구뽕의 '어린이 해방 선언문'이 맞다고 생각하기 때문에 입학 연령을 만 5세로 낮추는 정책 시행을 반대합니다.

어린이는 지금 당장 놀아야 합니다!!

31
드라마 '이상한 변호사 우영우'

어제는 빗소리가 듣기 좋아서 사무실 창밖에서 쏟아지는 비를 자주 봤던 하루였습니다. 퇴근 후 이수교회 밤기도회(밤 8시) 예배를 드리고 이런저런 것을 하다가 피곤해서 일찍 잠자리에 들었습니다. 침대에서 아내가 요즘 장안의 화제가 되고 있는, ENA 수목드라마(밤 9시) '이상한 변호사 우영우'를 넷플릭스에서 방영해준다고 하여 핸드폰으로 함께 제1화를 봤습니다. 천재적인 두뇌와 자폐 스펙트럼을 동시에 가진 신입 변호사 우영우(박은빈 역)의 대형 로펌 생존기를 다른 이 드라마는 시작부터 끝까지 찐한 감동을 줍니다. 이 드라마는 한 화에 한 개씩의 사건을 해결하는 구성이라고 하니까 더 기대됩니다. 특히 변호사 우영우의 역을 맡은 박은빈의 연기는 진짜 자폐를 가진 사람처럼 완벽합니다. 얼마나 재밌게 봤는지 알바를 다녀온 아들이 집에 온지도 몰랐습니다.

이 드라마는 총 16부작인데, 어제 제5화까지 방영되었습니다. 저는 교회 밤기도회 예배 때문에 본방 사수를 못하지만, 너무 재밌어서 한꺼번에 보지 않고 아껴서 볼 생각입니다. 그렇지만, 제 생각대로 될지는 장담할 수 없습니다. 저의 딸이 현재 치대를 다니고 있는데, 이 드라마 때문에 치대 졸업 후 로스쿨 간다고 해서 말리느라 힘들었습니다. 생소한 ENA 채널번호는 U+tv 72번, Btv 40번, 스카이라이프 1번, olleh tv 29번입니다.

부끄러운 이야기 하나 하겠습니다. 어젯밤 아들이 저에게 "아빠는 우영우 같은 변호사를 뽑으실거에요?"라고 물었을 때, 저는 주저했습니다. 저에게도 장애에 대한 편견이 있나 봅니다. 그렇지만, 아마 이 드라마를 제16화까지 다 보면 "당근 우영우 같은 변호사를 뽑을 것이다."라는 대답을 할 수 있을 것입니다. 저희 법무법인 서호 동료 변호사님들도 저와 같은 마음일 것으로 믿습니다. 우영우 변호사는 이상한 변호사가 아니라 훌륭한 변호사이기 때문입니다.

"모두 진술에 앞서 양해 말씀드립니다. 저는 자폐스펙트럼 장애를 가지고 있어 여러분이 보시기에 말이 어눌하고 행동이 어색할 수 있습니다. 하지만 법을 사랑하고, 피고인을 존중하는 마음만은 여느 변호사와 다르지 않습니다."

- '이상한 변호사 우영우' 명대사 -

32
드라마 '수리남'

 월요일 저녁 교회 밤기도회를 마치고 집으로 돌아오는 길에 우연히 집 근처 길가에서 아르바이트를 마치고 귀가하던 아들을 만났습니다. 매일 보는 아들이지만 길가에서 만나니까 더 반가웠습니다. 집에 들어가 천안에서 공부하고 있는 딸과 통화할 때 딸이 저에게 "보고 싶어요"라고 해서, 제가 "원래 사랑하면 보고 있어도 보고 싶은 것이다. 보고 있어도 보고 싶다는 유행가 가사도 있다(2009년 발표된 최유나의 노래 '보고 있어도 보고 싶은 그대')"고 하면서 저도 "보고 싶다"고 했습니다. 주일에도 봤는데…
 샤워하고 잠들기 전에 요즘 장안의 화제가 되고 있는 넷플릭스 드라마 '수리남'(2022년 9월 9일 공개)을 봤습니다. 남아메리카 북부의 작은 나라 수리남에서 자신만의 마약왕국을 만든 조봉행이 검거되기까지의 과정을 그린 드라마입니다. 2022년 9월 19일 국민일보 더 미션 판 1면에서도 「드라마에 '마약왕 목사'까지 … 수리남, 선 넘었다」라는 특집 기사로 기독교가 부정적으로 그려진 것을 염려하는 기사가 실렸습니다. 실제 조봉행은 수리남에서 면세유 밀수 사업으로 시작하여 마약 사업으로 전환하였는데, 드라마에서는 조봉행 역을 맡은 전요환(황정민 역)이 사이비 교주 목사로 등장합니다. 하나님의 말씀이 악용되고, 기독교를 왜곡하는 장면이 나올 때마다 마음이 불편했지만, 제1화를 본 이후 내리 제4화까지 연속해서 시청했습니다. 그러다보니 새벽 3시경에서야 겨우 잠이 들었습니다. 암튼 수리남은 보는 순간 자연스레 계속 볼 수밖에 없도록 참 재미있게 만들었습니다. 오늘 저녁에는 나머지 제5~6화도 시청할 생각입니다.
 오늘 아침 밥상머리에서 아들에게 수리남 본 것에 대해 이야기하려고 했더니, 자신도 보겠다면서 말을 못하게 했습니다. 수리남에서 이야기를 풀어가는 주인공 강인구(하정우 역)는 자신의 부모님처럼 가정을 돌보면서 힘들게 삶을 꾸려가는 평범한 가장으로 나오고, 마약왕 전요환은 목사로서 처음부터 끝까지 악마로 그려집니다. 강인구는 2009년 당시는 휴대전화 통화요금도 많이 나왔을텐데, 어떻게든 아내, 아들·딸과 전화로 대화하는 장면, 아내 권유대로 수리남 교회에서 예배드리면서 인증사진을 찍는 등 좋은 남편, 좋은 아버지로 그려집니다. 한편 우리나라 국정원은 못된 짓만 하는 줄 알았는데, 수리남과 같은 음지에서 나라를 위해서 자신의 생명을 걸고 어려운 임무를 수행하는 것으로 그려집니다. 실제 한국 국정원은 미국 마약단속국인 DEA와 공조해서 조봉행을 체포했다고 합니다.

만약 실제로 조봉행이 목사로서 드라마와 똑같은 악행을 저질렀다면 어떻게 되었을까요? 왜 드라마는 목사를 사이비 교주로 그렸을까요? 이 땅에서 사이비 교주들이 자주 등장하는 것도 교회가 교회답지 못하고, 성도가 성도답지 못하기 때문입니다. 기독교인들의 삶이 예배가 되고, 전도가 되어야 하는 이유입니다. 수리남을 보면서 아내와 딸·아들을 볼 수 있고, 대화할 수 있다는 것이 얼마나 큰 행복인지 새삼 더 느낀 감사한 밤이었습니다.

33
영화 '공조 2 : 인터내셔날'

2022년 9월 마지막 주말 저의 장모님, 처 작은어머님과 함께 용산 CGV에서 '공조 2 : 인터내셔날'을 관람했습니다. '공조 1'에서는 남북한이 함께 했다면, '공조 2'는 남북한과 미국이 함께 합니다. 그래서 영화의 부제목이 '인터내셔날'입니다. 미국에서 도망쳐 남한으로 숨어든 범죄조직 수괴 정명준(진선규 역)을 찾기 위해 북한형사 림철령(현빈 역)이 남한으로 파견되고, 사이버수사대로 전출된 강진태(유해진 역)가 광역수사대로의 복귀를 위해 아내 몰래 위험하기 짝이 없는 림철령의 파트너를 자청합니다. 그렇게 다시 공조하게 된 '철령'과 '진태' 그리고 '철령'과 재회한 '박민영'(윤아 역)의 마음도 불타오르는 가운데, '철령'과 '진태'는 여전히 서로의 속내를 의심하면서도 나름 그럴싸한 공조 수사를 펼칩니다. 드디어 '장명준'의 은신처를 찾아내려는 찰나, 미국에서 날아온 FBI 소속 '잭'(다니엘 헤니 역)이 그들 앞에 나타납니다. 영화 줄거리는 다소 황당한 면이 있지만, 웃음과 사랑과 스릴이 맛깔나게 섞여 있습니다. 영화는 영화가 끝날 때까지 끝난 것이 아닙니다. 작은어머님은 영화관을 나오시자마자 "엄청 재밌다. 감동있게 봤네."라고 하셨는데, 참말로 재밌습니다. 이 영화는 안 보시면 엄청 손해입니다!!

34
영화 '헌트'

  날씨 좋은 주말 오후 아내는 모임에 가고, 딸과 아들은 친구 만나러 가고, 저만 혼자 집에서 TV를 보다가 혼자 영화 '헌트'를 보기 위해 명동CGV까지 걸어갔습니다. 저녁밥 대용으로 하기 위해 '팝콘과 콜라'를 L(Large)로 샀습니다. 영화 '헌트'는 올해 8월 10일 개봉했는데, 개봉 10일차 현재 221만 명이 관람했고, 관람객 평점도 8.5로 매우 높습니다. 저의 딸과 아들은 이미 봤고, 아내는 코로나 감염을 염려하여 영화관 가는 것을 꺼려해서 오늘 용기를 내서 저 혼자 영화관을 찾았습니다. 영화를 혼자 보는 것은 거의 몇 십 년 만에 처음인 것 같습니다.

12.12 군사반란, 5·18 광주민주화운동, 안기부의 전기고문과 물고문, 이웅평 북한 조종사의 귀순, 북한의 아웅산테러 등 1980년대 역사적 사건을 배경으로 한 안기부 내 해외팀(이정재)과 국내팀(정우성) 간의 북한 스파이 '동림' 색출과 관련된 첩보영화입니다. 반전(反轉)에 반전으로 팝콘은 빨리 먹어야지 영화 보다보면 팝콘 먹는 소리를 내는 것조차 미안해집니다.

　저는 영화를 보면서 우리나라를 생각했습니다. 자유민주주의(自由民主主義) 국가 대한민국은 그냥 주어진 것이 아닙니다. 이름 없는 수많은 우리 국민들이 지켜낸 것이고, 또한 앞으로도 우리 조국 대한민국을 잘 지켜낼 것으로 믿습니다. 암튼 나라는 함께 지켜야하고, 재밌는 영화는 함께 봐야 합니다.

　독재자 보다 더 나쁜 놈들이 독재자의 하수인이라면서요?
　(유정 역의 고윤정 명대사)

　국가를 찬탈하고 국민을 학살한 죄로 너를 즉결처형한다.
　(김정도 역의 정우성 명대사)

35
영화 '한산:용의 출현'

　이 땅에서 가장 사랑하는 친구 한창용 내외가 광주에서 오늘 상경했는데, 일정상 저녁만 시간이 된다고 하여 친구 숙소에서 가까운 CGV 명동에서 어제(2022. 7. 27.) 개봉한 영화 '한산 : 용의 출현'을 봤습니다. 가는 날이 장날이라고, 오후에 국방부 인사소청심사위원회 심의가 있었고(저는 심의위원으로 참여), 사무실에서 급한 일을 처리하다보니 영화 관람 시작 1시간 전 쯤에서야 겨우 영화관에 도착했습니다. 근처 식당에서 빛의 속도로 저녁식사를 하고, 시간은 별로 없었지만, 친구가 한국외국어대학교를 졸업했음에도 명동성당을 한 번도 안 가봤다고 하여 명동성당을 잠깐 둘러보고, 커피까지 마시고 영화관에 들어갔습니다. 친구가 팝콘을 사지 못하게 해서 영화 보면서 팝콥 먹는 즐거움은 없었습니다. 친구 내외는 광주에서 영어학원으로 유명한 '한스어학원'을 운영하고 있기 때문에 코로나가 창궐한 이후 3년 만에 처음으로 영화를 보는 것이랍니다.

　2014년에 개봉하여 우리나라 1,761만 명 관객이 본 영화 '명량'을 이순신 장군의 명대사로 표현하면 "신에게는 아직 12척의 배가 남아 있사옵니다."이고, 임진왜란 3대 대첩으로 불리는 한산대첩을 소재한 영화 '한산'을 이순신 장군의 명대사로 표현하면, "의(義)와 불의(不義)의 싸움이다."입니다. 저는 매일 이수교회 밤기도회 시간에 이 땅에서 다시는 전쟁이 없도록 기도하고 있습니다. 전쟁을 막으려면 무엇보다도 우리 국민 모두가 한 마음 한 뜻으로 힘을 모아야 하고, 전쟁을 철저하게 대비해야 합니다. 나라가 있어야 내가 있는 것입니다.

　한편, 영화 보는데 눈에 거슬리는 장면이 하나 있었는데, 그것은 왜선마다 십자가 모양을 한 깃발을 달고 있었다는 점입니다. 일본인들은 그

때나 지금이나 대부분 예수님을 믿지 않은 민족인데(현재 일본의 기독교인은 1.6%에 불과합니다), 불의한 전쟁터에 예수님의 상징인 십자가를 달고 있다는 것이 아이러니했습니다.

영화 내용에 대해서는 '백문불여일견(百聞不如一見 : 백번 듣는 것이 한 번 보는 것만 못하다)'입니다. 저는 영화를 보는 내내 '필요한 사람'이라는 단어가 저의 머릿속을 맴돌았습니다. 이순신 장군과 같은 사람뿐만 아니라 이름 없이 죽어간 의병들, 구선(龜船 : 거북선)에서 노를 저은 백성들, 거북선을 만든 나대용(저의 아내가 자신의 조상이라고 자랑하는 분), 병사들과 의병들에게 밥을 지어준 백성들, 살생을 금하지만 나라를 구하기 위해 전쟁에 참여한 스님들, 목숨을 걸고 왜군의 정보를 갖고 온 기생 그리고 죽음이라는 두려움을 이겨내고 왜군들과 싸운 수많은 이름 없는 병사들은 이 땅에서 꼭 '필요한 사람들'이었습니다. 저도 여러분도 우리 조국 대한민국에 꼭 필요한 사람이 되기를 소망합니다.

지금 대한민국호는 거센 파도가 넘실대는 망망대해(茫茫大海)를 항해하고 있습니다. 위정자들은 여야로 나뉘어 쌈박질만 하지 말고 나라와 국민을 위해 힘을 모으고, 지혜를 모아야 합니다. 그리고 원균 같은 지도자가 아닌 이순신 장군 같은 지도자가 대한민국호를 잘 이끌어 가기를 간절히 기도합니다.

※ 조동양 전 국방부 법무관리관님의 저의 영화 후기에 대한 댓글

1. 임진왜란 당시 의(義)는 지금 우리가 생각하는 것과는 다른 개념이었다. 義란 군신유의(君臣有義)에서 보듯 임금과 신하 간의 의리와 충성의 문제였다. 그러므로 조선은 조선대로, 倭는 倭대로 義를 강조했다. 자국의 이익을 위한 전쟁은 다른 나라 입장에서는 不義지만, 자국의 입장에서는 義라 할 수 있다. 정명가도(征明假道 : 1952년 임진왜란 당시 倭가 조선에 강요한 내용 즉, 倭가 明을 침략하고자 하니 조선은 明으로 가는 길을 빌려달라는 것)가 明을 上國으로 받든 조선 입장에서 不義라 여겼을 것이다.

2. 倭에 천주교가 전래된 것은 16세기 중반이었고, 임진왜란 무렵에 倭의 천주교 신자는 20만 명으로 전성기였다. 임진왜란 당시 倭의 3대 장수 중 하나인 소서행장(小西行長 고니시 유키나가)도 독실한 천주교 신자였다. 풍신수길(豊臣秀吉 도요토미 히데요시) 입장에서는 이런 천주교 세력이 정권을 위협하는 요소로 작용할 수 있다고 생각한 듯하다. 그래서 풍신수길은 천주교를 사교(邪敎)로 인정하고 금교령을 선포했다. 하지만, 전장에서의 종교활동까지 막지는 않았을 것이다. 倭將 와키자카 야스하루(脇坂 安治)가 천주교 신자라는 전제하에 와키자카의 함선에 십자가를 그렸는지 모르지만, 그가 천주교 신자였는지는 분명하지 않다.

3. 독실한 기독교 신자 입장에서는 倭船에 그려진 십자가가 不義의 상징으로 비춰지고, 산산조각이 나 바다에 가라앉는 것이 불편하게 느껴질 수는 있다. 하지만 영화는 영화에 불과하다.

36
영화 '탑건:매버릭'

2022년 7월 둘째 주말 저녁 사랑하는 딸과 함께 요새 장안의 화제가 되고 있는 영화 '탑건 : 매버릭(Top Gun : Maverrick)'을 CGV 명동에서 봤습니다. 2020년 1월 딸·아들과 함께 영화 '미드웨이(Midweay)'를 본 이후 처음으로 영화관에서 영화를 본 것 같습니다. 이 영화 개봉일이 2022년 6월 22일인데, 오늘 현재 박스오피스 2위이고, 관람객 평점은 9.59, 399만 명이 관람했습니다. 딸이 영화가 끝나자마자 엄지를 치켜들면서 "완전 재밌어요"라고 했고, 저는 설명이 필요 없이 재밌다는 뜻으로 "그냥 재밌다"라고 했습니다. 영화를 보다 보면 몸이 전투기가 비행하는 방향과 동일하게 움직여집니다. 물론 그 바쁜 와중에도 '팝콘과 나초(nacho)'는 다 먹었습니다. 역시 영화관에서는 팝콘을 먹으면서 봐야 진짜 영화를 보는 것 같습니다.

딸이 영화를 보고 나서 집까지 걸어가자고 하여 걸어왔는데, 25분 정도 밖에 걸리지 않았습니다. 너무 좋았습니다. 앞으로는 오늘처럼 아내와 아들이 동행하지 않더라도 딸과 단둘이만이라도 자주 영화관을 찾기로 했습니다.

다만, 저는 영화를 보는 내내 마음이 불편했습니다. 아무리 영화라고 하지만, 미군 전투기 4개가 타국의 핵시설을 선전포고(宣戰布告)도 없이 타격하고 항공모함으로 귀항한다는 설정을 아무런 제한 없이 할 수 있는지 도무지 이해가 되지 않았습니다. 그것은 명백한 국제법위반입니다. 또한 그것은 단순히 미군의 1회 타격으로 끝나는 것이 아니라 곧 전쟁을 의미하기 때문입니다. 러시아가 우크라이나를 침공한 것과 무엇이 다릅니까? 실제 미국은 우리나라에서 1994년 북한의 영변 핵시설에 대한 정밀타격을 검토한 일이 있었고, 2003년 이라크가 대량살상무기를 보유하고 있다는 거짓정보로 이라크전쟁을 일으켰습니다. 심지어 영화에서는 적국의 공군기지에 미국이 우방에만 판매한 F-14 전투기가 있었고, 주인공 매버릭이 그 F-14기를 훔쳐서 탈출합니다.

결국 이 영화는 한 때 우방이었던 나라의 영토를 선전포고도 없이 폭격한다는 끔찍한 설정을 하고 있는 것입니다. 이는 정말 무서운 이야기입니다. 어떠한 이유로도 전쟁은 정당화될 수 없습니다. 그래서 이 영화는 신나게, 즐겁게만 볼 수 없는 영화입니다.

37 영화 '영웅'

2022년 마지막 날 장모님, 아내, 처제와 함께 용산CGV에서 뮤지컬 영화 '영웅'을 봤습니다. 손수건을 갖고 가기를 잘 했습니다. 얼마나 울었던지 … '사랑하는 조국을 위해, 대한제국 만세, 누가 죄인인가'라는 외침이 귀에 맴돕니다. 또한 인간 안중근이 안중근 의사(義士)가 된 것은 조마리아 어머니의 영향도 컸다고 생각합니다. 아래 내용은 조마리아 어머니가 아들 도마(세례명) 안중근 의사에게 보낸 편지 내용입니다. 그 어머니의 그 아들입니다.

네가 만약 늙은 어미보다 먼저 죽는 것을 불효라고 생각한다면 이 어미는 웃음거리가 될 것이다. 너의 죽음은 너 한 사람의 것이 아니라 조선인 전체의 공분을 짊어지고 있는 것이다. 네가 항소를 한다면 그것은 일제에 목숨을 구걸하는 짓이다. 네가 나라를 위해 이에 이른 즉 딴 맘먹지 말고 죽으라. 옳은 일을 하고 받는 형이니 비겁하게 삶을 구걸하지 말고 대의에 죽는 것이 어미에 대한 효도이다. 여기에 너의 수의를 지어 보내니 이 옷을 입고 가거라. 다음 세상에는 반드시 선량한 천부의 아들이 되어 이 세상에 나오너라.

오늘 함께 영화보기로 했다가 귀경길 정체로 영화를 보지 못한 저의 아들에게 영화 이야기를 했더니, 아들이 대뜸 "제가 안중근 의사의 환생일 수 있어요. 저의 생일(2001. 3. 26.)이 안중근 의사가 소천하신 날(1910. 3. 26.)입니다."라고 했습니다. 저도 조마리아 어머니처럼 아들을 안중근 의사로 알고 나라에 바쳐야겠습니다.

오늘 아내, 딸과 함께 남산타워를 올라갔다 오는 길에 남산공원에 있는 안중근 의사 기념관 앞을 지나왔습니다. 기념관 앞에 있는 큰 돌에 새겨진 '見利思義 見危授命(이익을 보거든 정의를 생각하고, 위태로움을 보거든 목숨을 바치라.)'은 안중근 의사가 여순감옥에서 나라의 앞날을 걱정하며 1910년 2월 남긴 글씨인데, 이 시대에도 우리 모두가 가져야 할 마음가짐이라 할 것입니다. 다시는 나라를 빼앗기는 일이 없도록 우리는 하나가 되어야 합니다. 아래 내용은 영화 속 안중근 의사가 사형집행 당하신 날의 외침입니다.

하늘이시여, 도와주소서.
우리 꿈 이루도록 하늘이시여 지켜주소서.
우리 뜻 이루도록 …

38
대한민국은 아무도 흔들 수 없는 나라가 될 것입니다

1. 내가 사랑하는 사람

나는 그늘이 없는 사람을 사랑하지 않는다
나는 그늘을 사랑하지 않는 사람을
사랑하지 않는다
나는 한 그루 나무의 그늘이 된 사람을 사랑한다
햇빛도 그늘이 있어야 맑고 눈이 부시다
나무 그늘에 앉아
나뭇잎 사이로 반짝이는 햇살을 바라보면
세상은 얼마나 아름다운가

나는 눈물이 없는 사람을 사랑하지 않는다
나는 눈물을 사랑하지 않는 사람을
사랑하지 않는다
나는 한 방울 눈물이 된 사람을 사랑한다
기쁨도 눈물이 없으면 기쁨이 아니다
사랑도 눈물 없는 사랑이 어디 있는가
나무 그늘에 앉아
다른 사람의 눈물을 닦아주는 사람의 모습은
그 얼마나 고요한 아름다움인가

정호승 시인의 '내가 사랑하는 사람'이라는 시입니다. 이 시는 문재인 대통령이 오늘(2022. 8. 23.) 당신의 facebook에 정호승 시인의 시집 <외로우니까 사람이다>와 그 시집 속의 이 시를 시인의 자필 원고로 선물 받았다고 공개했습니다.

그늘이 없는 나무는 나무가 아니듯이
그늘이 없는 사람은 사람이 아니고,
눈물이 없는 사람도 사람이 아닙니다.

나무는 그 종류만 다를 뿐
모두 나무이듯이
사람도 하나님으로부터 받은 달란트만 다를 뿐
모두 사람입니다.

참나무가 벚나무를 무시하지 않듯
사람도 다른 사람을 무시해서는 안 됩니다.
함께 비바람과 눈을 맞은
같은 나무이고,
같은 사람이기에 …

나무와 사람이 다른 점은 무엇일까요?
나무는 다른 나무를 돌봐주지 못하지만,
사람은 다른 사람의 눈물을 닦아줄 수 있습니다.

사람의 한자어는 '人'입니다.
서로가 서로를 기대고 있어서 사람이고,
서로가 서로를 도와야 사람입니다.

다른 사람이 눈물을 흘릴 때
곁에 있어줄 수 있는 사람이 됩시다.
다른 사람이 눈물을 흘릴 때
눈물을 닦아줄 수 있는 사람이 됩시다.

그래야 진짜 사람입니다.
그래서 세상은 더불어 살아야 합니다.
그렇게 서로 사랑하는 것이 마땅합니다.

사랑하는 자들아 하나님이 이같이 우리를 사랑하셨은즉 우리도 서로 사랑하는 것이 마땅하도다(요한복음 4장 11절)

2. 대한민국은 아무도 흔들 수 없는 나라가 될 것입니다

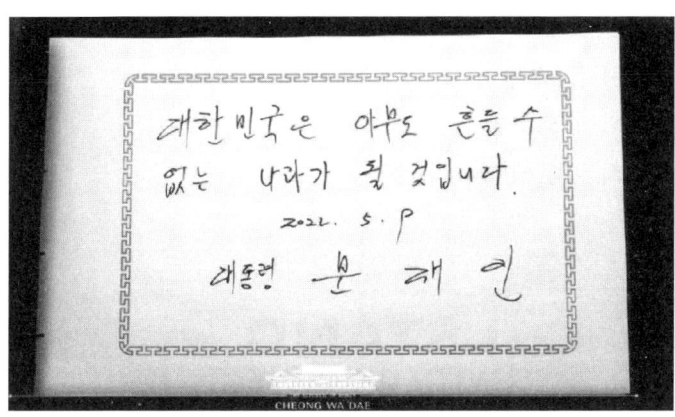

문재인 대통령이 2022. 5. 9. 대한민국 대통령으로서는 마지막 날 효창공원 묘역 참배 후 남기신 글입니다. 아무도 흔들 수 없는 대한민국을 만들기 위해서는 우리 국민들이 힘을 모아야 하고, 위정자들을 위해 함께 기도해야 합니다. 그것은 곧 나를 위한 일이고, 당신을 위한 일이기 때문입니다. 끝내 대한민국은 아무도 흔들 수 없는 나라가 될 것으로 믿습니다. 우리 조국 대한민국 만세!!!

그러므로 내가 첫째로 권하노니 모든 사람을 위하여 간구와 기도와 도고와 감사를 하되 임금들과 높은 지위에 있는 모든 사람을 위하여 하라 이는 우리가 모든 경건과 단정함으로 고요하고 평안한 생활을 하려 함이라(디모데전서 2장 1~2절)

39
I STAND WITH UKRAINE

내가 꽃에게서 배운 것 한 가지는
아무리 작은 꽃이라도
무릎 꿇지 않는다는 것

타의에 의해
무릎 꿇어야만 할 때에도
고개를 꼿꼿이 쳐든다는 것
그래서 꽃이라는 것 생명이라는 것

 러시아가 2022. 2. 24. 우크라이나를 침공했을 때는 러시아군이 우크라이나를 쉽게 장악해서 친러 정권을 세울 것이라는 예상과는 달리 우크라이나 국민들의 강력한 저항으로 전세는 역전되고 있는 상황입니다. 위 시는 류시화 시인의 '꽃은 무릎 꿇지 않는다' 라는 우크라이나

에게 바치는 시입니다. 우크라이나는 결코 러시아에 무릎 꿇지 않을 것으로 믿습니다. 아무리 러시아가 강대국이라 하더라도 우크라이나 국민들이 한 마음 한 뜻으로 나라를 지키고 있는데, 어떻게 이길 수 있겠습니까! 우크라이나는 끝내 승리할 것으로 믿습니다.

우크라이나 대통령은 당적 보유가 금지되어 있는데, 현 볼로디미르 올렉산드로비치 젤렌스키 대통령의 당선 전 당명은 '국민의 종(또는 인민의 종)'입니다. 젤렌스키 대통령은 1978년 소련에서 태어난 코미디언으로서 2015년부터 2018년까지 시사 시트콤 '국민의 종'에서 대통령 연기를 하며 큰 인기를 얻었고, 2018년 3월 '국민의 종'이라는 당을 창당해서 정치에 입문하여 2019년 5월 대통령 결선투표에서 73%라는 압도적인 득표율로 제6대 대통령으로 당선됐습니다. 젤렌스키 대통령은 코미디언일 때도 대통령일 때도 국민의 종으로서의 역할을 잘 감당하고 있습니다. 젤렌스키 대통령의 EU의회 화상 명연설대로 "생명이 사망을 정복하고, 빛이 어둠을 이겨낼 것"으로 믿습니다. 하루빨리 전쟁이 종식되기를 기도합니다. 어떠한 이유로도 전쟁은 악(惡)입니다.

I STAND WITH UKRAINE!!

40
전국노래자랑 MC에서 천국 MC로

　1988년 5월부터 34년간 KBS <전국노래자랑> MC 송해 선생님이 2022년 6월 8일 95세의 나이로 소천하셨습니다. 최고령 TV 음악 경연 프로그램 진행자로 기네스북에 등재된 선생님은 2022년 설 TV 프로그램에서 "사람들이 '땡'과 '딩동댕' 중에서 뭐가 더 소중하냐고 하는데, '땡'을 받아보지 못하면 '딩동댕'의 정의를 몰라요"라는 말을 남겼습니다.

　맞습니다. 우리의 인생은 '땡'과 '딩동댕'의 반복입니다. 한 번 '땡' 받았다고 해서, 곧바로 인생이 '땡'이 되는 것 아니지 않습니까? 다음에 '딩동댕' 받으면 됩니다. 송해 선생님의 평소 말씀처럼, 자기의 직분을 천직으로 소중히 여기며, 열심히 일하는 사람이 행복한 사람입니다.

　송해 선생님은 황해도 재령 출신으로 평소 "고향에서 노래자랑 한 번 하는 것이 소원이다"라고 하셨는데, 2003년 8·15 광복절 때 '평양노래자랑'은 진행했지만, 결국 그 소원은 끝내 이루지 못했습니다. 이제 <전국노래자랑> MC에서 천국 MC로 자리를 옮기신 송해 선생님의 유가족들에게 하나님의 위로를 빕니다.

41
사단법인 한국미혼모지원네트워크

 저는 오늘 미혼모가 아이를 잘 키울 수 있는 세상을 만들기 위하여 한 마음으로 노력하고 있는 사단법인 한국미혼모지원네트워크 전문위원으로 위촉장을 받았습니다. 저녁에 사단법인의 전문위원으로 위촉받은 분들과의 첫 모임이 있었는데, 사단법인 오영나 대표님(법무사)과 유미숙 국장님, 지원사업담당 김지은 선생님, 돈병원 서경준 원장님, 한국수납정리개발원 정길홍 원장님, in교육연구소 은주희 소장님(교육공학박사, 청소년부모 최초 연구자)이 함께 해주셨습니다. 저녁식사 후 사단법인 사무실에서 모여 한국미혼모지원네트워크 유튜브 개설하는 것과 청소년부모(자녀를 양육하는 부모 모두가 만 24세 이하인 경우) 자녀 지원 방법에 대한 것을 시간 가는 줄 모르게 논의했습니다. 사단법인 가족들과 전문위원 모두가 천사 같은 분들이라서 제가 전문위원 단톡방에 이렇게 글을 남겼습니다.

 오늘 천사 같은 분들 덕분에 1분 1초가 행복했습니다.
 복 받으실 겁니다.
 날마다 행복하소서♡

 한국미혼모지원네트워크는 2007년 리차드 보아스(Richard Boas) 박사에 의해 설립되었고, 2008년 9월 서울사무소 개소와 더불어 양육미혼모들을 위한 권익 옹호 및 사회적 편견 불식을 위해 노력해왔습니다. 미혼모에 대한 편견 개선과 미혼모 자립을 위한 사업, 미혼모 관련 연구와 포럼 및 심포지엄 개최, 미혼모 지원단체들과의 네트워크 형성 등으로 그동안 감춰졌던 미혼모이슈를 공론화하는데 지대한 영향을 미쳤습니다. 한국미혼모지원네트워크는 사단법인 임직원들과 전문위원들 그리고 보이는 곳에서 보이지 않는 곳에서 돕는 손길을 통해 미혼모에 대한 사회적 편견을 개선하고 그들의 권익을 옹호하며, 미혼모의 역량을 강화하고 이들의 자립을 돕는데 기여하는 각종 지원 사업을 힘차게 해나갈 것을 믿습니다. 멋진 우리 천사들의 행진을 기대하고 기대합니다.

42
덕분에
(강경성결교회와 낙화암 탐방기)

　기독교대한성결교회 서울강남지방장로회(회장 홍신종 장로)에서 주관한 2022년 장로수련회로 61명의 장로님들, 부인 권사님들과 함께 우리나라 최초의 신사참배 거부 운동을 주도한 강경성결교회에서 예배드리고, 부여에 있는 낙화암과 고란사를 둘러보고 왔습니다.
　수련회 출발 전 07:30 한우리성결교회에서 출발예배를 드렸는데, 서울강남지방회장 전용진 목사님께서 '양약 만들기(잠언 16장 24절)'라는 주제로 설교를 해주셨습니다. 전목사님은 "하나님께서는 너희 말이 내 귀에 들린 대로 내가 너희에게 행하리라(민수기 14장 28절)"고 하셨다. 좋은 말과 선한 말은 축복을 부르고, 그 말은 내가 제일 먼저 듣는다, 좋은 말은 생명력이 있다."라고 하시면서 "오늘 '덕분에'라는 말을 넣어서 세 분 이상과 대화하라"는 숙제를 내주셨습니다.

　선한 말은 꿀송이 같아서 마음에 달고 뼈에 양약이 되느니라(잠언 16장 24절)

11:00경 강경성결교회에 도착하자 강요한 담임목사님이 반갑게 맞아주셨고, 이어서 강요한 목사님 주관으로 예배를 드렸습니다. 강목사님은 다니엘 3장 내용을 중심으로 아래와 같은 감동적인 즉석 설교를 해주셨고, 설교 후에는 교회 옆에 있는 '최초 신사참배거부 선도 기념비'에 대해서도 설명해주셨는데, 당시 신사참배를 거부했던 성결교회 성도들의 모습을 생각하는 것만으로도 자랑스러웠습니다.

① 마더 테레사처럼 남을 위한 봉사활동을 하거나 선한 일을 하는 것을 보기만 해도 인체의 면역기능이 크게 향상되는 것을 '테레사효과'라 한다.

② 다니엘의 세 친구(사드락과 메삭과 아벳느고)는 "금 신상에 절하고, 절하지 않으면 맹렬히 타는 풀무불 가운데로 던져 넣음을 당하리라"는 느부갓네살 왕의 명령을 듣고도, 그들은 다음과 같이 말을 했다.

왕이여 우리가 섬기는 하나님이 계시다면 우리를 맹렬히 타는 풀무불 가운데에서 능히 건져내시겠고 왕의 손에서도 건져내시리이다 그렇게 하지 아니하실지라도 왕이여 우리가 왕의 신들을 섬기지도 아니하고 왕이 세우신 금 신상에게 절하지도 아니할 줄을 아옵소서(다니엘 3장 17~18절)

③ 일본은 우리나라와 1910년 한일합병조약을 맺어 식민지로 만든 이후 일본 동화정책으로 전국 곳곳에 신사를 세워 신사(神社)참배를 강요했는데, 강경에도 옥녀봉에 신사를 세워놓고 신사참배에 강경의 모든 학생들을 동원했다. 그런데 1924년 10월 강경성결교회 성도들인 강경공립보통학교 교사 김복희와 학생 57명은 십계명의 제1계명 '너는 나 외에는 다른 신들을 네게 두지 말라'와 제

2계명 '너를 위하여 새긴 우상을 만들지 말고, 또 위로 하늘에 있는 것이나, 아래로 땅에 있는 것이나, 땅 아래 물 속에 있는 것의 어떤 형상도 만들지 말며, 그것들에게 절하지 말며, 그것들을 섬기지 말라'에 어긋난다는 이유로 신사참배를 거부한 것이다. 그 사건으로 인해 1925년 조선신궁 건립 등 신사참배를 전면적으로 확대하려했던 일본 조선총독부의 정책을 10여년 후퇴시킨 것으로 평가되고 있다.

④ 강경성결교회 신영춘 담임목사는 1924년 10월 당시 기독교 잡지 '활천'과 동아일보의 옛 기사를 통해 당시 신사참배를 거부했던 사람들이 강경성결교회 주일학교 교사와 학생들임을 밝혀냈고, 2006년 9월 서울강남지방회 소속 한우리성결교회의 헌금으로 '최초 신사참배거부 선도 기념비'가 설치되었다.

⑤ 기념비는 5m 높이로 되어 있는데, 기념비에 사용된 화강암은 강경 산 황등석이고, 흰색 바탕은 순결, 믿음, 평화, 승리를 상징한다. 위에서 본 모양은 그리스도인을 상징하는 물고기 모양이고, 아래의 물은 생명수 되시는 예수님을 뜻한다. 크기가 다른 두개의 돌은 두루마리 성경을 의미하고, 오른쪽 조각은 강경성결교회 전도사였던 백신영 전도사와 여교사 김복희, 그리고 함께 신사참배를 거부했던 강경초등학교 학생들이다. 왼쪽 조각은 신사참배를 하기 위해 줄지어 있는 사람들과 일본제국주의를 그렸고, 십자가는 하나님의 보호를 상징한다. 아래에 있는 64개의 돌기둥 중 큰 기둥 두개는 백신영 전도사와 김복희 교사이고, 나머지 62개의 돌기둥은 학생들을 상징하는데 그 중 57개는 강경성결교회 주일학생들이고 나머지 5개는 일반 학생들이다. 후면 상단부는 성결교회의 상징인 '가시밭의 백합화'를 형상화 하였다.

위와 같이 예배를 드리고, 강요한 목사님으로부터 설명을 들은 후 1956년 일제 강점기 때 수탈에 앞장섰던 식산은행 자리인 현재 강경성결교회로 옮기 전의 구 강경성결교회 예배당(이하 '한옥 예배당')을 방문했습니다. '테레사효과' 때문인지 한옥 예배당 안에서 강요한 목사님이 소개하신 3가지 에피소드를 듣는 것만으로도 행복했습니다.

❶ 존 토마스 선교사의 살과 피로 지어진 한옥 예배당

3.1 만세운동 이후인 1919년 3월 20일 한국성결교회 초대감독인 영국인 존 토마스(John Thomas) 선교사와 한국인 사역자 2명이 당국의 허가를 받아 강경에 와서 교회 부지를 돌아보고 있는데, 만세운동 소리와 함께 5명의 청년들이 옥녀봉에서 내려오는 것을 보게 됩니다. 그 청년들을 뒤따르던 일본 순사들은 선교사 일행을 미국 스파이로 오인하여 토마스 선교사를 심하게 구타하여 토마스 선교사는 스물아홉 곳의 골절상을 입게 되었고, 그 문제는 일본과 영국의 외교분쟁으로 비화되고, 결국 일본은 토마스 선교사에게 손해배상금 5만불을 지불하고, 그 조건으로 토마스 선교사는 한국에서 떠나게 됩니다. 그 후에 토마스 선교사는 백신영 전도사가 보낸 강경성결교회 예배당 건축에 대한 후원 요청의 글을 보고, 자신이 받은 손해배상금의 일부를 보내서 한옥 예배당이 지어져서 1924년 9월에 봉헌됩니다.

한옥 예배당은 이인범 전도사가 에스겔 41장 13~14절(그가 성전을 측량하니 길이는 백 척이요 또 서쪽 뜰과 그 건물과 그 벽을 합하여 길이는 백 척이요 성전 앞면의 너비는 백 척이요 그 앞 동쪽을 향한 뜰의 너비도 그러하며)과 42장 20절(그가 이같이 그 사방을 측량하니 그 사방 담 안 마당의 길이가 오백 척이며 너비가 오백 척이라 그 담은 거룩한 것과 속된 것을 구별하는 것이더라)에 나오는 성전 형태를 구현하여 지어졌는데, 남녀유별(男女有別)의 유교적 풍습에 따라 'ㄱ'자 형태로 지었던 당시 교회 건물과 달리 정사각형으로 되어 있고, 못이 하나도 사용되지 않았습니다. 교회 좌우에 별도의 출입문을 두고, 가운데에 두 개의 기둥을 세워 천막을 쳐서 교회를 바라봤을 때 왼쪽은 남성 신도들이, 오른쪽은 여성 신도들이 앉아서 예배를 드렸다고 합니다. 건축학적으로 근대와 현대를 이어주는 아름다운 건축물로 평가받아 2002년 국가등록문화재 제42호로 지정되었습니다.

❷ 이헌영 강경성결교회 제10대 담임목사님 일화

6.25전쟁으로 고통받던 시절, 이헌영 목사님(이하 '목사님')은 고향을 지키며 예배드리러 오는 성도가 있었기 때문에 피난길에 나서지 않았습니다. 목사님은 한 사람이라도 예배자가 있으면 교회를 지켜야 하는 것이 담임목회자의 도리라고 여긴 것입니다. 그래서 6.25전쟁 기간에도 강경성결교회 주일예배를 끊지 않고 이어갔습니다. 그러던 중 인민군 보위대에서 교회를 급습하려는 기밀사항이 보위대에 근무하는 교인의 친척을 통해 성도들에게 알려지게 되자, 백하선 집사가 그 위기에서 목사님을 구해내야 한다는 일념으로 거짓말로 연산면에 사시는 작은 아버님이 돌아가셨다고 하면서 장례를 치뤄달라고 부탁합니다. 목사님은 20리 길 떨어져 있는 연산으로 달려갔는데, 작은 아버지 집이라고 도착한 곳에는 돌아가셨다는 사람이 살아 있었습니다.

백집사님은 "6.25동란에 제대로 먹지 못하고 교회를 지키시는 목사님이 안타까워 대접하고 싶어서 모신 것이라" 고 둘러댔습니다. 그리고 방에 들어가 보니 한 상 가득하게 차려져 있었고, 목사님은 융숭한 대접에 고마움을 느끼며 밥숟가락을 뜨다가 아무래도 석연치 않아서 재차 "진짜 아무 일 없느냐고?"고 묻습니다. 백 집사님은 더 이상 둘러대기 어려워 "내일 새벽에 인민군이 급습해서 교회에 앉아 있는 사람들을 다 잡아다가 총살시킬 거라는 정보를 듣게 되어서 목사님을 여기로 피신 시킨 것이니, 잘 잡수시고 몇 일 잘 쉬셨다가 가시라"고 했습니다.

그런데 목사님은 숟가락을 내려놓고 "내가 교회를 비워두고 어찌 이렇게 편하게 있을 수 있겠는고?"라고 하시면서 목사님은 곧바로 그날 밤 부지런히 20리 길을 돌아온 것입니다. 밤중에 도착한 목사님은 강대상에 앉아 내일 일어날 일을 하나님께 기도했습니다.

이제 이 밤이 지나면 인민군이 들어와 자기와 새벽기도회에 참석한 사람들을 잡아갈텐데, 의연하게 기도의 자리를 지킬 수 있도록 해달라고 기도했던 것입니다. 목사님은 강대상에서 문까지 몇 걸음 안 되는 짧은 거리를 지금이라도 걸어 나가면 살게 될 것이지만, 이 자리를 지키면, 결국 잡혀가 죽게 될 것이고 자기 시신을 부여잡고 울고 있을 부인 사모와 8남매 아이들을 생각하자니 가슴이 시려왔을 것입니다.

그러나 목사님은 하나님만을 의지하고 바라보며 기도하며 밤을 지샜고, 새벽이 되자 인민군들이 들이닥쳤습니다. 군화발 소리가 들리고 교회 마루바닥이 울렸습니다. "샅샅이 뒤지라우~"라는 소리가 들리고, 인민군이 여기 저기 뒤지는 소리가 들렸습니다. 목사님은 이제 끝인가? 마지막 기도를 드리고 있었는데, 부하가 보고하기를 "아무도 안 보입네다~. 아무도 없는데 정보가 세나간 것 같습네다~" 상사가 화를 내며, "다시 한 번 샅샅이 뒤지라우~" 명령을 받은 인민군은 이번엔 강대상까지 올라와 사람을 찾았는데, 분명히 이 목사님은 강대상에 엎드려 기도하고 있었는데, 하나님께서 인민군의 눈을 가리신 건지, 목사님의 모습을 옷자락으로 가리신 건지 인민군은 목사님을 발견하지 못했습니다.
그들은 결국 아무도 발견하지 못하고 화를 내며 돌아간 것입니다. 목사님은 자서전에서 그때 하나님이 자기를 보호하시고 눈에 띄지 않게 해주신 것을 기적이라고 간증하셨습니다. 하나님이 지켜주셨기에 교회와 예배를 지킬 수 있었노라고 말합니다.

❸ 한옥 예배당 안에 떨어진 폭탄이 터지지 않은 기적

6.25전쟁 당시 UN군의 폭격으로 강경 읍내가 모두 잿더미로 변했는데, 예배당 위쪽 30m 떨어진 곳에 인민군 보위대가 있어 거기를 폭격하려 했던 폭탄이 한옥 예배당 지붕을 뚫고 마루바닥까지 뚫고 바닥으로 박혀 버렸습니다. 그런데 그 폭탄이 터지지 않은 것입니다. 하나님의 보호하심이었습니다. 그 폭탄이 터졌다면 지금의 한옥 예배당은 불에 타 잿더미로 사라졌을 것입니다. 하나님께서 폭탄이 터지지 않도록 막아 주셨기 때문에 오늘 우리는 99년 된(2022년 기준) 한옥 예배당에 앉아 예배를 볼 수 있는 것입니다. 구전으로 전해 오는 이야기 중 하나는 폭탄이 떨어진 한옥 예배당 마루바닥 밑에는 쌀가마니와 독립군자금이 숨겨져 있었고 피난시절 굶주린 이웃 사람들에게 구휼미와 구제비로 나눠 주게 되었다고 합니다.

한옥 예배당에서는 6.25 전쟁 중에도 신앙을 사수하며 주일예배를 이어갔고, 일제 강점기 때 3곳(함열, 병촌, 노성)의 교회를 세웠고, 6.25 전쟁 중에도 2곳(채산, 채운)의 교회를 세워 희망의 빛을 이어갔습니다. 특히 구 강경설결교회가 1933년 세운 병촌교회는 6.25 전쟁 중인 1950년 9월 66명(남자 27명, 여자 39명)이 인민군에 의해 죽음을 당했고, 1950년 10월에는 개척자인 이태석 목사님은 평양에서 인민군에 의해 총살을 당했습니다. 1943년 6월 이헌영 목사님은 "천황도 심판 받는다"는 천황심판론을 유지하여 폭행 당하고 투옥되셨고, 이후 교회가 폐쇄되기도 했습니다.

한옥 예배당을 나와 조금 올라가니 강경에서 제일 높은 강경산 옥녀봉이 나왔습니다. 산 높이가 무려 '46m'나 됩니다. 강경에서 가장 높은 산(?)에서 내려다보이는 강경읍과 백마강의 모습, 봉수대 그리고 시원한 바람은 산 정상에서만 느낄 수 있기에 그 시원함은 글로 표현하기 어렵습니다. 지금도 강가에는 등대가 있는데, 일제 강점기 때는 하루에 배가 100여대 오갔다고 합니다. 옥녀봉에 있는 구 강경침례교회 예배당터와 최초 예배지인 'ㄱ'자 형태의 지병석 집사 가택을 둘러보고 강경산 정상에서 단체사진을 찍었습니다.

점심식사를 마치고, 구드래 나루터에서 백마강호 배를 타고 고란사와 낙화암을 갔습니다. 660년 백제가 나당연합군(羅唐聯合軍)의 침공으로 함락되자 궁녀 3,000여명이 백마강 바위에서 투신하여 죽었다고 하고, 그 바위를 낙화암(落花巖)이라고 합니다. 저는 그 낙화암이 매우 높고 가파른 절벽인줄 알았는데, 약 50m 높이 밖에 되지 않았고, 그렇게 가파르지도 않아 그곳에서 뛰어 내리면 강물에 빠지기 전에 돌이나 흙에 부딪칠 수밖에 없는 구조였습니다. 3,000여명의 궁녀들이 죽기 전에 많이 아팠을 것 같았습니다. 그리고 낙화암 올라가는 길목에 고란사가 있는데, 고란사 뒤편에 있는 '고란약수를 먹으면 3년 젊어진다'고 하여 약수를 두 번 먹었습니다. 절이 공개적으로 거짓말 하지 않았을 것으로 믿고 … 구드래 나루터에서 버스를 기다리는데, 그곳에 백마강 코스모길 5(오)길 표지판이 있었습니다.

1. 어서오길 - 여기에서 50m
2. 쉬어가길 - 여기에서 150m
3. 환영받길 - 여기에서 250m
4. 좋아하길 - 여기에서 1km
5. 행복하길 - 여기에서 1.7km

그 표지판 있는 곳에서 1.7km를 걷지는 못했지만, 저를 포함해서 그곳을 방문한 사람들 모두가 '행복하길' 기원합니다. 하나님 덕분에, 서울강남지방장로회 임원들 덕분에, 전용진 목사님과 강요한 목사님 덕분에, 그리고 함께 행복한 동행을 한 장로님들과 권사님들 덕분에 참 행복한 하루였습니다.

43
2022년 서울강남지방장로회 임원수련회

　기독교대한성결교회 서울강남지방장로회 임원수련회를 1박 2일로 강원도 평창군 알펜시아리조트로 다녀왔습니다. 한우리성결교회에서 장로님들을 만나 쏠라티 미니버스로 함께 겨울 소풍가는 마음으로 길을 떠났습니다. 어제 오가는 길에서 본 하늘은 참 맑고, 햇살은 봄볕처럼 따스했지만, 겨울이 자신을 기억하라고 말하는 듯 영하의 추운 날씨였습니다. 점심식사는 속사성결교회 권사님이 운영하는 식당 ('물안골 송회회')에서 송어회 4kg를 게 눈 감추듯 맛있게 먹었습니다. 저는 오랜만에 송어회를 먹었는데, 제가 강원도 인제군 현리면에 있는 제3군단에서 군판사 할 때 고스톱 하면서 송어회 먹던 추억이 떠올랐습니다.
　뱃속을 가득 채우고, 숙소 알펜시아리조트 근처에 있는 발왕산(發王山) 케이블카를 타고, 발왕산 스카이워크를 둘러봤습니다. 바람이 너무 많이 불어 스카이워크 투명 유리는 막아 놔서 들어가 보지는 못했습니다. 케이블카 왕복요금이 대인 1인당 25,000원으로 비싼 편이지만, 케이블카로 산 정상 무렵까지 이동하는 시간이 18분이나 되고, 데크로 조성된 길을 따라 1,458m 발왕산 정상에 올라가면 그 돈이 아깝지 않다는 것을 금방 알 수 있습니다. 발왕산은 일출과 일몰을 모두 감상할 수 있는 곳이고, 한 낮인데도 멀리 반달이 보였습니다.
　발왕산 정상에서 내려오면서 단체 사진을 찍으려고 하는데, 외국인 부부가 오는 것을 봤으나 "제가 영어를 못하니까 그냥 우리끼리 찍읍시다."라고 했더니, 외국인이 저의 말을 알아듣고 먼저 "사진 찍어 드릴까요?"라고 한국말을 유창하게 해서 웃으면서 서로의 사진을 찍어줬습니다. 평소에 "Can you take a picture?와 能给我们拍一张照片吗?" 정도는 입에서 술술 나오도록 외우고 있어야겠습니다.

발왕산 정상에서 내려오면서 천년주목숲길을 둘러볼 수 있는데, 큰 주목마다 천년을 살았는데 속이 텅빈 '참선 주목'(철학의 나무), 바위에 씨가 떨어졌는데 새로운 길을 찾아 뿌리를 뻗은 모양의 왕발처럼 생긴 '왕발 주목', 우리 몸의 삼두근을 닮은 '삼두근 주목', 행운의 수 8을 스스로 갖고 있는 '8자 주목', 모진 시련을 견디고 이겨낸 '고뇌의 주목', 자녀를 품고 키워낸 어머님의 품을 닮은 '어머니 왕주목', 든든한 아버지의 어깨를 닮았고, 지혜로운 왕수리부엉이 가족이 살고 있는 대한민국 최고의 수령 1,800년 된 둘레 4.5m 크기의 '아버지 왕주목' 등 큰 주목 나무 앞에 재미있는 이름과 설명을 게시해 놨습니다.

'고뇌의 주목' 설명란에 '견뎌내는 것이 아름다운 인생이다'라는 글귀가 있는데, 맞는 말입니다. 우리의 인생은 견뎌내는 것이고, 살아내는 것입니다. '아버지 왕주목'은 조금 밑으로 내려갔다가 주목만 보고 다시 올라와야하기 때문에 다른 장로님들은 그냥 지나쳤지만, 저는 갑자기 아버지 생각이 나서 아버지 보러가는 마음으로 '아버지 왕주목'을 보고 왔습니다.

또한 대한민국 최고 높은 곳에서 솟아나는 천연 암반수로 바나듐과 규소 성분이 들어 있고, 나트륨 성분이 거의 없는 생명을 잉태하는 어머니의 물로 불리는 발왕수(發王水)가 '재물, 장수, 지혜, 사랑'이라고 표기된 이름 밑에서 솟아나고 있는데, 저는 위 4가지를 모두 갖기를 바라는 마음으로 각각의 물을 모두 마셨습니다. 그리고 발왕수 옆에는 서울대학교 정문 모양을 빼닮아 서울대 나무로 불리는 참나무가 있는데, 그 나무 아래에서 사진을 찍을 수 있게 해놨습니다. 서울대 나무가 있다는 것을 알았다면 저의 자녀를 데리고 진작 왔으면 좋았을 것이라는 아쉬움이 있습니다. 스키장의 눈도 밟아봤습니다.

저녁식사는 대관령 한우를 먹었는데, 낮에 송어회를 그렇게 많이 먹고도 맛있는 한우와 육회비빔밥으로 소화가 덜 된 저의 배를 다시 가득 채웠습니다. 임원수련회에서는 경건의 시간과 내년도 정기총회 보고서 점검과 회칙 개정안 등의 회무를 다뤘습니다. 특히 경건의 시간에는 차기 회장인 유일식 장로님께서 전도서 1~15절 말씀으로 '때에 따라 아름답게'라는 주제로 말씀을 전해주셨습니다. 유장로님은 '① 하나님은 때에 따라 아름답게 하시는 분이고, ② 우리로 하여금 하나님을 경외하게 하시고, ③ 다 정해진 때가 있고, ④ 사는 날 동안 기쁜 마음으로 선을 행하고, 먹고 마시고 일하며 즐거움을 누리는 것은 모든 이에게 베풀어주신 하나님의 선물이기에 살아있음에 감사하고 오늘을 즐거워하는 것은 그와 같은 선물을 주신 하나님을 향한 최고의 예배'라는 점 등을 강조하셨습니다. 그러니까 기뻐하고, 그럼에도 기뻐하고, 그럴수록 기뻐하고, 그것까지 기뻐하는 삶이 최고의 삶입니다. 항상 기뻐할 수 있는 저와 여러분이 되기를 소망합니다.

저는 요새 21:00부터 06:00까지 금식 10일차라는 것을 깜박하고 무심결에 임원수련회를 마치고 장로님들과 함께 치킨 3마리와 콜라를 마셨습니다. 그래서 축구 보면서 부담 없이 과자와 귤 등을 마구 먹었습니다. 원래 다이어트는 내일 하는 것이고, '맛있게 먹으면 0칼로리'입니다.

회무를 마치고, 저와 세 분 장로님은 JTBC 금토일 저녁 10시 30분 드라마 '재벌집 막내아들'을 보려고 다른 방에 모였는데, 카타르 월드컵 중계방송 때문인지 결방하고 이미 방영된 제6화를 재방해줬습니다. 재방을 보면서 이런 저런 이야기를 하다가 자정에 시작된 우리나라와 포르투갈의 예선전 경기를 봤습니다. 경기 시작 전에 곽기태 장로님이 "우리나라가 16강에 진출할 것"이라도 장담을 하셔서 긴가민가했는데, 우루과이가 우리나라가 2:3으로 패한 가나를 2:0으로 이겼음에도 우리나라가 1:1로 비기고 있던 후반전 추가 시간(6분)에 손흥민이 패스한 공을 황희찬이 골로 성공하여 극적인 2:1 역전승을 거두고 12년 만에 월드컵 16강에 진출했습니다. 기쁜 감정을 글로 담고 싶었는데, 너무 기뻐서 글조차 써지지 않았습니다. 지금도 그 승리의 여운이 남아 있습니다. 대한민국 축구협회 인스타그램에 우리나라 선수 2명이 태극기에 'IMPOSSIBLE IS NOTHING, NEVER GIVE UP, 중요한 것은 꺾이지 않는 마음'이라는 글귀를 쓴 것을 들고 있는 사진이 올라와 있습니다. 꺾이지 않는 대한민국의 기상(氣像)을 보여준 태극 전사들의 앞날에 하나님의 축복이 가득하기를 기원합니다. 우리나라 16강 상대인 최강 브라질을 이기도록 더 열심히 응원합시다!!

오늘 새벽에는 아무리 잠을 청해도 쉽게 잠을 들 수가 없었습니다. 그렇게 잠을 설치다가 잠에서 깼더니 밖에는 간밤에 대한민국의 16강 진출을 축하라도 한 듯 내린 눈이 조금 쌓여있었습니다. 강민우 직전 회장님이 강원도 평창군 대관령면에 있는 '황태회관'이라는 식당에서 사주신 황태국밥은 어제 축구경기만큼이나 시원했습니다. 저는 강성식 장로님 승용차로 2017년 장로 장립 동기인 김범규 장로님, 곽기태 장로님과 함께 상경하면서 서로의 간증거리를 나누다보니 어느덧 서울에 도착했습니다. 여러 가지 모습으로 섬김의 삶을 살아가고 계시는 우리 멋진 장로님들을 사랑하고 축복합니다. 짧은 여정이었지만, 또 하나의 잊지 못할 추억을 만들어 주신 하나님께 감사합니다.

44
2022년 추석선물 인사말

너도 나도
집을 향한 그리움으로
둥근 달이 되는 한가위

우리가 서로를 바라보는 눈길이
달빛처럼 순하고 부드럽기를
우리의 삶이
욕심의 어둠을 걷어내
좀 더 환해지기를
모난 미움과 편견을 버리고
좀 더 둥글어지기를
두 손 모아 기도하려니

하늘보다 내 마음에
고운 달이 먼저 뜹니다.
한가위 달을 마음에 걸어두고
당신도 내내 행복하세요, 둥글게!

이해인 수녀님의 '달빛기도' 라는 시입니다. 이해인 수녀님의 시처럼 한가위 달을 마음에 걸어두시고, 내내 행복하소서.

제가 존경하는 임대중 전 서울용봉라이온스클럽 회장님이 가평으로 귀농하여 농사지은 청포도입니다. 지난 겨울 극심한 가뭄과 올 여름 장마철 폭우 속에서 살아나 붉은 움이 파아란 새싹을 내고 하이얀 꽃을 피우고, 녹두알만한 것이 이렇게 커서 맛볼 수 있어 참 다행이랍니다. 한 송이의 청포도가 이렇게 향과 맛으로 오듯이 우리의 삶도 많은 시련과 어려움 속에서도 본연의 멋과 향을 발견하고 지켜나가기를 소망합니다.

늘 곁에서 도와주시고,
함께 해주셔서 감사한 마음뿐입니다.
작은 정성이지만 맛있게 잡수시고,
늘 강건하시고, 가족간의 정을 나누는 소중한 한가위 보내시기 바랍니다.
하나님 사랑 안에서 날마다 행복하고 행복하소서.

2022년 한가위를 맞이하여
공증인가 법무법인 서호 대표변호사 김양홍 드림

제5편 행복한 골프

01
김홍신 선생님과
행복한 골프(베뉴지CC와 클럽모우GC)

1. 김홍신 선생님과 행복한 골프(베뉴지CC)

햇살 좋은 봄날(2022. 4. 4.) 우리시대의 참 스승 김홍신 선생님, 제가 존경하는 김용직 중앙엔지니어링 회장님 내외분과 함께 베뉴지CC에서 운동했습니다. 베뉴지CC는 백돌이가 운동하기에는 매우 어려운 골프장이지만, 행복한 명랑골프하기에는 더 없이 좋은 골프장입니다.

저는 2014년 중앙선거관리위원회에서 주관하는 '민주시민정치아카데미' 제4기로 교육을 받은 바 있는데, 2013년부터 지금까지 민주시민정치아카데미 원장으로서 섬기고 계시는 김홍신 선생님으로부터 그 때도 지금도 큰 가르침과 사랑을 받고 있습니다. 아래 글은 선생님의 《인생견문록》에 있는 내용입니다.

제가 제자들에게 당부하는 것 중에 하나는 "죽기 전에 꼭 자서전을 쓰라"는 것입니다. 자서전을 쓰겠다고 주변 사람들에게 공언하라고도 합니다. 그러면 식당에 갔다가 종업원이 옷에 물을 쏟아도 웃으며 "괜찮습니다. 곧 마를 텐데요"라고 말할 수 있을 것입니다. 우리나라 사람들은 체면을 매우 소중히 여기기 때문이지요. 더구나 자서전을 쓸 사람이라면 화를 내기 보다 자신의 품격을 높이려는 노력을 하기 마련입니다. 처음에는 남에게 보여주려고 의도적으로 시도하지만 나중에는 습관처럼 변하게 되고 덩달아 관상도 좋아지며 따라서 건강도 나아집니다. 한 가지 더 당부하는 것은 아침에 눈을 뜨면 "오늘도 사랑하고 용서하고 배려하고 베풀어 품격 있는 사람이 되겠습니다"라는 기도를 꼭 하라는 것입니다.

저는 선생님으로부터 "죽기 전에 수필집, 자서전, 전공서적, 이 3가지는 꼭 쓰라"고 하신 말씀을 듣고, 그 다음날부터 수필집을 내야겠다고 다짐하고 글감을 준비하여 2016년 3월 처음으로 출간한 수필집이 《변호사 김양홍의 행복한 동행》이고, 이후 《변호사 김양홍의 행복한 동행2》(2017년), 《변호사 김양홍의 행복한 동행3》(2018년), 《변호사 김양홍의 행복 나누기》(2020년), 《변호사 김양홍의 행복 더하기》(2021년)을 출간했고, 2022년에도 《변호사 김양홍의 행복 곱하기》를 출간하게 되어 감사의 마음을 전하기 위해 저를 많이 사랑해주시는 김용직 회장님 내외분과 함께 선생님을 모시고 운동을 하게 된 것입니다. 선생님께서는 글을 잘 쓰는 방법은 "그냥 쓰는 것"이라고 하셨는데, 저도 선생님 말씀대로 그냥 쓰다 보니 어느새 6권의 수필집을 출간하게 되었습니다.

전에 선생님과 운동할 때도 선생님은 제 골프공이 OB나 헤저드 구역에 들어가면 먼저 뛰어가서 공을 찾아주실 정도로 작은 골프공 하나도 소중히 하셨는데, 오늘은 제가 선생님처럼 따라하다 보니 골프공 농사를 잘 지어서 집에 갖고 온 골프공만 39개였습니다.

평소 선생님은 강의하실 때 "골퍼는 돈을 내고 걷고 캐디는 돈을 받고 걷는데도, 골퍼는 꼭두새벽에 돈을 잃어도 또 가고, 돈을 받고 걷는 캐디는 잔병 치료하고 짜증나는 이유는 골퍼는 즐긴 것이고, 캐디는 일 한 것이다."라고 하시면서 늘 "잘 놀다 가지 않으면 불법이다."라는 점을 강조하셨습니다. 그래서 우리는 오늘 불법을 저지르지 않기 위해 혼연일체가 되어 18홀 내내 즐겁게 운동을 했습니다.

제가 선생님 댁에서 선생님을 모시고 골프장을 오고가면서 시간가는 줄 모르고 대화를 하다 보니 어느새 골프장과 선생님 댁에 도착해 있었고, 18홀도 어떻게 지나가는지 모르게 끝났습니다. 지난해 코로나 감염으로 고생을 하셔서 그런지 선생님께서 매 홀마다 의도적으로(?) 1타씩 더 치시는 바람에 제가 95타(파 4개)로 1등을 했습니다. 특히 선생님 말씀처럼 '벙커전보다 벙커튀김'이 더 좋았습니다.

운동 후 김용직 회장님이 골프장 근처 맛집 '온정리 닭갈비(금강막국수 가평점)' 식당에서 닭갈비와 막국수를 사주셨는데, 선생님이 실수로 작은 반찬그릇을 엎으신 후 주변을 정리하신 후 식당 종업원에게 미안하다면서 1만원을 주셨습니다. 오늘 카트를 탈 때도 김용직 회장님의 부인을 앞자리에 앉게 하셨고, 가파른 언덕을 마다하지 않으시고 골프공을 찾아주셨고, 선생님의 2021년 최신작 '자박자박 걸어요' 책을 김용직 회장님께 선물하시면서 회장님 부인 존함을 먼저 적어서 주셨습니다.

햇살 좋은 날 햇살보다 더 좋은 김홍신 선생님과 김용직 회장님 내외분 덕분에 겁나게 행복한 동행을 했습니다. 세 분이 늘 강건하시고, 하나님이 주시는 평안을 누리시기를 기도합니다.

2. 참 좋은 하루(클럽모우GC)

　대장간에서 불린 쇠를 올려놓고 두드릴 때 받침으로 쓰는 쇳덩이를 '모루'라고 합니다. 논산지역에서는 모루를 '머릿독'이라고 부르는데, '독'이 '돌'의 논산 방언이므로 모루는 '머릿돌'이라고 해석할 수 있다고 합니다. '모루'는 돌아가신 홍문택 신부님이 김홍신 선생님에게 지어준 아호(雅號)로 '세상을 떠받치는 버팀목 같은 사람'이라는 뜻으로 김홍신 선생님에게 지어주신 것이라고 합니다. 논산시 내동에 있는 '모루 김홍신 문학관'에 가면 '모루'를 볼 수 있습니다. 햇살 좋은 봄날인 지난 2022년 4월 4일 제가 인생 스승으로 모시고 있는 모루 김홍신 선생님, 제가 친형처럼 가깝게 지내는 중앙엔지니어링 김용직 회장님 내외분과 함께 저의 초청으로 베뉴지CC에서 운동했었는데, 오늘은 김용직 회장님 초청으로 클럽모우GC에서 운동했습니다. 강원도 홍천에 있는 클럽모우GC는 2018~2020 3년 연속 소비자 만족 10대 골프장으로 27홀 대중제 골프장인데, 저희 팀은 마운틴 코스와 오아시스 코스를 돌았습니다. 산을 깎아 만든 곳이라서 페어웨이가 좁고, 언덕이 많고, 평지가 없는 편이지만 어느 홀에서 사진을 찍어도 예쁜 풍경사진이 나올 정도로 경치가 좋았습니다. 골프장 관리가 잘 되어 있다는 느낌을 받았고, 매홀 저의 도전의식을 자극해서 저 개인적으로는 참 마음에 드는 골프장입니다. OK를 후하게 받았지만, Par를 3개밖에 하지 못했습니다. 오전에 김홍신 선생님 댁에서 선생님을 모시고 점심식사 약속 장소인 '장락가든' 식당에 조금 일찍 도착해 김용직 회장님 내외분을 기다릴 때 선생님은 '글 잘 쓰는 방법'에 대해 다음과 같이 말씀해 주셨습니다.

　① 무조건 써라. 매일 한 줄이라도 써라.
　② 글을 평가하는 감독관을 없애라.
　③ 뭐든지 자주 써라.

④ 메모를 해라.
⑤ 관찰력을 길러라.
⑥ 모방을 잘해라.
⑦ 창조를 해라.
⑧ 즐겨라.

제가 올해 책을 출간한 이후 저의 아내와 첫째 여동생 그리고 저의 책 3권을 출간한 '더푸른출판사'의 둘째 매제가 저에게 "책을 매년 출간하지 말고, 2~3년에 한 번씩 좋은 글을 모아서 책을 내는 것이 좋을 것 같다"는 충고를 해줬습니다. 그래서 저는 하는 수 없이 "그렇게 하겠다"고 선언했으나, 실제 저는 올해 책 출간을 끝으로 더 이상 책을 출간하지 않겠다고 다짐했었습니다. 그래서 그동안의 책이 출간되는 해의 전 연도 이야기를 담았는데, 올해 출간된 책이 저의 마지막 책이 될지 모른다는 생각에 2022년 1월 11일 이수교회 밤기도회 시간에 박정수 담임목사님이 설교 중에 "미리 유언장을 써보라"고 하여 미리 써 본 저의 유언장(글 제목 : 사랑합니다 고맙습니다 건강하세요 축복합니다)을 《변호사 김양홍의 행복 곱하기》 책에 담았었습니다.

그런데 그렇게 책을 더 이상 책을 출간하지 않겠다고 생각하니까 너무 슬펐습니다. 저의 남은 인생의 절반이 떨어져 나가는 기분이었습니다. 제가 책을 출간하지 않을 것이라고 생각한 이후에는 글이 잘 써지지 않았고, 글 쓰는 즐거움도 사라졌습니다. 만약 김홍신 선생님이 말씀하신 글 잘 쓰는 8가지 방법 중의 두 번째 저의 글을 평가하는 감독관의 의견을 따랐다면 저는 결국 글을 쓰지 못했을 것입니다. 그런데 다행히도 저의 위 사연을 들으신 권사님께서 "평생 저의 책 출판비용의 절반을 후원하겠다"고 하셔서, 그 날 저녁 바로 저의 아내에게 "매년 책을 출간하겠다"고 선포했습니다.

운동을 마치고 식당에서 저녁식사를 하지 않고 북한강이 바라보이는 김용직 회장님 별장(사실상 주거지로 사용)에서 제주도 흑돼지구이와 정성껏 준비한 반찬 그리고 김회장님이 직접 비벼주신 보리밥으로 맛있는 저녁식사를 했습니다. 김회장님은 육군참모차장을 지낸 임관빈 예비역 중장 내외분과 '논현을지안경전문점'을 운영하는 분을 초대하셔서 함께 각자의 삶을 나눴습니다.

특히 김홍신 선생님의 소설 《인간시장》 자료 수집 이야기와 선생님이 초등학교 때 동네 애들과 함께 장애인을 놀렸다가 어머니로부터 훈육 받은 이야기, 0914 명품 핸드백이 만들어지게 된 이야기, 김회장님이 돌아가신 아버지를 회고하면서 쓴 감동적인 글을 낭독하고, 김회장님 부인께서 아픈 이후 본인 얼굴 표정이 어두워져 사진 찍는 것을 싫어하게 되었고, 5년마다 부부 사진을 찍고 있다는 이야기, 임장군님 내외분의 삶, 안경에 관한 이야기 등 참 다양한 주제로 대화를 이어갔습니다. 원래 계획은 20:00경 식사를 마치고 헤어지는 것이었는데, 시간 가

는 줄 모르게 대화를 하다 보니 21:30경이 넘어서야 모임을 마칠 수 있었습니다. 멀리서 들리는 소쩍새 우는 소리가 정겨웠습니다.

김홍신 선생님은 마지막 인사말로 "씨를 뿌려야 밭에서 싹이 나오듯 인연(因緣)에서 인(因)은 씨고, 연(緣)은 밭이다. 인연이란 것이 얼마나 소중하냐면, 좁쌀 하나가 바람에 휘날려 떨어지다가 하필 땅에 거꾸로 박혀 있던 바늘 끝에 그 좁쌀이 탁 꽂히는 것과 같다. 같은 시대에 한국인으로 태어나 이렇게 만났다. 사람이 죽었을 때 가장 아름다운 것은 인연의 꽃을 어떻게 피웠느냐이다. 인연을 소중히 귀하게 여기면서 어여쁘게 살겠다"라고 하시면서 말씀을 맺었습니다. '모루' 다운 김홍신 선생님의 말씀입니다. 저도 저의 가족과 이웃에게 '모루' 같은 삶을 살고 싶습니다. 참 좋은 저의 스승 김홍신 선생님과 참 좋은 김용식 회장님 내외분, 그리고 처음 만난 분들이지만 참 좋은 분들 덕분에 참 좋은 하나님이 주신 시간을 참 행복하게 보냈습니다. 그래서 어제는 잊지 못할 밤이었고, '참 좋은 하루'였습니다.

02
양진 이사장님과 행복한 골프
(아름다운CC와 안성베네스트CC)

1. 아버지와 아들의 행복한 동행(아름다운CC)

햇살이 뜨겁게 느껴지는 날 평택성모병원 양진 이사장님이 부킹해주신 아름다운CC에서 이사장님의 아드님 양기영 팀장님, 절친 윤철수 상무님과 함께 아름다운 동행을 하고 왔습니다. 아름다운CC는 이름대로 곳곳에 꽃들이 만발했고, 무엇보다도 살구, 사과, 포도, 보리수, 감, 구지뽕 등 유실수가 많았습니다. 골프장에서는 내장객들이 과일을 따 먹을 수 있게끔 농약을 치지 않기 때문에 익은 과일은 얼마든지 따 먹을 수 있는데, 15번 Par3 홀로 가는 길목에 빨갛게 익은 보리수가 우리를 기다리고 있었습니다. 보리수가 얼마나 맛있던지 15번 홀 티샷을 안 하고 그냥 지나치고 싶었습니다.

이사장님께서 "며느리를 딸로 생각하는 사람, 장가간 아들을 아들이라고 생각하는 사람, 강남 아파트 팔고 수지에 아파트 산 사람"은 미친 사람이라는 농담을 하셨는데, 이사장님께서는 오늘 그 장가간 아들과 함께 운동하시면서 뿌듯해 하시는 모습이 참 보기 좋았고, 많이 부러웠습니다. 저도 언젠가는 이사장님처럼 장가간 아들과 함께 골프 할 날이 올 것으로 믿습니다.

지난해 5월 천룡CC에서 이사장님 부자와 운동했었는데, 이사장님은 그동안 건강관리를 잘 하셨는지 모든 면에서 잘 하셨고, 양팀장님은 살을 약 20kg 이상 빼서 홀쭉이가 되어 보기 좋았습니다. 저는 오늘 109타(Par 2개)로 뒤에서 1등을 했습니다만, 어느 홀에서 우연히(?) 볼 찾으러 갔다가 골프공 22개를 줍는 등 골프공 농사를 엄청 잘 지었습니다.

전반 홀을 마치고 그늘집에서 수박을 먹었는데, 이사장님은 캐디에게 줄 수박 한 조각을 남겨서 아들에게 접시에 담아서 갖다 주게 하셨습니다. 이사장님께서 저녁식사로 '청계탕'을 사주셨는데, 양팀장님은 처음부터 끝까지 음식을 나눠주는 등 잘 섬겨주었습니다. 그 아버지에 그 아들입니다.

올해 7월에 캐나다로 가족과 함께 유학을 가는 양팀장님의 앞길에 하나님의 돌보심과 축복이 가득하기를 윤상무님과 함께 생각날 때마다 기도하기로 했습니다. 행복한 동행을 해주신 좋은 분들 덕분에 눈과 입과 마음이 참말로 행복한 하루였습니다. 양진 이사장님의 건강과 평안을 기원합니다. 모두 날마다 행복하소서.

2. 시아버지와 며느리의 행복한 동행 (안성베네스트CC)

시원한 가을바람과 푸른 하늘이 잘 버무려진 오늘 평택성모병원 양진 이사장님 초대로 윤철수 태종약품(주) 상무가 공동대표이사로 취임한 것을 축하하기 위해 안성베네스트CC에서 윤대표님, 이사장님의 동서(황석원 대표님)와 함께 행복한 라운딩을 했습니다. 이사장님은 지난 6월에 함께 운동했을 때보다 건강도 훨씬 좋아지셨고, 골프도 모든 면에서 2배는 더 잘 하셨습니다. 저는 오늘 112타(OK 받은 Par 1개)로 뒤에서 1등을 했는데, 70대이신 이사장님은 94타로 2등을 하셨습니다.

지난 2020년 5월 봄날 이사장님 초대로 안성베네스트CC에서 운동한 적이 있었는데, 그 때 동반한 캐디가 제가 그동안 골프하면서 가장 무례한 캐디여서 몹시 마음이 불편했었습니다. 그런데, 오늘 동반한 캐디는 말 한 마디 한 마디가 참 지혜롭고, 기분을 좋게 했습니다. 그래서 제가 캐디에게 "며느리 삼고 싶다."고 했더니, 캐디가 곧바로 "아버님~"이라고 대꾸를 해줘서, 라운딩 하는 내내 우리는 사이 좋은 시아버지와 며느리가 되어 행복한 상황들을 많이 만들었습니다. 다만, 제가 캐디에게 "교회를 다녀야 한다."는 조건을 달았더니, 캐디는 흔쾌히 "교회에 가겠습니다." 라고 했습니다.

이사장님은 그 캐디와 저의 아들이 결혼식을 하게 되면 주례를 해주시고, 결혼 축하금으로 1억 원을 내놓겠다고 하셨습니다. 그래서 제가 귀가해서 아들에게 "아빠가 오늘 골프장에서 며느리 구했다. 아들을 위해 1억 원을 벌어 놨다."고 했더니 좋아했습니다. 아들이 대뜸 "예뻐요?"라고 물었습니다. 남자다운 질문입니다. 오늘 캐디와 함께 시아버지와 며느리라고 생각하고 라운딩을 해도 이렇게 즐거운데, 진짜 저의 딸과 아들이 결혼해서 사위·며느리와 함께 골프를 하면 얼마나 행복할까요?

골프장 곳곳에는 단풍처럼 물든 감나무에 달린 감들이 익어가고 있었고(저는 떨감 1개도 따 먹었습니다), 활짝 핀 코스모스들이 저의 발길을 붙잡았습니다. 또한 이사장님이 동서와 함께 하는 모습도 참 보기 좋았습니다. 가족은 함께 해야 가족입니다. 그리고 오늘 운동하면서 떨어진 작은 모과 7개를 갖고 왔는데, 모과의 그윽한 향기가 참 좋습니다. 맛있는 가을의 향기입니다. 오늘 행복한 동행을 해주신 양진 이사장님과 황석원 대표님, 윤철수 대표님 그리고 1일 저의 며느리 캐디에게 하나님의 은혜가 가득하기를 기도합니다.

 03 박흥근 사단장님과 행복한 골프(처인체력단련장)

1. 생애 첫 시니어티에서 라운딩(처인체력단련장)

　여름날에 보여줄 수 있는 모든 날씨를 다 보여준 오늘 백골부대 박흥근 사단장님 초청으로 이동영 관리참모님, 고영원 수색대대장님과 함께 처인체력단련장에서 행복한 골프를 했습니다. 골프장에 도착해서도 비가 왔으나, 티업시간(12:08) 즈음에 비가 그쳤는데, 2번 홀에서 다시 잠깐 비가 왔다가 그치고, 햇빛이 비치다가 어느새 구름이 끼고, 장대비가 내려 비옷을 입자마자 그치는 등 비가 오다가 그치고를 반복했습니다. 결국 17번 홀에서는 폭우가 쏟아져 마지막 18번 홀은 볼을 치지 않고 종료했습니다. 그렇지만 이렇든 저렇든 오늘의 비는 단비였습니다.

　사단장님(올해 76세) 제안으로 오늘은 시니어(senior)티에서 쳤습니다. 저는 생애 처음으로 시니어티에서 쳤는데, 거리가 짧아서 그런지 너무나도 편하고 좋았습니다. PGA 챔피언스(Champions)투어는 50세가 넘은 선수만 출전하는데, 우리도 50세가 넘은 사람들은 시니어티에서 마음 편히 치는 것도 좋은 방법인 것 같습니다.

　사단장님은 골프장에서 음식료 값을 너무 많이 받는다고 생각하셔서 커피도 500원짜리 자판기 커피만 드시기 때문에 나머지 3명도 자판기 커피만 한 잔 하고 라운딩을 시작했습니다. 이동영 관리참모님이 홍삼과 음료수, 체리와 과자를 한 봉지씩 담아오셨고, 캐디도 텃밭에 키운

방울토마토를 따 가지고 와서 나눠 먹었습니다. 사단장님은 그늘집에서도 막걸리 1병과 사이다 1개만 시켜서 김치를 안주 삼아 막걸리를 드셨습니다. 캐디피는 1/n하고, 게임은 1만원씩 걸어 뽑기를 했는데(건은 4만원 중 일부로 그늘집 비용 계산), 저는 버디를 2개나 하고, 뽑기를 잘해서 9,000원이나 회수했습니다.

저는 전반전과 후반전 Par5 홀에서 버디를 1개씩 했는데(골프 입문 22년차에 24~25번째 버디), 3번 홀 Par5 홀에서 두 번째 샷이 그린 주변에 떨어졌고, 세 번째 샷이 깃대를 맞추는 등 생애 첫 이글을 할 뻔 했습니다. 6번 홀 Par4에서는 어프로치한 볼이 이미 그린에 있던 사단장님 볼을 쳐서 사단장님 볼이 홀컵에 들어가기도 했습니다. 오늘은 마지막 홀(Par4)를 패스하여 그 홀 스코어를 적지 않은 상태에서 89타를 쳤는데, 저 스스로를 돌아봤을 때 정말 잘 친 것 같습니다. 볼도 잃어버릴 곳(?)에서만 로스트 볼 2개밖에 잃어버리지 않았습니다.

저녁식사도 사단장님께서 "골프장 음식이 비싸고, 맛없다"고 하셔서 골프장 근처에 있는 '뜨락'이라는 식당에서 했습니다. 그 식당은 할아버지는 6.25전쟁에 참전하여 화랑무공훈장 수훈자이고, 아버지는 일반사병으로 월남전에 참전하여 인헌무공훈장 수훈자로 2대에 걸쳐 국가유공자인 가족이 운영하는 곳입니다. 그 식당에서 청국장정식을 먹었는데, 1인분 13,000원으로 가격도 착하고, 돌솥밥 웰빙음식으로 참말로 맛있었습니다. 자식들이 할아버지와 아버지의 사진을 식당에 걸어놓을 정도로 사랑과 존경받는 두 분의 삶이 부러웠습니다. 그 식당 벽에는 '三思一言'이라는 글귀가 액자에 담아 걸려있었는데, 말을 할 때 "세 번 생각하고, 한 번 말한다"는 삼사일언만 실천할 수 있다면 누구나 존경받는 사람이 될 것입니다.

사단장님께서는 저녁식사 하시면서 "김변호사는 골프할 때 항상 웃고, 짜증내지 않는다"면서 저를 칭찬해주셨습니다. 사단장님 말씀처럼, '골프는 즐겁게' 해야 합니다. 요새 미세먼지가 없어서 그런지 하루 종일 비를 맞은 승용차가 더 깨끗해졌습니다. 단비가 내린 오늘 그 단비보다 귀한 백골부대 사단장님, 전우들과 함께 운동해서 더 행복했습니다. 박흥근 사단장님과 이동영 관리참모님, 고영원 수색대대장님의 건강과 평안을 기원합니다. 백~골~!!

2. 사단장님과 법무참모들(처인체력단련장)

박흥근 전 백골부대 사단장님께서 지난주 백골부대 전우들과 운동을 마치신 후 저에게 오늘 "군골프장(처인체력단련장)에서 운동할 팀을 구성해보라"고 하셔서 전 백마부대 법무참모인 류관석 변호사, 전 수기사 법무참모인 이재철 변호사로 한 팀을 구성했습니다. 그래서 만들어진 팀이 '사단장님과 법무참모들' 입니다. 류변호사님과 이변호사님은 저의 군법무관 제10기 동기 형들이고, 모두 예비역 육군소령들입니다. 아래 내용은 제가 두 형들에게 사전에 고지한 사단장님과 게임시 규칙 등입니다.

【박흥근 사단장님과 게임시 규칙 등】
1. 사단장님은 시니어티에서 치시기에 다함께 시니어티에서 티샷.
2. 사단장님은 누가 버디를 하더라도 버디피 10,000원 외 추가로 버디피 주는 것 무척 싫어하심.
3. 1번홀부터 정확히 타수 기재, 퍼터 길이만 OK. 멀리건은 가끔 주심.
4. 클럽하우스 커피는 너무 비싸다고 생각하셔서 500원짜리 동전 갖고 오셔서 자판기 커피 드심.
5. 그늘집에서는 김치에 막걸리 1병만 드심.
6. 모든 비용 1/n을 고집하시는데, 이번에는 그늘집과 점심식사(클럽하우스에서) 비용 제가 찬조하는 것으로 허락받음.
7. 캐디피와 게임비로 40,000원 갹출하여 캐디피 외 남은 돈으로 니어파와 버디, 롱파(파5에서 롱기스트가 파 할 경우) 할 경우 상금 1,000원 지급하는 게임 선호하심.

사단장님이 백골부대 재직시 늘 강조하셨던 것이 '원칙(原則)에 강하라'였습니다. 사단장님은 그때(1997~1998년)나 지금이나 다름이 없으십니다. 오늘은 위 게임 규칙보다 더 엄격하게 4명 모두 멀리건(최초의 샷이 잘못 돼도 벌타 없이 주어지는 세컨드 샷) 하나도 받지 않았고, 볼이 홀컵 주변에 그려놓은 원 안에 들어간 경우에만 OK를 주고, 1번 홀부터 마지막 홀까지 정확히 적었습니다. 그렇게 해서 이번호사님이 83타(버디 1개, 파 9개)로 앞에서 1등, 제가 98타(파 5개)로 뒤에서 1등을 했습니다.
제가 올해 2월에 남수원체력단련장에서 오늘처럼 늘 80대 타수를 치는 이변호사님을 95타로 한 번 이긴 적이 있는데, 오늘은 류변호사님을 상대로 도전을 했다가 9타 차이로 완패(完敗)를 당했습니다. 사단장님께서 "오늘 즐거웠다"고 하시면서, "다음에도 이 팀으로 다시 운동하자"고 하셨습니다. 오늘은 남부지방에 호우주의보가 내려진 장마철의 한복판이지만, 처인체력단장에는 비 한 방울 내리지 않았습니다. 오히려 가을 날씨처럼 시원한 바람이 불었고, 가을을 알리는 고추잠자리들이 한가롭게 날아다니는 모습도 보였습니다. 참고로 군 골프장은 현역 군인과 군무원, 19년 6개월 이상 근무한 후 전역한 군인 및 군무원들만 정회원 자격이 있고, 그 정회원들은 군 골프장을 예약할 수 있는 권리가 부여되지만, 저처럼 10년만 복무하고 전역한 사람은 준회원 자격만 부여되어 그린피와 카트료는 일반회원보다는 저렴하지만, 부킹할 권리가 없기 때문에 사단장님과 같은 정회원이 초청해주시지 않으면 군 골프장에서 운동하기가 어렵습니다.

즐겁게 운동을 마친 후 클럽하우스에서 점심식사를 하는데, 저는 25년 전 백골부대 식당으로 돌아가 사단장님과 함께 식사하는 것 같아 너무 좋았습니다. 그 때도 사단장님은 직접 음식을 떠서 드셨는데, 오늘도 제가 음식을 떠주는 것을 사양하시고 직접 떠드셨습니다. 그리고 그 때도 오늘처럼 저의 점식식사 자리는 사단장님 맞은편이었습니다.

올해 76세이신 사단장님께서는 과거에 비해 티샷 비거리가 조금 짧아진 것 외에는 그 때나 지금이나 변함이 없으신 것 같습니다. 사단장님께서 강건하셔서 저를 군 골프장에 자주 불러 주시기를 소망합니다. '사단장님과 법무참모들' 팀원들 모두 날마다 행복하소서.

04
감사와 축하의 라운딩(빅토리아GC)

햇살 좋은 봄날 사랑하고 존경하는 김용훈 교수님과 행복한 라운딩을 하고 왔습니다. 20년 전인 2002년 저의 아내를 교수로 채용되게 해주시고, 순천향대학교 의과대학에서 33년 동안 근무하시고 2021년 명예롭게 정년퇴직하신 김용훈 교수님께 감사와 축하의 마음을 표현하기 위해 빅토리아GC에서 함께 운동했습니다.

저희 가정은 김용훈 교수님 덕분에 2002년부터 11년 동안 하늘에서 가장 평안한 천안(天安)에서 살면서 참 행복한 시간을 보냈었는데, 그 시간의 절반은 김교수님과 함께 한 시간이었습니다. 저희 가정이 천안에 내려간 지 얼마 안돼서 김교수님과 함께 원산도로 1박 2일 바다낚시를 갔었고, 송악지 등 여러 저수지 좌대에서 수많은 날의 밤을 함께 지새웠고, 안면도에서 전어와 우럭 낚시, 오천항에서 주꾸미 낚시, 남해안에서 부시리와 볼락 낚시, 제주도에서 감성돔 낚시 등 원 없이 여러 종류의 낚시를 하면서 민물과 바다 물고기들의 저승사자 역할을 충실히 감당했었습니다.

김용훈 교수님은 낚시도 과학적이고 체계적으로 하시는데, 골프도 시작하신 지 1년 2개월밖에 안 되셨는데도 12년 골퍼처럼 티샷 몇 번 실수하신 것 빼놓고는 거의 완벽에 가깝게 샷을 하셨습니다. 특히 라운딩 시작할 때 첫마디가 "연습만이 살 길이다"라고 하셨는데, 정말 틈만 나면 연습을 하셨습니다. 그 결과 22년 골퍼인 저와 별 차이가 없었습니다.

오늘 운동한 빅토리아GC는 9홀이고 노캐디로 운영되는 곳이지만, 여주에 있어서 접근성이 좋고, 무엇보다도 넓은 페어웨이와 그린 관리가 잘 되어 있고, 가성비(價性比)가 좋은 골프장입니다. 저는 골프할 때마다 골프공을 많이 잃어버리는데, 이곳은 워터 해저드가 있는 마지막 Par 3홀을 제외하고는 골프공을 잃어버릴 곳을 찾기가 더 힘들 정도로 초보 골퍼도 마음 편히 운동할 수 있는 곳입니다. 저는 오늘도 골프공 1개로 18홀을 마쳤습니다. 특히 클럽하우스 음식은 현지 농산물로, 현지 주민들이 요리를 해주시기에 모든 음식이 맛있을 뿐만 아니라 가격도 착합니다.

 김용훈 교수님과의 첫 라운딩이었지만, 늘 주위 분들을 섬겨주시고 특히 저희 부부를 많이 사랑해주신 분이라서 그런지 18홀 내내 참 행복했습니다. 저도 김교수님처럼 주위 분들에게 사랑과 존경을 받는 그런 삶을 살고 싶습니다. 김교수님은 정년퇴직하셨음에도 병원측에서 그동안의 공로에 감사해서 3년 더 근무해달라고 붙잡아서 2년 째 더 근무하고 계십니다. 우리 김용훈 교수님의 앞날에 하나님의 복이 더 차고, 더 넘치시길 기도합니다. 그리고 참말로 감사합니다. 사랑하고 축복합니다. 날마다 행복하소서♡

05
한 타의 미학(美學)(빅토리아GC)

골프에서 약방의 감초격으로 사용되는 '구찌'라는 말이 있습니다. 구찌는 '구찌 겐세이'의 줄임말인데, 이는 일본어로 '입'이라는 뜻의 구찌(くち)와 '견제하다'는 뜻의 겐세이(けんせい)의 합성어입니다. 이는 '말로 상대방을 훼방 놓아 일을 그르치게 한다.'는 뜻입니다. 골프에서는 '구찌'를 빼면 앙꼬(떡이나 빵의 안에 든 팥을 뜻하는 일본어) 없는 진빵이 될 것입니다. 그래서 대부분의 골퍼들은 구찌를 자연스럽게 하고, 내기 골프의 경우에는 의도적으로 하기도 합니다.

지난 2020년 10월 마지막 날 여주에 있는 빅토리아GC에서 기독교대한성결교회 서울강남지방회 2017년 장로 장립 동기인 김용규 장로님, 김범규 장로님, 곽기태 장로님 부부, 원용석 장로님(빅토리아GC 회장) 부부, 저희 부부 등 2팀이 운동을 했었습니다. 당시 곽기태 장로님이 1~6번 홀까지 계속 Par 행진을 하고, 7번 홀에서는 버디까지 해서 본인 생애 최고의 타수를 향해 달려가는 도중에 제가 Par4 8번 홀에서 "장로님, 8번 홀 조심하세요."라고 했습니다. 저는 곽장로님이 8번 홀에서 가끔 실수하는 경우가 있어서 Par 행진을 계속 하기를 바라는 마음으로 8번 홀을 조심하라고 한 것인데, 곽장로님은 제 말 때문인지 평소와 다르게 드라이버 대신 우드로 티샷을 했고, 그 티샷이 OB가 나는 바람에 결국 보기를 하게 되었습니다. 심지어 9번 홀 Par3에서는 더블 보기까지 했습니다. 그 날 곽장로님은 최종 75타로 본인의 생애 최고 타수와 같은 타수를 기록했지만, 제가 전혀 의도하지 않았던 저의 '구찌' 때문에 더 좋은 기록을 세우지 못하게 된 것 같아 미안한 마음이 들었습니다. 원용석 장로님은 "OK(컨시드) 외에는 모두 구찌다."라는 말씀을 하셨는데, 전적으로 공감합니다.

2022년 6월 1일 지방선거일인 오늘 같은 골프장에서 같은 구성원들이 다시 모여 명랑골프를 하고 왔습니다(저희 부부는 사전투표를 마쳤습니다). 다만, 지난번에는 제가 여성팀으로 갔으나, 이번에는 곽기태 장로님이 여성팀으로 갔습니다. 또한 오늘은 지난번과 달리 운동 시작 전에 제가 같은 팀인 김범규 장로님에게 "장로님을 상대로 꼭 승리하겠다"고 선언하고, 18홀 내내 사실상 '구찌'를 줬습니다. 그래서 그랬는지 평소 저보다 잘 치시는 김범규 장로님은 저와 막상막하(莫上莫下)의 경기를 하다가 마지막 홀 Par3 홀에서 제가 Par를 하고, 김장로님은 보기를 해서 제가 한 타 차이(96타, Par 4개)로 승리했습니다. '한 타의 미학(美學)'입니다.

그리고 저는 골프 경력이 22년차이지만, 프로 골퍼에게 자세를 배운 적이 없어서 티샷 자세가 엉망인데, 김범규 장로님은 저의 티샷 폼(form)이 좋다면서 배우겠다고 하셨습니다. 저는 저의 폼을 배우겠다는 말을 생애 처음으로 들었습니다. 다만, 김장로님은 저의 구찌가 부담되셨는지, 농담 반 진담 반으로 저와는 한 팀이 안 되고 싶다고 하셨지만, 다음에도 꼭 같은 팀이 되어서 김장로님을 '사랑의 구찌(?)'로 괴롭힐 생각입니다.

빅토리아GC는 9홀을 두 번 돌고, 노캐디로 운영되는 골프장이지만, 페어웨이와 그린(그린은 쉬운 것 같지만 난이도가 있습니다) 관리가 잘 되어 있고, 아일랜드 홀인 마지막 Par3 외에는 골프공을 잃어버릴 곳이 거의 없을 정도로 모든 홀에서 마음 편히 운동할 수 있는 곳입니다.

운동을 마친 후 클럽하우스에서 맛있는 쌈밥으로 점심식사를 하고 기념사진을 찍고 헤어졌습니다. 늘 그랬듯이 곽기태 장로님 승용차로 곽장로님 부부와 함께 상경하면서 시간 가는 줄 모르게 이런 저런 이야기를 하다 보니 어느덧 집에 도착했습니다. 저의 아내가 "내 일 열심히 하면서, 하루하루 즐겁게 열심히 살자는 마음으로 골프를 한다"고 했는데, 저도 같은 마음입니다. 오늘도 참말로 행복한 동행을 해주신 네 분의 장로님과 김미경 권사님, 송미경 집사님 그리고 저의 부부에게 하나님의 은혜가 차고 넘치기를 기도합니다.

06
으름넝쿨과 함께 하는 가을골프
(소피아그린CC)

 2022년 10월 한 가운데 주말 소피아그린CC에서 사랑하는 처제 부부와 빛내서 친다는 가을골프를 하고 왔습니다. 집을 나설 때 아들에게 "너도 누나 내외랑 엄마아빠처럼 골프해라"고 했더니, 아들이 "재미있을 것 같아요"라고 했습니다. 맞습니다. 부부가 함께 할 수 있고, 형제 부부와 어울려 재밌게 함께 할 수 있는 운동이 골프입니다. 골프는 시간과 돈이 있어야 하고, 마음이 맞아야 하기 때문에 형제 부부와 함께 골프를 할 수 있다는 것만으로도 큰 축복입니다.
 저의 아내가 지금까지 골프하면서 가장 좋은 날씨라고 할 정도로 오늘 날씨는 정말 좋았습니다. 날씨보다도 동반자가 좋아서 더 좋았습니다. 코스마다 가을 햇살로 화장을 예쁘게 한 단풍나무들이 새색시처럼 웃는 모습으로 우리를 반겨주었습니다. 저희 부부는 소피아그린CC를 열두 번째 다녀왔는데, 오늘 처음으로 '으름넝쿨'이 있다는 것을 알았습니다. 저는 어려서 시골에서 한국산 바나나인 '으름'을 따 먹으면서 자랐습니다. 그런데, 추억의 그 으름이 여강코스 출발하는 지점에 있는 으름넝쿨에 주렁주렁 달려있었습니다. 자세히 보아야 보입니다. 우리들의 삶도 마찬가지입니다. 주위 사람들을 자세히 살펴보아야 그들의 참 모습을 볼 수 있습니다.
 그늘집 화장실에 '아마추어는 베스트 샷을 노리지 말고 최고의 결과만을 노려라'라는 글귀가 붙어 있었습니다. 골프의 최고의 결과는 좋은 점수가 아니라 동반자들과 즐겁게 보내는 것입니다. 골프와 인생은 많이 닮았습니다. 골프가 매 홀 어려움을 극복하는 즐거움이 있듯이 인생도 고난의 연속이지만 그것을 극복하는 기쁨이 있습니다. 그렇게 골프도 인생도 즐겨야 합니다. 그런 점에서 저는 오늘 사랑하는 아내, 처제 부부와 함께 잊지 못할 행복한 동행을 했기 때문에 최고의 결과를 얻었습니다. 한편 저는 오늘 멀리건을 여러 개 받았음에도 109타(Par 1개)로 일관성 있게 뒤에서 1등을 했습니다(소피아그린CC 12경기 평균 104타).

 한편 오늘은 오랜만에 아들 중학교 아버지들 모임인 반포중 부자유친 OB 모임 회원들(31명 중 17명 참석)이 강화도에서 1박 2일로 단합대회를 하는 날인데, 안영준 회장님으로부터 "전화상으로라도 건배사를 해달라"는 전화를 받았습니다. 저의 건배사가 모임의 공식적인 건배사인데, 영상통화로 "반포중 부자유친의 무궁한 발전과 우리 조국 대한민국을 위하여!"를 다함께 외쳤습니다. 나라가 있어야 가을골프도 할 수 있고, 단풍놀이도 할 수 있고, 단합대회도 할 수 있습니다. 사랑하는 처제 부부와 부자유친 모임 형제들의 건강과 평안을 기원합니다.

알러뷰(I love you)~♡

07
골프는 상대방을 배려하는 운동이다
(블랙스톤이천GC)

저희 법무법인 서호가 법률자문을 하고 있는 업체 대표님이 부킹해 주신 블랙스톤이천GC에서 존경하고 사랑하는 김용직 중앙엔지니어링 회장님(제가 평소 형님이라고 호칭합니다) 내외분과 저희 부부가 함께 이른 아침 즐겁게 운동을 했습니다. 저는 장마철인데다가 밤새 강풍이 불어 걱정이 돼서 그런지 새벽 1시경, 3시경, 4시경 잠에서 깨는 등 잠을 설쳤는데, 막상 골프장에 도착하니 비가 오지 않았습니다. 전반전에는 비가 오락가락했지만 비옷을 입을 필요가 없을 정도로 작은 비가 내렸고, 오히려 시원해서 비가 오지 않은 후반전보다 더 좋았습니다. 저의 아내는 전반전 Par3 2개 홀에서 모두 Par를 했고, 어느 홀에서 장거리 퍼팅을 성공하여 보기를 하자, 형수님이 버디같은 보기를 했다는 의미로 "버기했다"고 칭찬해주셨습니다. 저는 전후반 Par4 홀에서 Par를 1개씩 했고, 총 100타로 뒤에서 1등을 했습니다. 골프장에는 살구나무가 여러 개 있어서 카트길을 오가면서 살구도 몇 개 따 먹었습니다. 블랙스톤이천GC는 회원제 명문 골프장답게 모든 면에서 골프장 관리가 잘 되어 있었지만, 18홀 모두 어렵다는 느낌이 들었습니다. 그래도 어렵다는 마지막 18홀 Par4에서 Par로 마무리해서 좋았습니다.

형님은 연세를 많이 드셨음에도 티샷 거리가 저보다 더 멀리 가는 경우가 많은데, 오늘은 전반전에 티샷 실수를 자주 하셨습니다. 저는 그 이유를 집에 와서야 알았습니다. 형님이 지난번 운동할 때 당신이 "티샷 할 때 영상을 찍으면 그 영향으로 티샷이 잘 안 된다"고 하셨는데, 저는 그 말을 깜박하고 형님이 티샷 할 때 영상을 찍었던 것입니다. 저는 형님이 티샷 하는 모습을 찍어서 드리면 좋아하실 것으로 생각하고 그렇게 영상을 찍은 것인데, 그것은 형님의 입장이 아니라 저의 입장이었습니다. 골프는 혼자 하는 운동이 아니라 상대방을 배려하는 운동입니다. 저는 귀가 후 형님에게 오늘 행복한 동행해주셔서 고맙다는 인사말과 함께 영상을 찍어 티샷에 방해를 드린 점에 대해 사과드렸습니다.

골프장 카트에 이런 글이 붙어 있었습니다.

디봇이 살 수 있는 골든타임
10분 안에 살려주세요!
벙커에 빠진 우울한 기억들은
바로 바로 지워주세요!
모두가 쾌적한 표준 라운드시간
4시간 30분 지켜주세요!
캐디는 또 하나의 동반자
따뜻하게 대해주세요!

위 글 모두 상대방의 배려를 부탁하는 글입니다. 저는 아이언 샷할 때 디봇(divot : 볼을 쳤을 때 잔디나 흙이 클럽헤드로 인해 파인 곳 또는 공이 그린에 떨어져 파인 자국)이 나게 치고 싶어도 그렇게 하지 못하는데, 오늘은 한 번 디봇이 나서 떨어져 나간 잔디를 디봇에 곧바로 갖다 놨습니다. 앞으로도 자주 디봇이 나게 치고 싶고, 반드시 디봇이 살 수 있도록 배려하겠습니다.

후반전 먼 거리(약 170m) Par3 홀에서 저의 티샷이 운 좋게 앞쪽 도로를 맞고 튕겨서 그린 주변에 떨어졌습니다. 그런데 그 볼이 도로에 강하게 부딪칠 때 흠이 생겨서 제가 무의식중에 그 볼을 주변에다 던져버렸는데, 아내가 "그렇게 던지면 어떻게 하느냐?"면서 저를 나무랐습니다. 그 때 형수님이 "아마 그 볼을 주운 사람은 순간 기분은 좋을 것이다"라는 말씀을 하셔서, 제가 "인생은 해석입니다"라고 맞장구를 쳤습니다. 어떤 현상을 보고 어떻게 해석하느냐에 따라 삶은 얼마든지 달라질 수 있습니다. 범사에 감사하는 마음도 곧 해석을 잘 하는 태도의 연장선상(延長線上)인 것입니다. 그렇지만 제가 남을 배려하지 않고 사실상 쓸모없는 볼을 골프장에 버린 것은 잘못된 행동이었습니다. 물론 제가 골프공을 버린 것은 골프 입문 22년 만에 처음 있는 일입니다. 골프공은 언제나 버리는 것이 아니라 갖고 오는 것이기 때문입니다.

운동을 마친 후 형님 내외분이 상경하는 길목에 있는 '남도밥상'에서 맛있는 점심식사를 사주셨습니다. 형님 내외분은 저희 부부가 "자식들을 잘 키우고, 각자 자기 일을 열심히 하고, 오늘처럼 기회가 있을 때 잘 즐긴다"면서 멋지게 사는 부부라고 칭찬해주셨습니다. 저녁에 아들과 함께 이수교회 밤기도회 다녀오는 길에 아들에게 형님 내외분이 칭찬해주신 것을 다시 이야기해주면서 아들도 엄마아빠처럼 살라고 조언했습니다. 언제 어디서나 사랑하는 딸·아들에게 본이 되는 삶을 살아내고 싶습니다.

08
비장한 결심(아시아나CC)

하루 종일 시원한 가을 같은 날 주식회사 그린 박종길 대표이사 초청으로 아시아나CC에서 운동을 했습니다. 저는 골프할 때마다 골프 1/3, 사진과 동영상 찍는 것 1/3, 골프공 농사짓는 것 1/3 비중으로 운동을 하다 보니 조금은 정신이 없습니다. 그런데, 오늘은 골프에만 집중하기 위해서 핸드폰을 파우치 백에 넣어 버렸고, OB가 나도 골프공을 찾지 않았습니다. 단지 우연히 워터 해저드 옆을 지나가다가 망에 걸쳐 있는 공 1개만 주웠을 뿐입니다. 저는 오늘 그렇게 비장한 결심을 하고 쳤지만, 결과는 106타(Par 3개)로 뒤에서 1등을 했습니다. 1번 홀 티샷을 하기 전까지는 싱글을 할 수 있을 것 같았는데 ... 암튼 싱글은 다음 기회로 미뤘습니다. 아시아나CC는 그린도 어렵고, 페어웨이도 굴곡이 심하고, 곳곳에 벙커가 저의 공을 기다리고 있어서 힘들었지만, 도전의식을 불러일으키고 골프장 관리가 잘된 아주 좋은 골프장입니다. 발렛파킹도 무료로 해줍니다.

특히 오늘 동반한 주식회사 언일전자 조수연 상무님은 "요새 골프가 안 된다면서 오늘부로 골프계를 은퇴하겠다"고 선언했는데, 전반전보다 더 어렵다는 후반전에만 Par를 4개나 하는 등 생애 가장 잘 치는 바람에 은퇴를 하지 않기로 했습니다. 오늘 행복한 동행을 해주신 박종길 대표님과 조수연 상무님, 김정현 변호사님의 앞날에 하나님의 축복이 가득하시길 기도하고, 법무법인 서호에서 법률자문을 해드리고 있는 주식회사 그린과 주식회사 언일전자의 무궁한 발전을 기원합니다.

09
두 형을 이겼다(남수원체력단련장)

늦추위가 한 풀 꺾인 2월 마지막 주 금요일 남수원체력단련장에서 군법무관 동기 형인 안종근 변호사님과 이재철 변호사님, 오늘 부킹해준 이종준 예비역 해병대령과 함께 운동을 했습니다. 운동을 시작할 때는 영하 4~5도였으나, 운동을 마쳤을 때는 영상 10도였습니다. 저만 계백장군(계속 백돌이)이고, 다른 세 분 모두 80대 치는 분들인데, 오늘은 제가 95타로 1등을 했고, Par를 4개나 했습니다. 또한 오늘은 10만원을 갹출하여 뽑기 게임으로 캐디피를 마련했는데, 마지막 홀 딩동댕게임에서 이종준 친구가 압도적인 비거리로 롱기스트(longest)를 했고, 제가 퍼스트 온과 퍼스트 인을 해서 상금을 6만원 받았습니다. 골프 입문한지 22년 만에 제가 낸 게임비 10만원을 초과한 상금(11만원)을 받은 것도 처음입니다. 저는 오늘 4번 홀 Par4에서 더블파를 하고, 16번 홀 Par5에서 5온한 후 5퍼트를 하여 더블파를 한 것 외에는 오늘 모든 것이 잘 되었습니다. 특히 오늘은 OB와 헤저드에 빠지지 않았고, 벙커에도 한 번밖에 안 빠졌고, 볼 1개로 18홀을 마쳤습니다. 처음으로 두 형을 이겼습니다. 그래서 그런지 클럽하우스에서 점심식사로 먹은 메로턱살 매운탕은 더 맛있었습니다. 무엇보다도 저의 아내에게 복음(기쁜 소식)을 전할 수 있어서 더 좋았습니다. 오늘 겁나게 행복한 동행을 해준 두 형과 이종준 친구에게 사랑과 감사의 인사를 드립니다. 도전은 계속 되어야 합니다!!

10
2인의 해병(평택체력단련장)

가을 하늘 공활한데 높고 구름 없이
밝은 달은 우리 가슴 일편단심일세
무궁화 삼천리 화려 강산
대한 사람 대한으로 길이 보전하세

　가을 하늘이 공활(空豁 : 텅 비고 넓다)하여 애국가 가사 3절이 저절로 나오는 오늘 '한 번 해병은 영원한 해병'이라는 이종준 예비역 해병대령(저의 고교 동창)과 이대령의 해군사관학교 동기인 권일웅 해병대령 그리고 박진권 상무(저의 고교 동창)와 함께 해군 제2함대사령부에 위치한 평택체력단련장에서 '해병 : 육군' 대항전을 펼쳤습니다. 1961년에 개봉된 '五人의 海兵'이라는 영화가 있기에 오늘 운동의 제목을 '二人의 海兵'으로 지었습니다. 오늘은 특별히 이대령이 작년에 전역한 이후 2022. 10. 1.부터 대구에 있는 미군 부대에서 다시 근무하게 된 것을 축하하는 자리였습니다. 그리고 제가 오늘 쓴 모자는 2013년 영화 '천안함 프로젝트' 상영금지 가처분 사건을 변론할 때 북한 어뢰에 의해 폭침된 천안함이 전시 되어 있는 제2함대사령부에서 현장검증을 마친 후 당시 제2함대사령관님으로부터 받은 것입니다.

　해병과 해·공군의 경례 구호는 '필승'으로 통일되어 있지만, 육군은 부대별로 구호가 달라 제가 법무참모로 근무한 제3보병사단은 '백골'이고, 박상무가 복무한 제1보병사단은 '전진'입니다. 오늘 대항전 결과는 부대 구호대로 '전진' 부대 박상무는 88타로 앞에서 1등, '필승' 2인의 해병은 90타와 92타, '백골' 부대 저는 백돌이답게 101타(Par 5개)로 뒤에서 1등 했습니다.

　클럽하우스에서 추어탕으로 간단히 점심식사를 하고, 권대령께서 복귀하는 길에 졸릴 수 있다면서 골프장이 보이는 그늘집에서 커피를 사줬습니다. 서로 사는 이야기를 하다가, 제가 "자녀들에게 나라 사랑하는 것을 가르쳐야 하고, 부모가 먼저 나라 사랑하는 모습을 보여야 한다."는 것을 강조하자 모두 공감했습니다. 나라가 있어야 내가 있고, 우리가 있는 것입니다. 다음에 만날 때는 2인의 육군이 2인의 해병을 이길 것으로 믿습니다. 오늘 행복한 동행을 해준 동반자들에게 하나님의 은혜와 평안이 임하시기를 기도합니다.

11
사람이 너무 좋네(만포대체력단련장)

　오늘(2022. 1. 21.) 광주일고 제62회 3학년 5반 동창인 이종준, 박진권, 박광수, 김양홍 4명이 만포대 체력단련장에서 2022년 첫 골프를 했습니다. 한 겨울이지만 티업시간이 12시20분이었고, 아침에는 영하의 날씨였으나 골프하는 내내 영상 2~5도 날씨로 포근해서 골프하는데 전혀 지장이 없었습니다. 만포대체력단련장은 평택 제2함대사령부 안에 있는 체력단련장으로 평택체력단련장이라고 불리기도 합니다. 이곳은 1999년에 9홀(태평양코스)로 개장했다가 2012년에 9홀(대서양코스)을 증설, 정규 18홀이 되었습니다. 1번 홀 티샷할 때 배가 출항하는 소리가 들렸고, 고라니 1마리가 페어웨이를 가로질러 뛰어갔습니다. 뛰어가서 그 녀석을 잡지 못한 것이 너무 아쉽습니다. 저는 Par4 1번 홀에서는 더블파를 했지만, Par5 2번 홀에서 두 번째 샷을 실수했어도 네 번째 샷에서 홀컵에 바로 붙여 Par를 기록했습니다. 우리는 18홀 내내 멀리건과 OK 없이 게임을 하여 이종준 98파, 박진권 100타, 박광수 103타, 김양홍 105타(Par 2개)로 4명의 실력이 하향 평준화 되어 참 재미있게 운동했습니다.

　골프장 근처 맛집('동백정 포승점')에서 맛있는 저녁식사를 마치고 상경할 때 퇴근시간과 겹쳐서 서울에 도착하는데 2시간이 넘게 걸렸지만, 저의 승용차에 동승한 박진권 상무와 박광수 상무의 재밌는 직장생활 무용담을 듣다 보니 시간 가는 줄 몰랐습니다. 오늘도 오고 가는 길을 지켜주시고, 친구들과 행복한 동행을 하게 해주신 하나님께 감사합니다.

12
오성회(五星會)
행복한 골프(해피니스CC)

 2022년 첫째 주말 저의 중학교 동창들과 함께 졸업한 지 38년 만에 처음으로 나주 해피니스CC에서 골프를 했습니다. 저는 오성회(五星會), 즉 다섯 명의 별(星) 조직원입니다. 신라시대 화랑도 조직인 칠성회(七星會)와 명칭이 비슷하지만, 이는 광주광역시에 있는 북성중(北星中)의 졸업생 다섯 명이라는 뜻입니다. 한창용(한스어학원 원장), 남상무(광주은행 포용금융센터 센터장), 김수현(유한회사 대림전기안전관리 이사), 조삼영(중국 칭화대 교수) 그리고 저 북성중 제33회 3학년 11반 동창 5명이 조직원들입니다. 저와 한창용 부부는 3.1절 100주년 기념으로 지난 2019년 2월 28일부터 3월 2일까지 조삼영 교수가 있는 충칭(重庆, Chongqing)을 방문한 적도 있습니다.

 오늘은 햇살이 참 따스했고, 곳곳에 있는 벚꽃과 목련꽃이 활짝 피어 있고, 페어웨이에도 보리순 같은 잔디가 서로 시합하듯 올라오고 있습니다. 특히 어제 한창용 원장의 딸 지원 양이 미국 코넬대에 합격했다는 기쁜 소식을 듣고, 한원장이 오늘 캐디피(뽑기로 마련)를 제외한 모든 비용과 점심식사를 찬조했습니다. 골프장 남자 락카 입구에 다음과 같은 글이 걸려 있었습니다.

바람이 말합니다
바람같은 존재이니
가볍게 살라고

꽃이 말합니다
한번 피었다 지는 삶이니
웃으며 살라고

나무가 말합니다
덧없는 인생이니
욕심부리지 말라고

참 맞는 말입니다. 그런 점에서 보면, 바람과 꽃 그리고 나무는 하찮은 식물이 아니라 우리 인간들의 스승입니다. 또한 골프도 힘 빼고 가볍게 쳐야 하고, 욕심부리지 말고, 즐겁게 해야 합니다. 반가운 친구들과 함께 운동하다보니 하루가 부족했습니다. 웃다 보니 18홀이 끝나 있었습니다. 그렇게 18홀이 18분만에 끝난 것 같았지만, 38년이라는 세월을 녹아내는 데는 부족함이 없었습니다.

친구들과 첫 라운딩이었지만, 아래와 같은 규칙을 엄격히 적용한 결과 남상무 센터장은 버디 1개와 파 8개 총 87타로 압도적으로 잘 했고, 저는 102타(파 1개)로 2등을 했습니다. 한창용 원장은 뽑기 게임을 처음으로 했다고 하는데, 1~2번 홀 연거푸 조커를 뽑는 등 뽑기를 잘 해서 OECD에 맨 먼저 가입하고, 이후 OECD에서 해제되고도 다시 돈을 땄습니다.

1. OK와 멀리건 없이 18홀 진행하고, 1번 홀부터 점수 정확히 기재
2. 게임비 1인당 10만원 갹출, 버디와 니어파(지우개 없음) 할 경우 공금에서 1만원, 이글 2만원, 홀인원 3만원 지급
3. OECD는 5개부터 가입하고, 오빠 삼삼해(OB, 양파, 트리플, 3퍼팅, 해저드, 벙커) 룰에 따라 최대 2개 토해 내기
4. 돈을 다 토해낼 경우 OECD 해제, 마지막 홀은 토해내는 것 없음
5. 마지막 홀에서 3만원 이상 남을 경우 딩동댕게임(롱기, 퍼스트 그린 온, 퍼스트 홀 인 상금 지급, 그린 위에서 볼 노터치) 진행
6. 캐디피 선공제 후 상금 지급하고, 공금 소멸시 게임도 종료

친구들과의 단톡방에 아래와 같은 글을 남겼습니다. 덕분에 행복한 친구들을 둔 저는 참 복 받은 사람입니다. 오성회 친구들의 앞날에 하나님의 축복이 가득하기를 기도합니다.

덕분에 참 행복했다♡
덕분에 잘 놀다 간다♡
덕분에 잘 먹었다♡
덕분에 참 감사했다♡

13
한창용 부부와 행복한 골프
(푸른솔GC 장성과 서산수CC)

1. 설마중을 하며 (푸른솔GC 장성)

예부터 수세라 하여 섣달 그믐밤에 집안 구석구석 등불 밝히고 밤을 지새우지 않으면 눈썹이 하얗게 센다고 했습니다. 아마 가는 세월이 아쉽고 오는 세상을 잘 맞이하며 나이 한 살 더하는 운치를 가족과 밤새워 나누기를 하자는 뜻이었을 것 같습니다. 마무도 밟지않은 눈을 숫눈이라 하고 고봉밥처럼 많이 쌓인 눈을 잣눈이라 했습니다. 설마중을 하시며 몸과 마음과 건강과 행복은 숫눈 밟듯 앞서시고 괴로움이 없고 자유로우며 복을 산더미처럼 지으시고 가족 모두 평온하시기는 잣눈처럼 한껏 쌓으시길 기원합니다. 김홍신 절~^^

김홍신 선생님이 2022년 설 전날인 오늘 카톡으로 보내주신 귀한 글입니다. 글자마다 사랑이 묻어 있습니다. 글자마다 축복이 묻어 있습니다. 김홍신 선생님의 마음에 저의 마음을 보태어 올 설에는 여러분 모두가 하나님의 복 많이 받으시고, 행복하시고, 강건하시기를 간절히 바랍니다.

오늘 한창용 친구 부부의 초대로 푸른솔GC 장성에서 운동했습니다. 친구가 비싼 퍼터를 사준 것에 대하여 보답하는 마음으로 그 퍼터로 싱글을 하고 싶어서 친구 부부에게 오늘 만큼은 반드시 싱글을 하겠다는 다짐으로 받고 싶은 싱글패도 미리 골라서 부부 단톡방에 올렸습니다. 제가 아침식사 때 진짜 싱글 골퍼인 처남에게 "오늘 싱글을 할 것이다."라고 다짐했더니, 저의 실력을 알고 있는 처남이 대뜸 "네 홀 늦게 가면 된다."고 조언해줬습니다.

　한 겨울이고, 오늘밤 전국적으로 폭설이 예보되어 있어서 걱정을 많이 했는데, 시작할 때(12:41)부터 마칠 때까지 영상 5~7도의 날씨였고, 따스한 햇살이 있어서 봄날 같았습니다. 친구 부부랑 골프를 하면 언제 어디서나 봄날입니다.

　클럽하우스에서 먹은 짱뚱어탕의 맛은 정말 일품이었습니다. 또한 출발하는 곳에서 무료로 대추생강차, 사탕과 비스킷, 붕어 꼬리까지 팥이 잔뜩 들어있는 붕어빵, 냉온 음료수를 무제한으로 제공해줬습니다. 제가 붕어빵 구워주시는 직원에게 "붕어빵이 공짜라서 맛있습니다."고 했더니, 그 직원이 "산지(産地)에서 바로 잡아서 맛있는 것입니다."라는 멋진 말을 했습니다. 저는 붕어빵 5개, 캔 커피 2개, 캔 식혜 1개를 먹었습니다.

　Par4 1번 홀에서 4명 모두 티샷을 페어웨이 한 가운데로 보내자 캐디가 "이러기는(이렇게 하기는) 힘듭니다."라고 칭찬을 해줬습니다. 제가 산에서 골프공농사를 짓고 나왔을 때 옷에 나뭇잎 등이 많이 붙어있자 친구가 떼어주는 모습을 보고, 캐디가 "원숭이들이 털 뽑아 주는 모습 같다."고 했는데, 실제 친구와 저는 원숭이띠입니다. 캐디가 대회에서 78타를 친 적이 있는 실력자라서 그런지 조언도 적절하게 잘 해주고, 편하고 즐겁게 해줘서 라운딩을 마친 후 캐디 평가하는 종이에 '골프경력 22년차에 최고의 캐디(박윤경)입니다. 감사하고 감사합니다.'라고 적어서 제출했습니다.

　그리고 후반전 11번 Par3 홀에서는 무료포차에서 순대와 막걸리, 따뜻한 정종, 바나나를 무료로 제공해줘서 정말 맛있게 '많이' 먹었습니다. 자고로 공짜는 더 맛있습니다. 친구 부부랑 골프를 하면 시종일관

웃느라고 정신이 없고, 시간이 너무 빨리 지나갑니다. '시간과 공간은 절대적이지 않다.'는 아인슈타인의 상대성이론이 맞는 것 같습니다.

저는 싱글을 했을까요? 싱글을 할 뻔 했습니다. 진짜 싱글(single)은 핸디캡이 한 자리 숫자(9이하)인 사람을 말하는데(73~81타), 볼 1개를 갖고 18홀을 마친 사람도 싱글이라고 합니다. 저는 전자가 아닌 후자의 싱글을 할 뻔 한 것입니다. 볼 1개를 잃어버렸지만, 골프공농사도 잘 지어서 볼이 10개로 늘었습니다. 저는 오늘도 116타(Par 2개)로 뒤에서 1등을 했고, 친구는 105타로 앞에서 1등을 했습니다. 끝으로 골프장 화장실에 붙어 있는 골프 유머를 소개합니다.

1. 100타 깰 때 필요한 3無
   무욕(無慾), 무력(無力), 무념(無念)
2. 90타 깰 때 무서워하지 말아야 할 3가지
   벙커, 미들아이언, 마누라
3. 80타 깰 때 있어야 할 4가지
   돈, 시간, 건강, 친구
4. 70타 깰 때 버려야 할 3가지
   직장, 가정, 돈

저는 70타를 깰 생각은 전혀 없고, 앞으로도 계백장군(계속 백돌이)의 삶을 살아가도록 하겠습니다. 오늘도 공짜로 행복한 동행을 하게 해준 친구 부부에게 사랑과 감사의 인사를 전합니다. 친구 부부와 만나기로 한 3월까지 어떻게 기다리죠? 기다리는 시간은 참말로 더디게 갑니다.

2. 맛있는 골프(서산수CC)

　SBS Golf 채널에서 '맞수한판'이라는 이름으로 펼쳐진 KLPGA, KPGA 최고의 선수들의 박빙의 한 판 승부 4:4 팀매치플레이가 펼쳐진 서산수CC에 한창용 친구 내외와 함께 다녀왔습니다. TV를 보면서 가보고 싶었는데, 생각했던 것 이상으로 골프장도 좋고, 풍경도 좋고, 숙소도 좋고, 무엇보다도 캐디가 좋았습니다.

　첫날 점심식사는 골프장에서 가까운 삼길포항에 있는 맛집 '홍일수산'에서 생애 처음으로 '도다리쑥국'을 먹었는데, 봄 향기를 머금은 쑥과 도다리의 조화로운 맛은 글로 표현하기 어려울 정도로 시원한 국물 맛이 일품이었습니다.

　13:36 운동을 시작했는데, 태풍급 강풍 때문에 티샷 한 볼이 가다가 뚝 떨어지거나 옆으로 밀리고, 그린 위에서 퍼팅하려고 볼을 놓으면 볼이 굴러가는 등 도저히 운동을 할 수가 없어서 9홀만 돌았는데, 친구 부인만 Par3 홀에서 Par 1개만 했을 뿐입니다. 골프가 아니라 고역(苦役)이었습니다.

　저녁식사는 삼길포항에 있는 '우러기네'라는 식당에서 4인 C코스 메뉴와 영양전복밥을 먹었는데, 음식 하나하나가 한결같이 맛있었습니다. 저녁식사 후에는 친구 내외에게 카드 게임인 '홀라'(7장의 카드를 나눠 가진 후 그 카드를 빨리 없애는 사람이 이기는 카드 게임)를 가르쳐 줘서 즐겁고 짜릿한 게임의 세계로 인도해줬습니다. 아마 친구 내외는 앞으로 시간 날 때마다 연습할 것 같습니다.

　아침에 잠에서 깼을 때 창밖에서 들리는 귀신 울음소리(鬼哭聲) 같은 바람소리는 과연 운동을 할 수 있을까 염려했지만 08:21 운동을 시작했을 때는 할 만했습니다. 2008년에 개장된 서산수CC는 회원제 골프장으로 만들어져서 그런지(지금은 대중제) 골프장이 수준급이었습니다. 전반전은 어제 돈 '서산코스'가 아닌 '산수코스'부터 시작했는데, 저의 골프 입문 22년 만에 21번째 버디 1개와 Par를 3개나 하는 등 말 그대로 '되는 날' 이었으나, 후반전에는 Par를 1개밖에 못하고 마지막 18홀 Par5에서 더블 파를 하는 바람에 98타를 쳤으나, 멀리건을 4개나 받았기 때문에 정확한 타수는 아닙니다.

무엇보다도 현재 2부 투어 남자 프로인 심○○ 선수가 캐디로서 저희 팀을 도와주었는데, 18홀 내내 참 재치 있는 말과 지혜로운 골프 명언을 듣느라 시간 가는 줄 몰랐습니다. 특히 친구 내외는 심프로님으로부터 완벽한 필드 레슨을 받았습니다. 아래 글은 친구가 심프로님으로부터 레슨을 받은 것을 단톡방에 올린 것입니다.

※ 심○○ 프로 원 포인트 레슨

1. 어드레스 할 때 왼쪽을 열어두고 에이밍을 한다
2. 모든 샷은 "하나, 둘, 셋" 천천히~
3. 드라이버는 몸 쪽에 붙이듯이 다운스윙
4. 아이언은 팔 사이를 유지하면서 다운스윙
5. 오른쪽 어깨로 다운스윙 하는 느낌으로
6. 우드가 왼쪽 허벅지 내려올 때 임팩트하면서 가볍게 몸통(상체) 회전
7. 오른쪽에 중심을 두지 말고, 왼쪽 뒤꿈치에 중심을 두고, 뒤쪽으로 몸이 뒤집히지 않게, 앞쪽으로 몸을 보내면서 가볍게 회전
8. 퍼터는 "하나, 둘" 일정한 템포로 거리에 따라 끊어 치듯이 마무리 동작

심프로님의 배려로 우리 팀은 멀리건도 많이 받았고, 연습 스윙도 많이 했음에도 18홀을 4시간 전에 마쳤습니다. 인연을 이어가기 위해 제가 생애 처음으로 캐디의 핸드폰번호도 받았습니다. 심프로님의 투어 우승을 기원하고 기원합니다.

운동을 마치고 골프장에서 가까운 곳에 있는 '명지 해물찜 칼국수'

라는 식당에서 해물전과 칼국수, 만두로 점심식사를 했는데, 이곳 또한 맛집이었습니다. 뭐니 뭐니 해도 최고의 골프는 '맛있는 골프' 입니다. 점심식사 후 친구가 식당 2층에 있는 커피숍에서 달달한 커피를 사줬는데, 그곳 창가에 '마음둘 꽃없네 너말고는 …' 라는 글이 놓여있었습니다. 저에게는 마음 둘 친구 내외가 있어 더 행복한 밤입니다. 언제나 행복한 동행을 해주는 친구 내외의 행복을 기원하고 또 기원합니다.

14
결혼 24주년 기념 제주도 골프 여행
(해비치CC와 오라CC)

1. 첫째 날 : 우리도 친정 엄마를 모시고 오자!!

2022년 5월 5일 어린이날 100주년 기념일은 저희 부부 결혼 24주년 기념일이기도 합니다. 저희 부부는 24년 전 신혼여행을 제주도로 다녀왔는데, 꽃보다 초록의 잎들이 더 아름다운 5월에 사랑하는 한창용 친구 내외와 함께 3박 4일 제주도 골프 여행을 왔습니다. 생각만 해도 저를 행복하게 해주는 친구와 함께 골프를 하고, 맛있는 음식을 먹고, 여행을 하게 되어 얼마나 행복했는지 모릅니다.

친구 내외는 제주도에 먼저 도착해서 9인승 카니발을 렌트한 후 저희 부부를 맞아줬습니다. 우리는 조금 이른 저녁식사를 하기 위해 제주도 여행 가이드를 해도 손색이 없을 친구의 아내 상희씨가 추천한 3개 식당 중 갈치요리 맛집인 '충민정'으로 갔습니다. 식당으로 가는 차 안에서 아내와 상희씨가 올해 이미 각자의 친정 엄마를 모시고 제주도 여행을 했다는 이야기를 하자, 친구가 저에게 "우리도 어떻게든 제주도 오는 방법을 강구해보자"고 했습니다. 그래서 제가 다음과 같은 해결책을 제시했습니다.

"우리도 친정 엄마를 모시고 오자!!"

그렇지만, 저와 친구가 딸로 바뀌지 않는 한 쉽지 않아 보입니다. 창밖에서는 잣밤나무 꽃향기가 진동했습니다. 식당에 도착해서 저희가 앉은 자리 옆 벽에는 해녀가 뭔가를 등에 지고 있는 그림이 있고, 그 옆에 '내 어깨와 세월에 지고 온 것은 꽃이었더라'라는 글귀가 쓰여 있었습니다. 그림을 자세히 보니 등에 지고 있는 것은 꽃이었습니다. 우리가 그동안 짊어질 수밖에 없었던 수많은 짐은 짐이 아니라 하나님이 주신 '꽃'이었습니다.

'충민정' 식당은 이른 시간임에도 손님들로 가득 차 있었습니다. 우리는 4인용 식탁을 가로 지를 정도로 큰 제주도 은갈치 1마리 구이를 시켰는데, 저는 이 세상에서 가장 맛있는 갈치를 먹은 것 같았습니다. 사랑하는 친구 내외가 사준 갈치라서 그런지 더 맛있었나 봅니다. 밑반찬으로 나온 갈치젓과 미역국의 맛도 일품이었는데, 갈치젓을 배추에 싸먹다가 이쑤시개 절반 크기의 갈치 뼈가 이빨 사이에 끼었습니다. 다행히 이쑤시개로 꺼내서 그 뼈를 기념으로 사진 찍어놨습니다.

우리는 저녁식사를 마치고 어디를 갈까 고민하다가 근처 '삼양해변'를 걷기로 했습니다. 삼양해변은 검은 모래로 유명한 곳인데, 오랜만에 붉은 태양이 잠자리에 들기 직전의 아름다운 석양(夕陽)을 볼 수 있었습니다. 그곳에는 결혼할 신혼부부 10여 쌍이 결혼기념사진을 찍고 있었습니다. 그래서 저희들도 그 신혼부부들처럼 서로를 마주보고 사진을 찍었는데, 서로 어색해서 배꼽이 빠질 정도로 웃었습니다. 사진기로는 도저히 담을 수 없는 멋진 석양을 볼 수 있어 너무 좋았습니다. 특히 친구 내외가 석양을 바라는 보는 모습은 한 폭의 그림 같았습니다.

저녁 8시경 숙소인 'VENTIMO호텔'에 도착했는데, 새로 지은 호텔이라서 그런지 깔끔했고, 특히 저희 방은 바다가 보이는 곳이라서 더 좋았습니다. 저희 부부는 지난 3월 친구 부부랑 서산수CC에서도 1박 2일 운동을 했었는데, 그 때 제가 친구 내외에게 '훌라' 카드 게임을 가르쳐 주고 함께 훌라를 했었습니다. 친구 내외는 생애 처음으로 해본 훌라가 재미있었는지 카드도 좋은 것으로 2개 장만하고, 카지노에서 사용하는 1,000원으로 표기된 칩도 100개를 구입해서 갖고 왔습니다. 친구는 그 칩 때문에 광주공항 검색대에서 걸려서 장난감 칩이라고 설명했답니다. 우리는 자정이 넘도록 훌라 게임을 했는데, 친구 내외는 기쁜 마음으로 다음날 밥값을 저에게 미리 줬습니다. 다음에는 세븐 포커를 가르쳐 줄 생각인데, 앞으로도 식사비 정도는 카드 게임으로 충분히 마련할 수 있을 것 같습니다.

특히 카드 게임 도중에 오래전 제가 변호했던 분의 부친께서 2016년에 출간한 저의 책 《변호사 김양홍의 행복한 동행》에 있는 '죽어도 사장님이 되어라'는 내용을 보고 개업한 지 1년이 되었다면서, 책 내용의 주요 부분에 밑줄을 그은 사진을 보내왔습니다. 제가 그동안 얼떨결에 수필집 '행복한 동행 시리즈' 6권을 출간했지만, 저의 글이 누군가에 영향을 줄 수 있다는 사실에 참 기뻤고, 다른 한 편으로는 글을 쓸 때 좀 더 정성껏 써야겠다는 생각이 들었습니다. 이래저래 참 감사한 하루였습니다.

2. 둘째 날 : 흠 없는 하루

여행 둘째 날 저는 새벽 5시경 일어나 어제 있었던 일을 글로 옮겼으나, 아내는 일어나자마자 "일찍 일어나면 하나님께 기도하라는 뜻이야~"라고 하면서 기도를 시작했습니다. 특히 오늘은 저희 부부 결혼 24주년 기념일이지만, 올해 처가댁 식구들과 함께 성경 통독을 시작한 지 100일 째 되는 날이기도 합니다. 아내는 성경 통독 가족 단톡방에

'너무 멋진 친구 부부를 친구로 허락하심을 감사하는 글'을 올렸습니다. 저도 같은 마음입니다.

제가 아침에 쓴 글을 친구 내외와의 4인 단톡방에 올렸는데, 아내는 "오늘이 결혼기념일이었어요?"라고 되물었습니다. 제가 어이없어 하면서 어제 점심 때 사무실에서 쓴 '24년간의 프리지아 꽃향기를 맡으며'라는 제목의 편지를 줬습니다. 그러자 아내는 "선물은 없어요?"라고 해서, 저는 작년과 동일하게 "내가 선물이잖아요"라고 대답했습니다. 저는 내년에도 같은 대답을 할 것 같습니다. 저희 부부는 분명 서로가 서로에게 하나님의 선물임은 분명하기 때문입니다.

아침식사는 주택가 주변에 있는 '신제주 보말칼국수' 식당에서 흑돼지 고기만두와 보말국을 참 맛있게 먹었습니다. 만두의 식감을 위해 직접 다진 야채와 흑돼지로 소를 매일 준비하여 미역과 파래를 갈아 반죽한 만두피로 일일이 직접 빚었다는 흑돼지 고기만두는 씹히는 맛이 일품이었습니다. 또한 '보말'은 '고둥'의 제주도 방언인데, 그 보말을 갈아 영양을 듬뿍 담은 육수와 참기름으로 고소하게 볶은 미역으로 끓였다는 진한 보말국과 함께 나온 고등어구이를 먹으면서 아내가 "제주도에서 제일 맛있는 음식"이라고 극찬했습니다. 그 때 혼자 식사하러 온 어느 청년이 이미 보말 칼국수와 흑돼지 고기만두를 시켰는데, 저희가 고등어구이가 맛있다고 한 말을 들었는지 고등어구이를 더 시키려고 하자 식당 사장님이 "양이 너무 많다"면서 말렸습니다. 그 모습을 본 상희씨가 고등어구이 1마리를 먹어보라면서 그 청년에게 갖다 줬습니다. 이후 그 청년은 고마웠는지 자신이 주문한 고기만두 1인분 6개 중 4개를 우리에게 갖고 왔습니다. 그렇지만 저희 일행도 만두 2인분으로는 부족해서 추가로 1인분을 주문했기 때문에 그 마음만 받았습니다. 식당 사장님이 그 모습에 감동한 듯 했습니다. 아내는 식사 도중에 저와 친구를 보고, "다음 생애에서는 둘이 부부로 만나라"고 했습니다. 아내는 '부부 사이'가 '친구 사이'보다 더 좋은 것을 이해하는 것 같습니다. 친구 사이도 부부 사이 이상으로 좋을 때가 많은데…

아침식사를 마치고 하고 어디를 구경 갈까 고민하다가 애초에 가기로 한 '휴애리 자연생활공원' 수국 축제를 보러가기로 했는데, 그곳으로 가는 길목에 제주도의 멋진 선물이 기다리고 있었습니다. 그 선물은 '사려니 숲길'입니다. '사려니'는 '신성한 곳'이라는 뜻인데, 사려니 숲길은 서귀포시 남원읍 한남리 사려니오름에서 제주시 조천읍 고래리 비자림로까지 이어지는 약 15km의 숲길을 말합니다. 줄참나무 등 천연림과 인공조림 한 삼나무, 편백나무 등이 다양하게 서식하고 있고, 일부 구간은 데크로 되어 있어 누구나 숲의 향기를 맡을 수 있는 최적의 힐링 숲입니다. 해변가 장의자처럼 생긴 의자에 누워서 쉴 수 있는 곳도 있는데, 그 의자에 누워서 쳐다보는 나무들의 신나는 왈츠 춤과 나뭇잎들 사이로 보이는 파란 하늘의 모습은 잊지 못할 것 같습니다. 잠시 잠들다 가고 싶었습니다. 곳곳에 고사리와 처음으로 보는 예쁜 새우난초 꽃과 이름 모를 꽃들이 많이 피어있었습니다. 사려니 숲길 출구에서 "사람은 자연보호, 자연은 사람보호"라는 방송이 흘러나왔는데, 어렸을 때 들었던 구호이지만, 정말 딱 맞는 말입니다.

이어서 휴애리 자연생활공원으로 수국을 보러갔는데, 관람료가 1인당 13,000원(인터넷으로 예매하면 더 저렴하나 1시간 후에 입장이 가능)임에도 무료로 입장할 수 있는 사려니 숲길 보다 못했습니다. 수국이 완전히 피기 전이라서 화분에 심어진 수국꽃은 원 없이 봤습니다. 골프하기로 한 해비치CC 티업시간(13:30) 전에 점심식사까지 하기에는 시간이 빠듯할 것 같아 공원 전부를 둘러보지 않고 중간에 나왔습니다. 골프장으로 가는 길목에 이름 없는 식당 '소낭식당'이라는 곳에 들어가 메밀 물 막국수와 들기름 막국수를 시켰는데, 너무나도 맛있었습니다. 그 식당에는 젊은 청년 3명이 함께 일하고 있었는데, 아들 같은 그 청년들이 무척 대견스러웠으나, 식당 입구에 부적(符籍)이 붙어 있어 많이 아쉬웠습니다.

해비치CC는 언제인지는 기억나지 않지만, 제가 생애 처음으로 100타를 깬 골프장입니다. 함께 운동한 멤버도, 캐디도, 날씨도, 골프장도 더 이상 좋을 수 없을 정도로 모든 것이 좋았습니다. 심지어 골프공 농사도 잘 지었습니다. "제주도 골프는 골프하는 재미 외 먹는 재미와 보는 재미가 있다"는 캐디 말에 공감이 되었습니다. 캐디는 제주도 토박이인데, 제주도 사람들은 자신의 손위 사람을 남녀 구분 없이 "삼촌"이라고 호칭하고, 잘했다는 "잘 했수다"라고 한다고 해서, 우리는 "삼촌, 잘 했수다"를 연발했습니다. 저는 원래 멀리건을 안 받는데, 오늘은 지금까지 받지 않은 멀리건을 한꺼번에 몰아서 받았다고 할 정도로 10개 홀 이상 멀리건을 받은 것 같습니다. 그렇기 때문에 오늘 저의 점수 93타(Par 4개)는 허수입니다.

운동을 마치고 숙소인 '해비치콘도' 근처에 있는 '탐라 간장게장' 식당에서 간장게장을 먹었는데, 그 식당 게장은 제주도와 근처 남해안에서 잡은 '모살게'('모살'이란 제주어로 모래라는 뜻으로 수심이 깊은 모래 속에서 사는 게라고 합니다)로 만든 게장이라서 그런지 껍질이 연하고 살이 많아서 일반 게장과 다른 맛이 났습니다. 밥도

둑 모살 간장게장 덕분에 밥공기를 2개나 먹었습니다.

　숙소에 들어와서 친구 내외가 준비한 미니 케이크로 저희 부부의 결혼 24주년 축하를 받았습니다. 이어서 어제에 이어 훌라 카드 게임을 밤 10시경까지 했는데, 오늘은 여행경비를 얼마 못 벌었습니다. 친구 내외의 실력이 일취월장(日就月將)하여 내일은 제가 친구 내외에게 어제와 오늘 받은 여행경비를 토해낼 것 같습니다. 제가 게임할 때 CBS 음악 FM '김현주의 행복한 동행'을 틀어 놓고 아는 노래가 나오면 함께 따라 부르기도 했습니다. 또한 저는 다음과 같은 사연을 보냈는데, 아쉽게도 채택되지는 않았습니다. 오늘 하루는 조금 힘들었지만, 친구 말대로 정말 '흠 없는 하루'였습니다.

>　저희 부부 결혼 24주년 기념으로 친구 부부와 함께 제주도로 3박4일 여행 와서 지금 행복한 동행을 하고 있습니다. 조경수의 '행복이란'을 부탁합니다. 행복이란 행복한 동행입니다.

3. 셋째 날 : 어른의 날

　저는 어제 있었던 일을 글로 정리하다 새벽 1시경 잠이 들었습니다. 우리는 승용차로 오가는 길에 서로가 이번 여행에 대해 다음과 같은 평가를 했습니다.

　"마음이 맞고, 시간이 맞고, 경제적으로 부담이 되지 않는 세상에 이런 여행이 또 있을까?, 어린이날이 아니라 어른의 날이고, 위로의 날이었다. 이번처럼 근심 없이 여행 온 경우는 없었다. 외국에 여행 온 기분이다. 200% 만족한 여행이다. 맛있는 것으로 고문당한 먹방이었다. 모든 것이 너무나 좋았다."

　둘째 날도 같은 해비치CC(티업 07:40)에서 운동하지만, 어제는 회원제 코스 1개(SKY)와 대중제 코스 1개(VALLEY)를 돌았는데, 오늘은 회원제 코스 2개(SKY, PALM)를 돌았습니다. 골프장은 제주도에 있어서 다소 멀리 있다는 점 외에는 페어웨이와 그린 상태, 조경 등 모든 면에서 완벽했습니다. 특히 골프의 중요한 요소인 캐디들이 이틀 내내 좋았습니다.

　클럽하우스에서 성게 미역국과 전복죽으로 아침식사를 하고, 저는 어제와는 다르게 멀리건과 OK를 하나도 받지 않았습니다. 골프는 고난(?)을 극복하는 즐거움이 있는데, 어제는 티샷을 잘못할 때마다 멀리건을 받으니까 긴장감이 떨어져서 재미가 덜 했기 때문입니다. 1번 홀에서 더블보기를 했지만, '전파만파원칙'(전국에 있는 골프장 1번 홀에서 Par를 한 사람이 있으면 모두 Par로 기재한다는 원칙)에 따라 Par로 적은 것 외에는 있는 그대로 적었습니다.

　특히 후반전 첫 번째 홀에서는 제가 티샷을 하자 저희 뒤에 팀에서 갑자기 물개박수가 나와서 갤러리들에게 배꼽인사를 했습니다. 해비치CC는 2인 플레이도 가능하고, 노캐디도 가능해서 친구 부부도 올해 2월에 2인 플레이를 했다고 합니다. 저는 오늘 전반전은 Par를 1개도 못하는 등 57타를 쳤지만, 후반전은 Par3와 Par5 홀에서 Par를 1개씩 하는 등 47타를 쳐서 합계 104타를 쳤습니다. 12시경 운동을 마치고 나니, 오히려 체력이 회복되는 듯 했습니다.

점심식사는 숙소 근처인 '표선 어촌식당'에서 옥돔지리 3개와 우럭조림(小, 3인분), 자리물회 2인분 총 8인분을 시켰는데, 하나도 남기지 않고 다 먹었고, 저는 밥공기를 1개 더 먹었습니다. 그 식당은 현지 어부들이 잡은 물고기들로 요리를 해서 그런지 옥돔은 솜사탕처럼 부드러웠고 무가 많이 들어 있어서 보약을 한 첩 먹은 듯 했고, 시원한 자리물회에 들어 있는 자리돔은 씹히는 맛이 일품이었습니다.

오후에는 다음 숙소가 있는 제주시로 가는 길목에 성산일출봉이 보이는 광치기해변에서 사진도 찍고 톳도 열심히 뜯어먹었습니다. 우리는 서로 신혼부부처럼 기념사진을 찍은 다음 바닷가를 따라 올라가다가 카페 'SOKSOM'이라는 곳에 들렀습니다. '속솜'은 '잠잠하다'는 뜻의 제주도 방언인데, 그 뜻대로 조용한 바다가 보이는 카페였습니다. 특히 당근케이크와 수플레 팬케이크, 당근주스가 참 맛있었습니다. 바다가 보이는 2층은 이미 손님들로 가득 차 있어서 우리는 카페 입구 잔디 앞에서 세상에서 가장 편한 자세로 시간을 보냈습니다. 카페 옆에 무밭이 있었는데, 활짝 핀 무꽃들이 유채꽃보다 더 예뻤습니다.

숙소인 '베스트웨스턴 제주 호텔'에 체크인 하고 잠시 쉬었다가 저녁 먹방 장소인 '칠돈가'로 갔습니다. 칠돈가는 제주도산 흑도야지('도야지'는 돼지의 제주도 방언)를 한 근(600g, 59,000원) 단위로 구워주는데, 당일 도축한 고기라서 그런지 맛이 정일품이었습니다. 우리는 3근(6인분)과 김치찌개(밥공기 2개) 등 총 7인분을 남김없이 맛있게 먹었습니다. 점심 때 배 터지게 먹은 터라 더 먹을 수 없을 것 같았는데, 그동안 제가 먹었던 돼지고기 맛이 아니라서 아무 말 하지 않고 열심히 고기를 먹었습니다. 고기를 구워주는 직원의 가위질이 예사롭지 않아 물어보니까 '칠돈가' 본점은 고기 구워 주는 사람들 모두가 아르바이트생이 아니라 정식 직원들이고, 그 직원들마다 각자의 가위에 이름을 붙여놓고 매일 가위를 간다고 했습니다. 결국 '칠돈가' 일품 고기맛의 비결은 좋은 고기와 직원들의 정성에 있었습니다.

대학 다닐 때 정환담 민법 교수님께서 육고기와 물고기를 구분하여 "고기 육(肉), 괴기 어(漁)"라고 표현하셨는데, 낮에는 괴기 8인분, 카페에서 간식, 저녁에는 고기 7인분을 먹어서 배가 남산이 되는 바람에 산책을 안 할 수가 없었습니다. 그래서 주변에 있는 '용담레포츠공원'에 갔는데, 공원에 큰 천리향 나무들 천지라서 천리향의 향기가 진동했습니다. 특히 그곳은 비행기가 이착륙하는 곳이 바로 옆에 있어서 거의 5분 단위로 큰 비행기가 착륙하는 모습을 볼 수 있었습니다. 저의 '세븐 포커'에 관한 강의는 수강생들이 모두 피곤해 하는 관계로 다음으로 미뤘습니다. 처음부터 끝까지 향기로운 어른의 날이었습니다.

4. 넷째 날 : 까마귀들과의 전투(戰鬪)

어제는 다들 피곤해서 일찍 잠자리에 들었고, 저도 글을 쓰다가 그냥 잠이 들었습니다. 여행 마지막 날 운동할 곳은 '골프존카운티 오라'인데, 티업시간이 07:00이고, 클럽하우스에서 아침식사를 해야 해서 우리는 05:40경 숙소에서 나섰습니다. 오라CC로 들어가는 길목에 '혼저옵소예'라는 문구가 있었는데, 이는 '혼자오세요'라는 뜻이 아니라 '어서오세요'라는 뜻입니다. 친구 내외의 제주공항 출발시간은 13:10이라서 렌트카 반납하는 시간 등을 고려했을 때 07:00 티업을 하면 중간에 운동을 그쳐야 할 경우도 있을 것 같아 친구가 골프장 매니저에게 부탁해서 티업시간을 06:29로 앞당겼습니다. 골프장 매니저는 우리가 원래 예약한 대중제는 후반전에 많이 밀리기 때문에 회원제인 남코스로 변경해 줘서 운동을 11시경에 마칠 수 있었습니다.

만들어진 지 46년이 되었다는 오라CC는 해비치CC만큼 좋은 골프장이었습니다. 백돌이와 백순이 저희 부부 모두가 골프공 1개로 경기를 마친 '싱글'을 할 정도로 페어웨이가 넓고 편해서 골프공을 잃어버릴 곳을 찾기가 더 힘들 정도였습니다. 그래서 오라CC에서는 골프공 농사도 거의 짓지 못했습니다.

아침식사를 마쳤을 때 미국에서 공부하고 있는 친구 아들이 뉴욕대학교 4학년 재학 중인데, 큰 부동산 개발회사인 'Paramount Group Inc.' 인턴이 되었다는 소식을 들었습니다. 특히 올해 친구 딸도 명문 코넬대학교에 입학했는데, 친구 자녀에게 좋은 일이 연거푸 생겨 너무 기뻤습니다.

캐디가 1번 홀에서 티샷하기 전에 "IQ 80이 넘는 까마귀들이 과자, 담배, 돈을 가져갑니다."라고 하여 갖고 우리가 갖고 간 한라봉과 카라향, 과자 등을 담은 것을 비닐봉지로 묶어서 놨고, 캐디는 까마귀들이 싫어하는 레이저빔을 소지하고 있었습니다. 카트 손잡이 부분에는 물건을 담을 수 있는 플라스틱 박스가 2개 놓여 있는데, 그 위에 '고객님의 소중한 소지품! 까마귀가 탐내고 있어요~. 꼭, 이곳에 보관해주세요'라는 글귀가 붙어 있었는데, 1번 홀을 지나니까 왜 그 글귀가 붙어 있는지 금방 알 수 있었습니다.

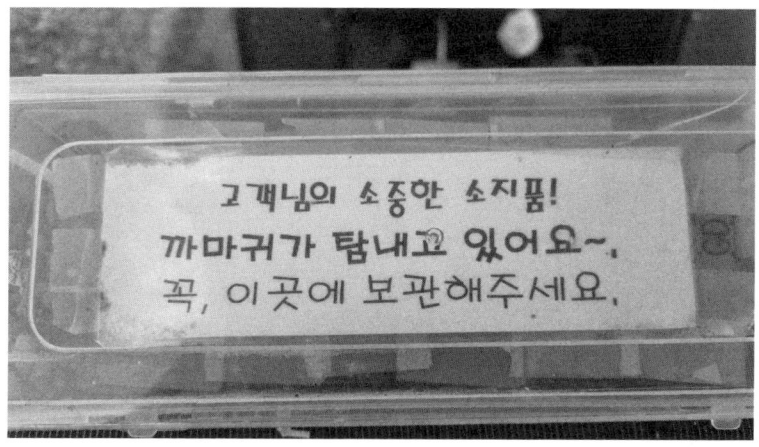

까마귀들은 각 홀마다 자기 영역이 있고, 카트에서 멀리 떨어져 두 번째 샷을 하거나 그린에서 4명 모두가 퍼팅할 때 몰래 카트로 다가와 과자 등 먹을 것을 훔쳐가지고 갔습니다. 우리 팀도 비닐봉지에 담아 놓은 빵 2개, 나눠 먹던 과자 1봉지 그리고 마지막 홀에서는 카트 천정에 비닐봉지로 싸서 숨겨 놓은 감귤즙이 함유된 산자 과자 10개가 한 봉지에 포장된 것을 꺼내서 과자 1개를 꺼내 갔습니다. 제가 "이 놈의 까마귀!"라고 쫓아가지 않았다면, 나머지 과자도 통째로 도둑맞을 뻔 했습니다. 골프장 곳곳에 있는 쓰레기들은 까마귀들이 훔쳐 먹은 것들의 부산물(副産物)이라고 합니다. 1번 홀에서는 더덕냄새가 났고, 큰 나무들 사이에서 나는 나무 향기와 이름 모를 꽃향기는 마음을 평안하게 했습니다. 꼭 수목원 안에서 골프하는 기분이었습니다.

저는 이번에도 멀리건과 OK를 하나도 받지 않고, 전반전에 22년 만에 23번째 버디를 했고, 후반전 남은 3개 홀(Par 3, Par 4, Par 5)을 연속해서 Par를 했습니다. 제가 3개 홀 연속 Par를 한 것은 골프 입문 22년 만에 처음인 것 같습니다. 1번 홀에서 트리플보기를 했지만, 총 94타를 쳐서 어제보다 무려 10타를 줄였습니다. 제가 마지막 18홀 Par 5에서 티샷을 실수하여 공이 페널티구역으로 들어갔습니다. 멀리건을 끝까지 안 받으려고 했는데, 너무 아쉬워서 멀리건을 1개 받았다가, 다행히 페널티구역에서 골프공을 찾아서 러프(rough) 지역에서 탈출한 다음 그 공으로 Par를 했습니다.

오전 11시경 운동을 마치고, 렌트카에 기름 넣은 후 렌트카를 반납하고, 렌트카 대리점에서 셔틀버스로 제주공항에 도착해서 각자 짐을 부치고 출발 게이트에 도착하니 12:10경이었습니다. 우리는 출발 게이트 내 식당에서 간단히 식사를 하려고 했는데, 음식 나오는 시간이 20분가량 걸린다고 하여 결국 친구가 식사는 광주에 가서 하겠다고 하면서 작별하자고 하여 함께 점심식사도 못한 채 헤어졌습니다.

이번 여행은 글로는 도저히 표현하기 어려울 정도로 겁나게 행복한 여행이었습니다. 친구는 '꿈같은 여행'이라고 표현했는데, 전적으로 공감합니다. 저의 생애 최고의 여행이었고, 저희 부부의 가장 행복한 여행이었습니다. 사진과 동영상을 무려 '1,096장'을 찍었습니다. 특히 이번 여행은 상희씨가 모든 일정을 완벽하게 준비했고, 최고의 맛집을 엄선해서 저의 입이 호강(豪强)했습니다. 또한 친구는 3박 4일 내내 운전으로 저희 부부를 섬겨줬습니다. 저는 겁이 많고, 운전하는 것을 무척 싫어해서 제가 운전하겠다는 말을 하지 못했습니다.

친구 내외의 섬김 때문에 친구와의 여행은 언제 어디서나 즐겁고 행복한 것 같습니다. 아내는 친구와 저를 '전생에 부부였을 것'이라고 했는데, 친구와 저는 전생에도 친구였을 것이고, 천국에서도 친구로 만날 것입니다. 올해 겨울에는 친구 내외의 신혼여행지인 사이판으로 가자는 의견을 모았습니다. 계획대로 갈 수 있을지는 모르지만, 마음은 이미 사이판에 가 있습니다. 오늘부터 친구 내외의 건강과 평안을 위해 더 기도를 많이 해야 할 것 같습니다. 그래야 저희 부부가 더 행복하기 때문입니다. 결국 행복의 비결은 행복한 동행입니다.

변호사 김양홍 Profile

광주제일고등학교 졸업
전남대학교 법과대학 졸업
제10회 군법무관임용시험 합격
사법연수원 수료
수도방위사령부 검찰부장
제3사단 법무참모
제3군단 보통군사법원 군판사
국방부 법무관리관실 군사법담당
고등군사법원 보통부장 겸 재판연구부장
변호사/변리사/세무사 등록

현재
국방부 중앙군인(군무원) 인사소청심사위원회 위원
국방부 규제개혁심사위원회 공동위원장
기독교대한성결교회 총회본부 자문변호사
기독교대한성결교회 유지재단 자문변호사
기독교대한성결교회 교역자공제회 자문변호사
서울신학대학교 교직원징계위원회 위원
한국성결신문사 편집위원
한국성결신문/코람데오닷컴/전우뉴스 칼럼니스트
경기도화물자동차운송사업협회 고문변호사
사단법인 대한민국공무원공상유공자회 고문변호사
사단법인 전국보일러실비협회 고문변호사
이수성결교회 장로
공증인가 법무법인 서호 대표변호사

저서
민법판례(유스티니아누스)
법무법인 서호의 국가유공자 클리닉(법률정보센터)
사회복지법령법(퍼시픽북스), 주택임대차보호법 해설(법률정보센터)
변호사 김양홍의 행복한 동행 1~3(모리슨)
변호사 김양홍의 행복 나누기/더하기곱하기(더푸른)

읽으면 행복해지는 책

김홍신_작가 "우리시대의 깃대종"

시대의 아픔을 걱정하고 스스로의 혼을 조신하게 닦으며 이웃을 눈여겨 지극히 살피는 지성인이 그리운 시절에 김양홍 변호사는 뚜벅뚜벅 바른 걸음으로 우리시대의 깃대종이 되었습니다. 김양홍 변호사는 천명을 곱게 받드는 넉넉한 품격이 있습니다. 대한민국을 감동케하려는 어짐이 있습니다. 그는 우리 시대를 조명하려는 참 선비입니다.

조국_서울대 법학전문대학원 교수 "글은 사람을 닮는다"

글은 사람을 닮는다 했다. 언제나 주변 사람들을 따뜻한 마음으로 대하고 배려와 공감으로 소통하는 김양홍 변호사의 뜻과 삶을 이 작은 책자를 통하여 엿볼 수 있다. 다들 경험해 보았을 일상의 소소한 사건, 사람과 사회에 대한 김변호사의 성찰에 기초한 미셀러니를 읽으면서 내 자신을 돌아보게 된다.

나주옥_김양홍의 아내 "더 행복해지시고 주님께 가까이 다가서기를"

이번 3번째로 출간하게 되는 책을 읽다보니 마음이 따뜻해지고 감사하는 마음을 갖게 됩니다. 또한 매 글마다 마지막에 있는 성경 말씀을 통해 더 그 글의 지혜를 성경적으로 바라보게 됩니다. 이 책을 통해 많은 분들이 삶이 더 행복해지시고 주님께 가까이 다가서는 시간이 되실 거라고 믿습니다.

김은혜_김양홍의 딸 "어머니의 자장가와 따뜻한 베개 같은 책"

잠시 나라는 공간 속에서 편히 잠들고 싶을 때 이 책을 읽으면 글귀 하나하나가 어머니의 자장가처럼 독자 여러분들에게 따뜻한 베개가 되어 드릴 것입니다.

김은철_김양홍의 아들 "생생한 삶의 향기"

힘들어하신 적은 있어도 절망하지 않으시는 아버지가 쓰신 책입니다. 항상 긍정을 말하시고, 언제나 주변 사람들을 축복하시는 당신의 인생과 삶에 대한 성찰을 담은 책! 이 책에 담긴 생생한 삶의 향기를 느끼시기 바랍니다.

책 구입처 : 교보문고, 영풍문고, 반디앤루니스, 알라딘, YES24, 생명의말씀사 직영서점

김양홍변호사의 행복충전소

2023년 3월 10일 초판 인쇄

지은이 • 김양홍
만든이 • 최순환
만든곳 • 도서출판 모리슨
등   록 • 22-2116호(1998. 12. 17)
주   소 • 경기도 여주시 대신면 윤촌2길 29-2
전   화 • 010 2354 4935
E-mail   morisoon@hanmail.net
ISBN 979-11-91498-17-2 03230

값 **18,000원**